AIビジネス大全 執筆チーム（著）

秋元 一郎（編著）

# AI ビジネス大全

How to
introduce AI
for your
business

プレジデント社

## まえがき

　「このデータを使って、AI（人工知能）でなにか凄いことができないだろうか」

　私たちが AI に関わるようになって、年に数回は必ずいただく質問のひとつです。現場で活躍されている方だけでなく、経営層の方からいただくことも少なくありません。

　「今あるデータになにか価値が埋もれているのではないか」

　「最新の AI でなにか新しいことができるのではないか」

　「AI が自社になにかをもたらしてくれるのではないか」

　このようなご質問の背景を伺うと、AI への高い期待とともに、日進月歩の発展を見せる AI の活用方法に悩んでおられることがわかります。近年のキーワードのひとつである DX（デジタルトランスフォーメーション）とも相まって、AI の活用に取り組まなければならないと思う反面、AI そのものが、複数の知恵の輪を少しずつ解きほぐすような、手間のかかる代物に感じられているのではないでしょうか。

　一方で、周りを見渡すと、きらりと光る AI の活用や DX 化を実現させた事例を見聞きすることができます。データサイエンティストだけでなく、現場の方々や上位の役職の方々も一緒になってビジョンを掲げ、ロードマップを策定し、データや AI 技術を用いて試行錯誤を繰り返しながら、プロジェクトを進めていく。多くのハードルを乗り越えて成功を掴み取っていく姿は、とても輝いて見えます。

　「私たちが得られた知見、ノウハウを集めることで、みなさまに AI のビジネス活用を広げていただきたい」

　このような思いを胸に、本書の執筆に取り組みました。多様な価値観を持ったメンバーをまとめていくには、ノウハウだけでなく、DX や AI の動向、AI のビジネス活用プロセスや AI 技術、人材育成や組織づくり、将来像や倫理・法律などといった周辺情報も必要です。

　本書だけで AI のビジネス活用を進められるよう、2,000 件以上の AI

プロジェクトを遂行・支援した NEC のプロフェッショナル 36 名の知見を集めました。

　本書の構成は以下のようになっています。

　第1章：DX や AI・データ利活用を検討するビジネスリーダーの方に、DX 実現のための AI 活用を解説します。

　第2章：AI プロジェクトを立ち上げる方に、成功する AI 企画の進め方とチーミングについて説明します。

　第3章：データを用いたトライアルや AI システムの導入を検討されている方に、それらの勘所を提示します。

　第4章：AI・データ利活用を広げていきたい方に、組織として AI を活用するための「虎の巻」をお渡しします。

　第5章：AI を活用し、さらには社会に浸透した未来の AI やその際に留意すべきルールを紹介します。

　AI は非常に広い概念であり、また新たな技術やビジネスが日々生み出され続けている領域です。本書では、正確であるものの専門的にすぎる内容についてはコラムにしたり、クラウドサービスやパッケージソフトウェアに溶け込んだ AI の解説を省いたりすることで、みなさまに AI の本質をご提示しています。本書を通じて、みなさまのビジネスへの AI・データ利活用の実践にお役立ていただけることを切に願っております。

2022 年 11 月吉日

「AIビジネス大全」執筆チーム 一同

# はじめに　〜これから10年の展望〜

**吉崎敏文**
NEC執行役員常務／
デジタルビジネスプラットフォームユニット長
NECの成長領域（AI、データ活用、生体認証、セキュリティ、クラウドなど）の製品、および事業変革を担当。戦略コンサルティング、DXオファリングなど新組織を拡大し、DXをリード。新しいNECのビジネスモデルにもチャレンジしている。

---

　本書を読み進めていただく前に、まずAI（人工知能）やDX（デジタルトランスフォーメーション）に関連するIT（情報通信技術）について、今後10年の見通しを紹介したいと思います。

　ITはこれまでも大きな変化を遂げてきましたが、今後10年で、過去の20年と比較してもパフォーマンスが大きく向上することが予想されます。とりわけ、「ハードウェア」「ソフトウェア」「ネットワーク」の3つの技術進化が変化を加速させることでしょう。

　まずハードウェアについては、半導体の性能が1年半〜2年で2倍になるという「ムーアの法則」はいずれ頭打ちになると考えられていましたが、半導体の三次元積層技術により、微細化に頼らず、今後も継続してパフォーマンスが改善するという見込みがあります。さらに高集積・低消費電力・リアルタイム制御も可能になります。

　同時にソフトウェア技術としてのAIも進化し、私たちの日常生活の

隅々に浸透するようになります。誰もがスーパーコンピュータをしのぐ性能を手にする日の到来は、そう遠くないでしょう。

　そして、ネットワークは、現在5G（第5世代移動通信システム）の普及が進んでいるところですが、次に控える6G（第6世代移動通信システム）の通信速度は、5Gの最大100倍になると言われています。

　また、これらの融合を加速させるクラウド基盤は、データの利活用を加速するサービスを提供し、ビジネスにおけるAIやデータの活用を後押しします。システムのモダナイゼーションの流れもあり、クラウドシフトはさらに進化していくでしょう。

　これまで「ハードウェア」「ソフトウェア」「ネットワーク」は、それぞれ単独で進化を遂げてきました。しかし、これからの10年は、これら3つが加速しながら進化するタイミングにさしかかります。

　そうなれば、自律化と自動化が一層進むとともに、あらゆる場面で圧倒的な量のデータが生成されるようになります。そこにデータを基に学習するAIが加われば、その先に広がる可能性は計り知れません。これからの10年は、「ハードウェア×ソフトウェア×ネットワーク」によって、これまで私たちが経験したことのない、圧倒的なITの恩恵を受ける時代なのです。

　したがって、「10年以内に劇的なITによるインフラ環境を手に入れる」という前提で、これからの社会や生活、そしてビジネスを考えていくべきなのです。

## 「データとどう向き合うか」を真剣に考える時代

　ITのさらなる進化によって、ビジネスにおいて、これまで以上にデータを基に意思決定を下す機会が増えていきます。ただし、その前提として、正しいデータを生成し、正しいデータを基に分析できる環境を整えなければなりません。その過程においては、データを機密レベル別に分類しておくことが重要です。

　機密レベルには3つのレイヤーがあると考えています。①「個人・企

業で閉じるべきエッセンシャルデータ」、②「業種共通で活用していくべきデータ」、③「公のデータ」です。

　日本がデータ活用で欧米の後塵を拝してきた理由のひとつに、データの扱い方に関する法整備やコンセンサス形成の後れがあります。米国では1980年代から、データの二次加工が法律に基づいて行われ、二次加工データを積極的に活用してきたという歴史があります。

　一方、日本では「データを機密レベル別に区別して扱う」という考え方が確立されず、個人のデータとパブリックのデータを混同して同様に扱ってしまうという風潮がありました。

　ただ、最近では行政が主体となって、データ活用のあり方を考えようとする動きも見られるようになっています。データの扱い方を整備し、ルールに基づいてデータを使うことにより、ビジネスを取り巻く状況が大きく変わる可能性があります。どのようなデータが利用できるのか、あるいは利用できないのか。今後の動向を注視し、ルールづくりを進めていくべきでしょう。

　なお、AIの開発において、日本も決して負けていません。自然言語処理では欧米が優れている面がありますが、画像処理については日本が歴史的に優れていると考えています。おそらく、日本は漢字文化なので文字をイメージとして捉える感覚があるからかもしれません。また、技術的にも、画像処理では特徴量をマッチングさせていく地道なプロセスを行う必要があり、日本人の特性に合っているようです。

## なんのためのAI導入か

　本書のタイトルは『AIビジネス大全』ですが、「DX」についても多くの紙面を割いています。なぜなら、AIはDXを成し遂げる中心的な技術要素であり、両者は切っても切れない重要な関係性にあるからです。本書を手に取った多くの方は、AIを手に入れたいのではなく、DXを成し遂げたいと考えておられるのではないでしょうか。

　AIとDXに共通して強調したいことは、それが目的ではなく、あく

までも手段であるということです。AIの導入そのものを目的にするのではなく、まずは「なんのためにAIを導入するのか」という目的を決めることが大切です。

　たとえば、売上を上げるために経営戦略を再考し、グローバルにサプライチェーンを見直そうとする際に、複雑さゆえに人間の力だけではとても無理だと判断した場合、AIの力を借りようと考えるのが自然です。しかし、AIブームの当初、目的を定めずに「流行だから、とりあえずAIを導入しよう」とした結果、概念実証（PoC）から抜け出せなくなった企業の事例は枚挙に暇がありません。

　現在、サプライチェーンは世界的に張り巡らされています。しかし、地政学的なリスク、購買数の多さ、商品ポートフォリオの変化の速さ、複雑性、そして部材不足など、外的要因が多種多様に絡み合い、人間ではとても想定が追いつかないケースが多く見受けられます。

　経営者として全体戦略を策定し、目的を明確化したうえで、「なんのために、どこにAIを活用するべきなのか」を判断していくことが重要です。社会変化・技術変化の大きな流れのなかで、AIを含むIT技術を活用しながら、意思決定をいかに早く行っていくかがキーになると考えています。

## AI導入においても、人材の育成が重要

　私はDXを推進するための3つのプリンシプルを一貫して「ビジネスモデル」「テクノロジー」「組織・人材」に置いています。これはAIについても同様です。上記の目的を明確化することが「ビジネスモデル」に当たるとすると、次は「機能＝テクノロジー」です。目的が決まれば自ずとAIのどの機能を使うべきなのか（たとえば、画像認識なのか、自然言語処理なのか、映像分析なのか）が決まっていきます。

　そして、最後はそれを支える「人材」が重要です。画像解析だから画像解析のデータを扱うデータサイエンティストが要る。もしくはアルゴリズムをつくる、数理モデルがわかっているデータエンジニアが要る。

そのような人材を育成していくことにも非常に重きを置いています。最近では大学と連携して、まったく新しいインターンシップにも取り組んでおり、大学の専門人材の能力をビジネスの実践の場で発揮することで、日本の競争力の底上げに貢献できればと考えています。

　人間の脳をAIが凌駕する「シンギュラリティ（技術的特異点）」も今すぐには訪れず、当分の間は人間の仕事が途切れることはないでしょう。現在のAIは意志や自我を持たず、勝手に行動することはありません。したがって、どの仕事をAIに任せて、どの仕事を自分で行うか。もっと言うならば、AIに任せた後に、自分がどのようなレバレッジで仕事の生産性を劇的に上げるかを考え出せる人材が重要になってきます。

## 最高のパートナーであるAIとの共生

　2020年以降、世界は新型コロナウイルス感染症（COVID-19）による大きな影響を受けました。一方で、日本のデジタル化も大きく前進しました。タッチレスやキャッシュレスが進み、朝の通勤ラッシュが緩和されました。長くデジタルやAIの活用に携わってきた私も、日本企業からハンコ文化や一斉出社がなくなる傾向になるなど思いもしませんでした。おそらく未来の歴史書には、日本の働き方が大きく変わった契機として、この数年間のできごとが記されるでしょう。

　もうひとつ、未来の歴史書で強調されるだろうと私が予想するのは、人口減少に伴う労働生産性の低下をカバーするために、AIやロボットが大活躍するであろう点です。今後の少子高齢化を考えれば、AIが生活の隅々まで浸透するのは必然です。そう考えれば、日本が一躍AI先進国になる可能性は大いにあります。人口減少も捉え方によってはポジティブな動向なのです。

　AIは疲れないし、文句を言わない、眠らない、忘れない、最高のパートナーです。私は自分の仕事を代替または補佐してくれる自身のAIが欲しいと切に願っています。以前なら絵空事でしたが、この頃はこれらが本当に実現するのではないかと思えるようになってきました。実際、

コールセンターでのやり取りは、相手が人間なのかAIによる対応なのか区別がつかなくなってきているという場面もあります。今後は生活のあらゆるシーンにおいて、私たちが知らない間にAIと共生する時代が訪れるでしょう。

## AI導入を経営者自身が体感することの重要性

　最後に、マネジメント層のみなさまへ特にお伝えしたいことがあります。結局のところ、経営者がご自身で体感しない限り、AI導入はうまくいきません。AIもDXも、日本企業は形だけ取り入れてしまう傾向にありますが、そうではなく、経営者が自分で「なにをしたいか」を決めて、その手段としてAIやITを導入しなければ、いつまでたっても変化は訪れないでしょう。

　冒頭で述べたように、この先10年のITは大きく進化し、そのために起きる変化は想像がつかないほどです。技術の動向を敏感に捉え、想像力を働かせてITの力を取り込める企業は飛躍する一方で、傍観している企業は時代の変化に取り残されて淘汰されてしまいます。決して他人事にせず、当事者として緊迫感を持って一つひとつ実践していくことが重要です。

　NECは120年以上にわたり、ITとネットワークに強みを持っており、AIについても顔認証技術をはじめ、世界トップクラスの生体認証技術を搭載したコアアセットを幅広くご提供しています。本書では、お客様や業界を超え、社会価値を考えられる企業として支援してきた経験と知見を、惜しみなくご紹介したつもりです。ぜひAIの導入と利活用を「自分事」として捉え、ビジネスに取り入れるための一助として本書をお役立ていただければ幸いです。

# 目　　次

## [ C o n t e n t s ]

# 第3章　AI システムの検証と導入

# 第4章　組織としてのAI・データ利活用の推進、浸透

# 第5章　さらなるAIの活用に向けて

# 第1章

## AIが加速する
## デジタルトランスフォーメーション

# Introduction

―未来を予測する最善の方法は、自らそれを創り出すことだ―
アラン・ケイ（米国の科学者、ジャズ演奏家)

---

　18世紀に最初の産業革命がなされてから、この21世紀は第四次産業革命を迎えようとしています。この第四次産業革命の特徴は「デジタル革命」であり、大量のデータに基づいた多くの技術の融合によって成し遂げられると考えられています。

　こうした観点から、第1章では、「なぜDXに取り組むべきなのか？」「DXを構成する一要素であるAIを、なぜ活用しないといけないのか？」ということについて、その定義から国内外の導入事例までを俯瞰し、そのカギを握る人材について解説していきます。

## 〈なぜDXに取り組むべきなのか？〉

　2010年以降、技術進化に端を発し、先行きが不透明で予測が困難な「VUCA（ブーカ）」と呼ばれる状態が続いています。このようなVUCAの時代に企業が持続的な成長を実現するには、進化するデジタル技術を活用し、環境変化に適応しながら持続可能な競争優位を築くこと（DXへの取り組み）が重要になります。

　本章では、DXを取り巻く時代背景とDXを通じて、持続可能な競争優位をどのように築いていくべきかについてご紹介します。

## 〈DXを構成する一要素であるAIを、なぜ活用しないといけないのか？〉

　IoTやAIなどを含むデジタル技術の活用が進むなかで、世の中に大量のデータが生成されています。データを収集・解析しデータに基づく意思決定を行うデータドリブン経営や、データを活用しイノベーション

を生み出すデータドリブンイノベーションは、VUCA の環境下で企業が競争優位を築くための重要な取り組みです。

　これらの取り組みは DX を推進する際の重要な要素であり、また実践するには、AI を活用する必要があります。

　本章では、最初にデータドリブン経営やデータドリブンイノベーションの重要性を紐解きます。次に AI の特徴とその活用目的、AI 活用の事例の俯瞰を通じて、DX を推進するために AI をどのように活用すべきかについて解説します。最後に、AI の活用を進める際に発生する人材や組織にまつわる課題とその対策方法についてご紹介します。

　米国の科学者アラン・ケイの言葉に、「未来を予測する最善の方法は、自らそれを創り出すことだ」というものがありますが、AI を活用して DX を推進することは、まさにその言葉を実践していくことであると考えます。

# デジタル時代の到来

## 1-1-1

## DX など世の中の動き

### DX の定義の変遷

　「DX（Digital Transformation：デジタルトランスフォーメーション）」の動向から見てみましょう。DX については、これまで以下のようにさまざまな定義がなされてきました（**図表1−①**）。

・2004年　DX の提唱者エリック・ストルターマン教授（スウェーデン ウメオ大学）
「IT の浸透が、人々の生活をあらゆる面で、より良い方向に変化させる」

・2014年　ガートナーによる定義
「仮想世界と物理的世界が融合され、モノのインターネット（IoT）を通じてプロセスや業界の動きを変革することが新しいビジネスデザインであり、このデジタルビジネスへの改革プロセスを『デジタルビジネストランスフォーメーション』と呼ぶ」

図表 1 - ①　**DXの定義の変遷**

| | | |
|---|---|---|
| 2004年 | ウメオ大学(スウェーデン)<br>エリック・ストルターマン教授 | ITの浸透が、人々の生活をあらゆる面でより良い方向に変化させる学術的な研究を発展させるために定義されたもの |
| 2014年 | ガートナーによる定義 | 仮想世界と物理的世界が融合され、モノのインターネット(IoT)を通じてプロセスや業界の動きを変革することが新しいビジネスデザインであり、このデジタルビジネスへの改革プロセスを『デジタルビジネストランスフォーメーション』と呼ぶ |
| 2018年 | 経済産業省<br>DX推進ガイドライン | 企業がビジネス環境の**激しい変化に対応し、データとデジタル技術**を活用して、顧客や社会のニーズを基に、製品やサービス、ビジネスモデルを変革するとともに、業務そのものや、組織、プロセス、企業文化・風土を変革し、**競争上の優位性を確立すること** |

・2018年　日本の経済産業省によるDX推進ガイドライン

「企業がビジネス環境の激しい変化に対応し、データとデジタル技術を活用して、顧客や社会のニーズを基に、製品やサービス、ビジネスモデルを変革するとともに、業務そのものや、組織、プロセス、企業文化・風土を変革し、競争上の優位性を確立すること」

## DXを取り巻く時代背景

　昨今、DXとは、「データとデジタル技術を活用し、持続可能な競争優位を築くこと」とされています。データとデジタルを活用するだけでなく、持続可能な競争優位を築くことが重要になっている背景として、「VUCA(ブーカ)の時代」というキーワードが挙げられます。

　VUCAとは、「Volatility(変動性)」「Uncertainty(不確実性)」「Complexity(複雑性)」「Ambiguity(曖昧性)」の頭文字をとった、将来の先行きが不透明かつ予測が困難な状態を表す言葉です。1990年代後半にアメリカで軍事用語として生まれましたが、2010年代以降、ビジネスの世界でも使われるようになりました。

DX は技術の変化に端を発しますが、デジタル技術が進化するだけでなく、技術進化が進むことで生活者の価値観や行動様式が変化し、業界における戦い方も変化するなど、これまでと異なる状況が生まれています。また、一旦変化した後も、技術がさらに進化することで、生活者の価値観や行動様式、業界における戦い方もまた変化するため、現時点における正解が、時間の経過とともに正解でなくなってしまうことが予想されます。

　したがって、DX を実践し成功を収めることは、VUCA の時代において、企業が持続的な成長を実現するために大変重要になります。

　このような急激な環境変化は過去にも起こっており、変化に適時対応するために「デザインシンキング（デザイン思考）」という考え方も誕生しています。

　デザインシンキングは、1950 年〜 60 年代にかけて第二次世界大戦後に民間需要の急速な高まりと技術の急速な進展が進んでいたなかで、エンジニアリング部門や建築部門を中心に芽生えたものです。1950 年〜 60 年代も技術の急速な進化に伴い将来の環境は不確実であり、一旦は答えとして定めたものがわずか半年、1 年、2 年後には状況が変わって、足もとが揺らいでしまうという状況に対応するため、デザインシンキングの考え方が生み出されました。

　時が経過し、1980 年代には、そのときそのときの状況に対応して正解に近いものを迅速に導き出すために、デザイナーの思考方式を模した問題解決アプローチが議論されました。そして、1990 年代以降に現在のデザインシンキングに再編され、人間的・技術的・戦略的にイノベーションを生み出すための重要な手法となりました。

　2000 年以降から続く VUCA の時代においては、デジタルとデータを活用して、その時々に応じた適切な解を構築し、さらにアップデートすることは、企業が持続成長を実現するために重要です。このような企業活動は DX として日本社会にも浸透しています。

## DX を通じて持続可能な競争優位を構築する

　DX を通じて、持続可能な競争優位をどのように構築していくべきかを検討するには、まずテクノロジーの変化が生活者の価値観や行動様式、ひいては業界における戦い方をどのように変化させているのかについて見ていく必要があります。

　2000 年代初期も、ドットコムバブルなどが起こり、「情報化時代」などと呼ばれていましたが、2007 年頃から「SMAC（Social、Mobile、Analytics、Cloud）」と呼ばれる IT サービス群が登場し、その後も AI 技術や自動運転などの新興技術が生まれ、それらの技術が生活者の価値観や行動に変革を促し、結果として企業自身もそれらの変化に適応する必要が生じています（**図表１－②**）

　まず、生活者・消費者の変化を見ると、SMAC を始まりとするデジタル技術が進展することで、価値観・行動様式が大きく変化を遂げていることがわかります。SMAC の進展以降、生活者・消費者は、「常にオンラインとつながることを求め」「モノは所有するのではなく、必要なときにオンデマンドサービスで24時間365日利用し」「データアナリティクスにより、不特定多数ではなく、ハイパーパーソナル（一個人としての）対応を求め」「商品のスペックなどではなく、アウトカム（体験を実施することでどんな良いことが起きるのかという成果）を重視する価値観にシフト」していることが現実に起きています。

　このような生活者の価値観・行動の変化は、企業の市場における戦い方を大きく変えています。グーグルやアップルなどのデジタルネイティブ企業を思い浮かべればわかるように、ハードウェアビジネスでは100％の完成度で考えなければいけなかったのが、ソフトウェアビジネスでは 8 割程度の完成度で市場に投入し、ユーザからのフィードバックを得ながら改善していくスタイルが当たり前になりました。

　また、ビジネスモデルも変化しています。「サービスから経験経済へ」と言われているように、シェアリングサービスやプラットフォームビジ

## 図表 1-② DXを通じて持続可能な競争優位を築く

 デジタルテクノロジーの進展

 生活者・消費者が変わる

 市場での戦い方が変わる

 持続可能な競争優位確立

 Artificial Intelligence

 自動運転

**S** Social
**M** Mobile
**A** Analytics
**C** Cloud

 IoT

 ロボット ドローン

 サードパーティ データ アナリティクス

 3D プリンティング

 クラウド

**生活者の価値観・行動が大きく変化**

**Always On**
常にオンラインとつながる

**オンデマンドサービス**
所有するのではなく必要なときに利用

**ハイパーパーソナル**
多数ではなく個人としての対応を求める

**Outcome（成果重視）**
経験を通じて品質、関係性価値のみならず成果価値を求める

**デジタルネイティブ企業の台頭（GAFAMなど）**

**ソフトウェアビジネスの台頭**
未完成状態で市場投入し、その後品質を向上
・World of Bata
・Lean Startup

**経済・ビジネスモデルの変化**
サービスから経験経済へ
シェアリング・プラットフォームビジネス

**産業の変化**
第4次:情報革命
第5次:デジタル革命

**データとデジタル技術を活用し、持続可能な競争優位を構築するDX**

**①既存の主力事業の領域**
デジタルを最大限活用し、事業を維持する

**②新規事業領域**
新興技術を活用し、新たな事業とエコシステムを構築する

---

ネスなど、人が集まるところに価値が生まれ、データが蓄積されていきます。そのデータを活用したい人が集まってくることもあり、プラットフォームビジネスを展開し成功している企業のビジネスの成長速度は速い傾向があります。

さらに、産業の変化も起こっています。具体的には、ドットコムバブル時代の「情報革命」から、「デジタル革命」「DX革命」などへのシフトが起きているのです。

最終的には、デジタル技術によって顧客が変わり、企業のマーケットへの関わり方も変わるなかで、企業が持続可能な競争優位を構築するためには、既存の主力事業をデジタル活用によって変化（デジタライゼーション）させていかなければなりません。アナログを単にデジタルにす

るだけでなく、オペレーティングモデルやビジネスモデル自体をデジタルに変えていく必要があるのです。加えて、従来のビジネスで培われたコアコンピテンシー（核となる強み）やアセット（経営資源）を、デジタルを活用して新しいビジネスに変えて、企業間でのエコシステム（拡大経済圏）を構築する必要があるのです。

## ビジネスモデルの変革

　ここで、あらためて技術進化を起点とした顧客の価値観・体験ニーズの変化と、それに対応するためにビジネスモデルが変革していった点に着目してみましょう。顧客は「所有」から「アクセスして利用する」というだけでなく、「パーソナライズ化（個人化）された体験に対するニーズの拡大」へと移行しています。

　たとえば、音楽の分野では、1990年代後半にファイルシェアが普及し、無料で楽曲を収集できるという変化がありました。2000年代に入ると、アップルのiTunesやiPodが現れて、CDやDVDといったパッケージではなく、デジタルへのアクセスが可能となります。さらに2000年代後半になると、「Access, Anytime, Anywhere」と表現されるサブスクリプション（定額制）によって、人々は好きな時間にいつでも音楽を聴けるようになりました。その後、ユーザの視聴傾向や周囲に合わせてレコメンデーションするなど、よりパーソナライズされた体験へとシフトしました（**図表1−③**）。

## DX推進テーマと期待効果

　このようにVUCAの時代の変化に適応しつつ、持続的な競争優位を構築するために、企業はどのようなテーマや期待効果を定義し、DXを実行しているのでしょうか？　DX推進の対象となる領域として、大きく「ビジネスモデル」「顧客体験」「業務変革（オペレーション）」の3つが挙げられます（**図表1−④**）。

図表 1-③ ビジネスモデル変革の例　音楽業界の場合

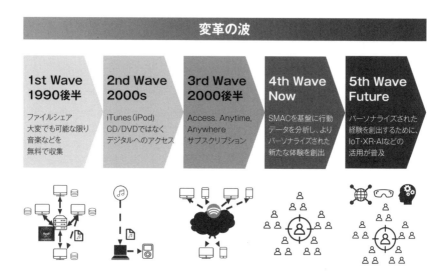

〈ビジネスモデル〉

　デジタル技術やデータを活用し、既存事業のビジネスモデル変革を推進し売上・利益成長を実現することや、企業のコアコンピタンスや企業が有する有用なアセットをベースに、デジタル技術やデータを活用して新しい事業を開発し、次代の収益の柱を確立することが、ビジネス領域におけるDX推進の目的となります。

　前述した「ファイルシェア→iTunes→サブスクリプション」といったビジネスモデルの変化は、データやデジタル技術を活用したビジネスにおけるDX実践の例と言えるでしょう。

## 図表 1-④ DX推進テーマと期待効果

| 対象領域 | | 期待効果（想定価値） |
|---|---|---|
| ビジネスモデル | 現行ビジネスのデジタライゼーション | デジタルを活用し現状のビジネスを変革する。プロセス・人・組織を変革することで売上成長・利益改善を実現 |
| | 新規事業 | コアコンピタンスや企業が有するアセットを活用し、データやデジタル技術を活用することで新たな収益の柱となる事業を育てる |
| 顧客体験 | 顧客アナリティクス | IoT、AIなどを活用し、より深く顧客を理解しこれまで見出せていない顧客インサイト（事業機会・顧客体験・業務改善機会）を導出する |
| | 売上成長 | 顧客体験変革による顧客エンゲージメントの強化および売上成長を実現 |
| | 顧客接点 | 競合以外の他の企業での顧客体験が消費者にとってはスタンダードとなる可能性が高く、他業界のベンチマークを通じて継続的に顧客体験を変革する |
| 業務変革（オペレーション） | 業務のデジタライゼーション | 現状の業務の省人化・効率化・スマート化を進めることで利益率の改善を進めるとともに、より付加価値の高い業務へ人的リソースを投下する |
| | 働き化方変革 | 人口動態、法制度に加えて人の特質・特性の変化やテクノロジーの進展に適応する働き方変革により、従業員のエンゲージメント・パフォーマンスを向上 |
| | パフォーマンス管理 | 体験経済の時代における適切なKGI/KPIを設定し、高サイクルでPDCAを回すことで変化に適応する（顧客エンゲージメントと事業貢献、効率性と利益） |

## 〈顧客体験〉

　顧客の表層的な部分ではなく、表出されていない領域を AI や IoT を活用して見出し、顧客をより深く理解して、提供すべき顧客体験をデザインし提供することが、顧客体験領域における DX 推進の目的となります。

　AI や IoT を活用して顧客の潜在的なニーズ・思考などを導き出すことは、事業機会や顧客体験の改善機会の発見につながります。デジタル技術の進化は、個客の価値観・行動をさらに変化させていく可能性があることから、ワンショットに終わらず、継続的に顧客を理解していくことが重要になります。顧客を深く理解するために、ビッグデータ分析は大変重要です。最近の研究では、ビッグデータ分析は、消費者の弱いシ

グナルを捉え、市場や消費者を予測するための有望なツールであると言われています（Erevelles et al., 2016, Day, 2014; Reeves and Daimler, 2011; Rialti et al., 2019）。

　たとえば、小売業界では、アマゾンがレコメンデーションシステムを構築し、顧客の要望に則した商品をレコメンデーションするというパーソナライズ化された対応を実施しています。

　一方で、こうしたアマゾンのビジネスモデルによる影響（アマゾンエフェクト）に対応すべく、実店舗をベースに事業を展開している企業においても EC を構築し、パーソナライズ化された体験の提供を進めています。実際、米国内で 1,000 店舗以上を展開する世界最大規模の家電量販店ベスト・バイは、ユーザデータを「One ID」に集約し、多くの属性情報を基に、顧客に表示するサイトを出し分けることで、パーソナライゼーションを推進しています（**図表１−⑤**）。

　また、これまでは顧客との取引額などをベースに重要顧客を特定していましたが、顧客と長期にわたって良い関係を継続していくために、取引金額ではなく、顧客とのつながり（エンゲージメント）度合いを測る指標の検討が進められています。

### 図表 1-⑤　サイトのパーソナライゼーション　ベスト・バイの例

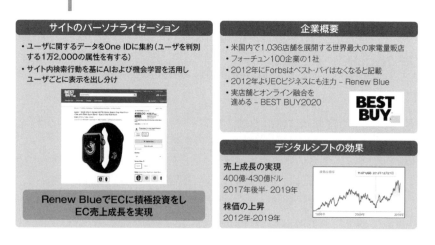

　NPS（ネット・プロモーター・スコア）は、顧客の推奨意向を可視化し、顧客とのつながり度合いを可視化する指標として開発されましたが、推奨意向のみでは顧客とのつながり度合いを測るには不十分なこともあり、新たな指標が求められています。

### 〈業務変革（オペレーション）〉

　バックヤード業務のスマート化による利益率の改善、働き方の変革による従業員のパフォーマンス向上、適切なKPI（Key Performance Indicator：重要業績評価指標）やKGI（Key Goal Indicator：重要目標達成指標）を設定して高サイクルのPDCAで回していくことによる変化への適応力向上などが、期待効果として挙げられます。

　世界最大のスーパーマーケットチェーンであり世界最大の売上高を誇るウォルマートなど、米国の大手小売業界では、バックヤードの効率化のため、2011年頃からRFID[*01]による在庫管理を進めていたことはよく知られています。2019年頃からは、AIやロボティクスを加え、店内倉庫（バックヤード）から荷物を搬送する作業の自動化に取り組んでいます。これにより、バックヤードにおける従業員の役割を大幅に簡素化し、その分を店頭における顧客対応に振り分けることができるようになっています。

## DX実践に向けてどのようにデータを活用すべきか？

　近年のIT化の進展とともに、多くの企業、社会において、デジタライゼーションが進展しました。結果として、大量のデータが蓄積される時代になっています。その一方で、AI技術も進展しており、データを収集・解析することは、DXを推進するうえで重要な取り組みとなっています。データ駆動型でビジネスの意思決定を支援するデータドリブン型の経営判断支援や、データ駆動型でイノベーションを起こしてしていくデータドリブン型イノベーションの実践が注目されています。

　では、データを活用した「データドリブン経営」とは、どのようなも

---

※01　Radio Frequency Identificationの略。情報が書き込まれたICタグ・RFタグ（RFIDタグともいう）と電波などでワイヤレス通信をし、情報の読み取りや書き換えをするシステム。

**図表 1-⑥** **データドリブン経営とはなにか?**

| | |
|---|---|
| マッキンゼー | これまでにない経営インパクトを創出するための全社変革であり、デジタル技術や人工知能などの技術を活用し、ビジネスのあらゆる局面において、データ主導での意思決定をする経営[1] |
| IBM | 「データ」と「アルゴリズム」に基づいた客観性の高い意思決定を経営の世界で行うことである。その対立概念は、KKD（＝勘と経験と度胸）経営である[2] |

[1] DIAMONDハーバード・ビジネス・レビュー 2019年6月号
[2] 「データドリブン経営」現実の裏側—データサイエンスを武器とした企業に変革できない理由(IBM)

のなのでしょうか。

　データドリブン経営とは、データ主導による意思決定を行う経営手法です（**図表1-⑥**）。DX 時代においては、ビッグデータや AI を使った解析技術の進化が進み、経営のあらゆる場面でデータに基づく迅速な判断が可能となりました。かつての「KKD（勘、経験、度胸）」で判断するのではなく、データとアルゴリズムに基づいた客観性の高い意思決定を経営の世界で行うのがポイントです。

　では、なぜデータドリブン経営が各企業の注目を集めているのでしょうか？　多種多様なデータが生成されており、アナリティクス技術も進展していることがその要因のひとつと考えられます。

　また、各種調査によると、データドリブン型経営判断の支援を実践している企業は、成功を収める確率が高く、また事業価値の高さや事業成長スピードの速さにも、ポジティブな影響が出ていることが明らかになっています（**図表1-⑦**）。

　以上のことから、変化の激しい VUCA の時代には、最適な判断を適宜行い、持続的な成長を実現するためのデータドリブン経営が不可欠であると言えるでしょう。

図表 1-⑦ **データドリブンが実践できている企業の特徴**

ビッグデータ化、AIなどによる解析技術の進化が進み
経営のあらゆる場面でデータに基づく迅速な判断が実現可能になっている

 成功を収める
確率が高い

世界最大規模の企業の多くは
データドリブン経営を
実践している

 事業価値が
高まる

データドリブン経営を実践し
成功を収めている企業の
企業価値は急成長している

 事業スピード
が速い

データドリブン経営を実践
している企業は、世界のGDP
成長率の7倍で成長している

**変化の激しいVUCAの時代に最適な判断を適宜行い持続成長をするには
データドリブン経営が重要**

　事実、未来を予測するために人間の手で大量のデータを処理すること
には限界があり、また膨大な時間がかかります。しかし、既知の予測結
果がある場合は、アルゴリズムをベースにしたモデルに対して特徴量（第
2章参照）を洗練させていくことで、予測結果を迅速に導き出すことが
可能と言われています。人間にとって複雑・曖昧と思われる事柄でも、
過去にいくつかの予測結果があれば、それをAIに学習させることで、
迅速かつ適切に現在起きている現象を理解して、次の予測をすることが
できるのです。このようなAIの効用を活用したデータ駆動型（データ
ドリブン）の判断支援や経営手法が注目されています。
　たとえば、天気予報や過去データに基づく需要予測と在庫調整から、
顧客分析に基づいたキャンペーン提供、設備稼働データを基にした故障

リスク分析と状態基準保全（Condition Based Monitoring）の実施など、データ駆動型による判断支援は徐々に現場の業務プロセスに導入されはじめています。

それでは、データ駆動型イノベーションが多くの企業に着目されているのはなぜでしょうか？　過去を振り返ってみると1980～90年代は、市場での企業間の戦い方は大きく変化せず、コアビジネスの合理化やプロセス改革・改善など、オペレーション課題に対応することで競争優位を築く、競争戦略論が主流でした。しかしながら、DXの時代背景で述べたように、VUCAの時代に突入し、生活者の価値観や行動および市場での戦い方が変化し続けるような環境下では、イノベーションを実現しないと競争優位を築くことが難しくなっていると言えます。

また、イノベーションを起こすためには、企業を取り巻く環境変化を理解して、事業機会や脅威を特定したうえで、企業の資本や資産を確保し、変化に対応するオペレーションを構築しながら、イノベーション案を市場に展開し継続的に改善することで、イノベーションを定着させる必要があります。

このように「脅威と機会を迅速に特定し、保有資産とプロセスを適宜修正し、対応することで、競争優位を長期的に維持する」という考え方は、1990年代後半にカリフォルニア大学バークレー校のデビッド・ティース教授により提唱されました。

提唱された当時は実践が難しいと言われていましたが、近年データアナリティクス技術が進展することで、ダイナミック・ケイパビリティ（企業が環境の激しい変化に対応して、自己を変革する能力）を実践することが現実的になり、昨今注目を集めています。実際に、日本でも2020年5月に経済産業省・厚生労働省・文部科学省が共同で発表した「ものづくり白書2020」のなかで、このダイナミック・ケイパビリティが取り上げられ、製造業界を中心に注目を集めています（**図表1－⑧**）。

それでは、データをどのように活用するとイノベーションを実現していけるのでしょうか？　データアナリティクス技術が進展するなかで分散型組織を構築し、データ駆動型のイノベーションを実現している企業

図表 1-⑧ ┃ **ダイナミック・ケイパビリティとは**

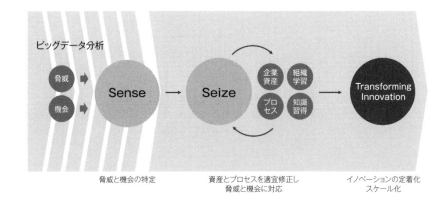

が増えてきていると思われます。技術が進展するなかでビッグデータ分析により物事の関連性や隠れたパターンを見つけたりすることが可能になっています。データ駆動型のイノベーションのリーダー企業は、このデータアナリティクスの特徴を活用し、すでに存在する技術を組み替える（リコンビネーション）など、ある問題を解決したアルゴリズムを別の分野に応用して展開することで、イノベーションを実現していると言われています。

　実際に多くのイノベーションを起こしているグーグルは、組織のあらゆる場所でイノベーションを奨励し、各組織がゆるく連携することで、さまざまなイノベーションを実現していると言われています。NEC においてもイノベーションを奨励しており、2019 年にはコエドブルワリーとの協業により、新たなクラフトビール（人生醸造クラフト）を醸造し、発売するなど、新たなビジネスを生み出しています。

## 製品・サービス企画業務におけるデータの利活用

　現状、統計データからも、経営企画やマーケティングと同様に、製品・

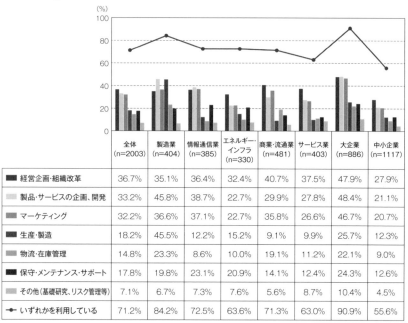

図表 1-⑨ 製品・サービスの企画開発業務におけるデータ利活用

| | 全体<br>(n=2003) | 製造業<br>(n=404) | 情報通信業<br>(n=385) | エネルギー・<br>インフラ<br>(n=330) | 商業・流通業<br>(n=481) | サービス業<br>(n=403) | 大企業<br>(n=886) | 中小企業<br>(n=1117) |
|---|---|---|---|---|---|---|---|---|
| ■ 経営企画・組織改革 | 36.7% | 35.1% | 36.4% | 32.4% | 40.7% | 37.5% | 47.9% | 27.9% |
| □ 製品・サービスの企画、開発 | 33.2% | 45.8% | 38.7% | 22.7% | 29.9% | 27.8% | 48.4% | 21.1% |
| ■ マーケティング | 32.2% | 36.6% | 37.1% | 22.7% | 35.8% | 26.6% | 46.7% | 20.7% |
| ■ 生産・製造 | 18.2% | 45.5% | 12.2% | 15.2% | 9.1% | 9.9% | 25.7% | 12.3% |
| ▨ 物流・在庫管理 | 14.8% | 23.3% | 8.6% | 10.0% | 19.1% | 11.2% | 22.1% | 9.0% |
| ■ 保守・メンテナンス・サポート | 17.8% | 19.8% | 23.1% | 20.9% | 14.1% | 12.4% | 24.3% | 12.6% |
| □ その他（基礎研究、リスク管理等） | 7.1% | 6.7% | 7.3% | 7.6% | 5.6% | 8.7% | 10.4% | 4.5% |
| ●- いずれかを利用している | 71.2% | 84.2% | 72.5% | 63.6% | 71.3% | 63.0% | 90.9% | 55.6% |

（出所）総務省（2020）「デジタルデータの経済的価値の計測と活用の現状に関する調査研究」

サービスの企画開発においてもデータ活用が進められていることが明らかになっています（**図表１－⑨**）。

## AI・データ利活用による価値創造・経済成長

　ここまでのお話をまとめると、「VUCA の時代」および「DX の時代」においては、AI やビッグデータ、アナリティクスを活用した経営の実践が重要な位置を占め、イノベーションの創出や新たな価値創造、事業の成長、さらには経済成長にもつながっていきます。
　具体的な数字として、コンサルティング会社や調査会社から、以下の

図表 1-⑩　**AI・アナリティクス活用による価値創造・経済成長**

ような予測がなされています（**図表1ー⑩**）。

- ・「**AI＆アナリティクスにより、世界市場全体で1,000兆円を超える
  価値創造が見込まれる**」（マッキンゼー）
- ・「**2030年までにAIが提供する世界的な経済成長は15.7兆ドルで
  ある**」（PwCリサーチ）
- ・「**ビッグデータを活用している企業は、利益が8％向上し、コストが
  10％低減している**」（バークリサーチ）

　以上のことから、DXのなかでも特にAIの重要性について理解し、
それらを利活用できる環境づくりを進めていくことが、今後の企業経営
においては非常に重要であると言えるでしょう。

## 1 - 2

# AI を活用する企業

## 1-2-1

## AI を活用する企業の類型

### データと AI による価値創出の状況

　AI 活用の背景やその全体像を踏まえたうえで、ここからは、AI を活用する企業の類型や具体例について見ていきましょう。

　その前提として、データや AI を活用した企業の価値創出が急速に進んでいる現状について、あらためて確認しておきます。

　AI の利活用が進んでいるとされる欧米でも、2019 年の段階では、30％ほどの企業しかデータ・AI による価値を享受できていませんでした。それが 2021 年には「データと AI への投資でリターンを得ている」と回答した企業が 92％にも上り、大企業のほとんどがその恩恵を受けるようになりました（**図表 1 −⑪**）。そのような変化に応じて、データや AI への投資も加速しています。

### 組織におけるデータ利活用　今後のチャレンジ

　組織におけるデータの利活用の推移について、より詳しく見ていくと、2021 年度は新型コロナウイルス感染症（COVID − 19）の影響もあり、

図表 1 - ⑪ ┃ **データとAIによる価値創出の状況**

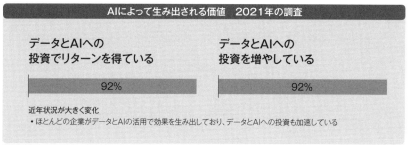

（出所）2019 MIT Sloan Management Review and Boston Consulting Group AI survey

（出所）2022 survey of senior data and technology executives by NewVantage Partners (where Randy Bean is CEO and cofounder, and Tom Davenport is a fellow).

全体の数字は大きく下がったものの、2022 年には再び伸びています。ただ、「データ駆動型組織の構築」については上がり幅が少ない状況です。また、「データカルチャーの構築」については数字がさらに下がっています（**図表 1 -⑫**）。

　これらのことから、データの利活用は効果を出せるトレンドになってきた一方、それを継続して中核となる事業に組み込んでいくための組織やカルチャーの醸成がますます重要になってきていることが読み取れます。

## 図表 1-⑫ 組織におけるデータ利活用　今後のチャレンジ

| データ駆動型へのジャーニー | 実施していると回答した企業 | | | |
|---|---|---|---|---|
| | 2019 | 2020 | 2021 | 2022 |
| データによる<br>ビジネスイノベーション推進 | 59.5% | 64.2% | 48.5% | 56.5% |
| データとアナリティクスで<br>競合と戦う | 47.6% | 45.1% | 41.2% | 47.4% |
| ビジネスのアセットとして<br>データを管理する | 46.9% | 50.0% | 39.3% | 39.7% |
| データ駆動型組織の構築 | 31.0% | 37.8% | 24.0% | 26.5% |
| データカルチャーの構築 | 28.3% | 26.8% | 24.4% | 19.3% |

| 今後のチャレンジ | 広範囲にAIを活用するには、AIが組織の中核となる製品やサービス、ビジネスプロセスにどれだけ深く広く組み込まれているか重要である<br>データドリブンの文化を醸成し、人・組織を変革していくことが今後ますます重要となる |
|---|---|

（出所）Data and AI Leadership Executive Survey 2022 NewVantage Partners

## AIの特徴と活用目的

　次に、AIが有する特徴や進展する技術の現状を踏まえ、さまざまな目的におけるAI活用が進んでいます。AIはその特徴および有用性から、「①変化予測と対応の適正化」「②業務の合理化・効率化」「③リアルタイムでの判断支援」「④イノベーション創出」を目的に活用が進んでいます（**図表1-⑬**）。

### 〈① AI活用により、変化を予測し対応を適正化する〉

　AIは、データのなかから関係性を見出し、既存の傾向をより正確に

## 図表 1-⑬　AIの特徴・技術進展状況と活用目的

| AIの有用な特徴 | 活用目的 | AI技術の進展状況（例示） |
|---|---|---|
| AIはデータのなかから関係性を見出し、既存の傾向をより正確に予測することに長けている | 将来を予測し対応を適正化 | たとえば、テキスト、音声、画像、デジタルニュース、ソーシャルメディアなど膨大なデータのなかから、人の好みや感情の分析を通じて、レジャーや旅行のパターンなど、顧客の将来を予測することに活用されている |
| どの部分がより重要かを学習する「注意」アプローチにより、一見無関係に見える概念を結びつけ、より速く作業することが可能 | 業務の合理化・効率化 | 保険、人事、行動監視などの分野では、機械学習がフォームを読み上げたり、音声やビデオの記録を確認したりして、審査担当者がどこに注意を向けるべきか、電話をどのように処理すべきか、ファイル添付が忘れられていないかなどを浮き彫りにする |
| 多種多様なデータを高速で処理することにより、企業がリアルタイムで判断を行い実行することが可能 | リアルタイムでの経営・オペレーション判断支援 | たとえば、販促ボリュームを瞬時に、かつ自動的に増やしたり、反対に他の製品ラインとカニバリゼーションを起こす可能性のある製品の発売を遅らせたりする |
| 大量のデータをマイニングして観察することで、新しいイノベーションを生み出すことが可能 | イノベーションの創出 | すでに存在している個々の技術をなんらかの方法で組み替えたり、ある問題を解決したものを再利用して、それを別の分野に応用することが可能 |

（出所）「3 Areas Where AI Will Boost Your Competitive Advantage HBR How Data Analytics Can Drive Innovation Knowledge at Wharton」を基にNEC加工

予測することに長けています。この特徴を活用し、より正確かつスピーディに将来変化を予測することを目的にAIの活用が進んでいます。

　実際に、テキスト、音声、画像、デジタルニュース、ソーシャルメディアなど膨大なデータのなかから、人の好みや感情の分析を通じて、レジャーや旅行のパターンなど、顧客の将来を予測することに活用されています。

　また、大量のデータをAIが迅速に処理することで、監視機能を強化する試みが、さまざまな企業で実践されています。モニタリングを通じて、将来発生し得る問題を事前に見つけて警告を促したり、発生後に実施すべき行動を推奨したり、場合によっては機械的対応を実施したりします。

　具体的には、予防保全（Preventive Maintenance）やサイバーセキュリティなどの領域で、AIとビッグデータを使ってモニタリング自体が大きく改善されています。たとえば、金融・保険業界では、ロボアドバイザーによる資産管理だけでなく、詐欺の検知も実施されています。また、医療業界では、AIに基づく胸部X線アプリケーションを活用し、放射線科の医師よりも早く病気を発見するなど、モニタリングの高度化

が進められています。

## 〈② AI を活用し、業務の合理化・効率化を推進する〉

　AI は「どの部分がより重要か」を学習する「注意」アプローチを実践することが可能で、一見無関係に見える概念を結びつけ、より効率的に作業することを可能にします。また、RPA（ロボティック・プロセス・オートメーション）も活用することで、ルールベース（人間がルールを設定）で繰り返されるタスクも自動化できます。AI との組み合わせにより、ヒューマンエラーの削減につながるだけでなく、多くのタスクから人間が解放され、より付加価値の高い業務に集中できるようになります。

　実際に、保険、人事、行動監視などの分野で、機械学習がフォームを読み上げたり、音声やビデオの記録を確認したりして、審査担当者がどこに注意を向けるべきかを推奨し、業務の合理化を進めています。また、機械学習を通じて電話をどのように転送すべきか、ファイル添付が忘れられていないかなどを浮き彫りにすることで、ヒューマンエラーの防止を実現しています。

　さらに、金融業界では、顧客体験価値の向上と業務効率化の双方を実現しています。たとえば、米国の大手金融グループのひとつキャピタル・ワンでは、アプリやウェブサイトと連動したチャットボットを活用し、顧客体験価値を向上させています。具体的には、口座に関する質問の対応や不正利用のアラート、残高確認、さらにはショッピングサイトごとのカード番号の管理などを実現することで、個客体験価値の向上と業務の自動化の双方を実現しています（**図表 1 −⑭**）。

　また、AI は採用プロセスの効率化でも活用されています。具体的には AI を活用することで、採用プロセス自体を合理化したり、採用を募集する際に影響のある社外発信情報のバイアスを排除したりすることが可能となります。また、採用するときに、SNS での発信コメントを基に候補者の能力を分析するなどの活用方法もあります。

　たとえば、グーグルでは、さまざまな従業員のデータソースから、そ

## 図表 1-⑭ AIによるカスタマーサービス向上

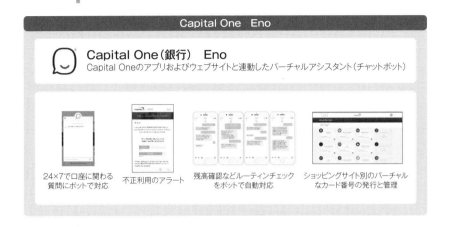

たとえば、販促ボリュームを瞬時かつ自動的に増やしたり、反対に他
の人のパフォーマンスや声を分析し、良い上司のあり方の解明を進めて
います。それにより、75％の「成績が悪い管理職」のクオリティ向上を
実現しています。

## 〈③ AIを活用し、よりリアルタイムでの経営・オペレーション判断を支援〉

AIは多種多様なデータを高速で処理することにより、企業がリアル
タイムで判断を行い、実行することを可能にします。これにより、商品・
サービスの開発から商用化、事業立ち上げまでのサイクルを短縮するこ
とができます。つまり、ビジネスのスピード自体を向上させていくこと
ができるのです。

たとえば、販促ボリュームを瞬時かつ自動的に増やしたり、反対に他
の製品ラインとカニバリゼーションを起こす可能性のある製品の発売を
遅らせたりすることを、自動かつリアルタイムで実現します。

## 〈④ AIによるイノベーションの創出〉

AIは大量のデータをマイニングして観察することで、新しいイノベー

ションを生み出すことを可能にします。すでに存在している個々の技術をなんらかの方法で組み替えたり、ある問題を解決したものを再利用して、それを別の分野に応用することで、イノベーションを生み出しています。

　たとえば、グーグルでは、分散型組織を組成して多くの人々がゆるくつながるなかで、イノベーションの機会を見出しています。一見関連性のないものからどう関連づけるのかというところで AI を活用し、それを社内で共有しながら新しいイノベーションを生み出しています。

　また、競合分析や顧客分析などでデータアナリティクスを活用することで、企業にとって新たな事業機会を抽出することができます。具体的には、売上が成長している顧客を把握し、プロファイルを通じて成長機会を明らかにするなどの活用方法が想定されます。

　たとえば、ネットフリックスが配信するオリジナルドラマ『ハウス・オブ・カード　野望の階段』では、ファンと出演者と監督の間の相関関係を AI が紐解き、そこから見出された要素をひとつの番組に集約して、ヒット作を生み出しています。

　AI を活用し、蓄積されたデータを基に顧客の好みを推察。それにより、顧客にとって望ましいものを推奨するなど、体験価値の向上やリピート顧客・ロイヤル顧客化を実現します。

　顧客体験価値向上の領域でも、AI を活用することで、さまざまなイノベーションが実現されています。

　たとえば、アマゾンでは AI を活用し、レコメンデーションシステムを構築するだけでなく、AI チャットボットによる顧客体験価値の向上、データ解析による個人に対応したコンテンツマーケティングの実施など、これまでにない顧客体験を提供し、リピート、ロイヤリティを向上させています。

　金融業界においても、AI・データ利活用によりイノベーションが生み出されています。AI を活用し金融商品の投資提案や投資家のポートフォリオに基づいた銘柄推薦、好みの FX レートの通知、異常な取引の通知などを実施し、ハイパーパーソナライゼーションを実現しています。

## データドリブン型イノベーションのプロセス

　上記のような活用方法を踏まえ、それぞれのプロセスを、①「Sense（機会発見・モデル化）」、②「Seize（価値の創出・提供）」、③「Transforming Innovation（変革定着化と継続的改善）」の３つでプロットすると、**図表１ー⑮**のようになります。

　まず「Sense（機会発見・モデル化）」では、予測やメンテナンスに加え、既存の傾向を把握したり、その後の変化を予測したりするところでAI・データが活用されています。また、変化に対して実施するべきアクションの立案支援や、一見関係性がないように思われる事柄の意味

**図表１-⑮** ┃ **AIを活用する企業　データドリブンイノベーションの例**

| | Sense | Seize | Transforming Innovation |
|---|---|---|---|
| ヘルスケア | 大量のデータをAIで解析し、病気の原因（標的）やリード化合物の探索を実施 | AIを活用し、実験の自動化を進める | 研究者の負担軽減を実現し、創薬候補のリード化合物の探索や標的探索の期間を短縮 |
| エネルギーバイオテック | 業界・顧客・競合の将来をAIを活用して予測し、新たな事業機会を探索 | 一見関係性がないと思われるものの関連性の発見などを通じ、新たな事業機会を発見 | 新規事業開発を進める際の調査コストの低減を実現するとともに、事業リスクの低減を実現 |
| エンターテインメント | 顧客セグメントの微細化を通じて事業機会・顧客サービス改善機会を探索 | 個人別のサービス改善機会や潜在ニーズの特定効率化を推進 | ハイパーパーソナライゼーション（個人対応）を実現し、個客エンゲージメントを強化 |
| ロジスティクス | 映像解析などを通じて、従業員の職場環境を把握 | 従業員の安全を損なう潜在リスクをリアルタイムでアラートするシステムを構築 | 従業員の職場での安全性向上を実現し、従業員のエンゲージメントを向上 |
| 製造業 | 映像解析などを通じて、自社設備の状況を把握し、将来の保全機会を探索 | AIを活用した予防保全システムを構築し、早期の保全対応を促すことを推進 | 自社設備の保全（維持管理）業務の合理化・効率化を実現 |

づけなど、イノベーションの創出にもつながっています。

次に「Seize（価値の創出・提供）」では、発見した事項のモデル化を通じて、企業価値を創出していくところがメインとなります。ビジネスのスピード向上、開発系やR&Dのプロセス変革における自動化や最適化、新たな能力の獲得とビジネスの拡張にも展開でき、さらにはリスク回避と迅速な対応にも貢献しています。具体的には、ロボアドバイザーやモニタリングの改善などの事例が挙げられます。

最後の「Transforming Innovation（変革定着化と継続的改善）」では、AI活用の特徴を踏まえ、ムーンショット（壮大な計画）ではなく小さく成功させていくことを前提に、それらのつながりが相乗効果を生み出していく点にフォーカスしています。そのうえで、シリーズ型での成功による効果のスケール化や、継続的な変革の仕組み確立による競争優位の持続などがポイントとなります。

これらのプロセスを軸に、企業は「ビジネスモデル」「顧客体験」「業務変革（オペレーション）」の各分野で、AIを活用することが求められます。

このようなAI・データ利活用の全体像を踏まえ、それを事業として成功させているのが、プラットフォームビジネスを展開している企業です。プラットフォームビジネスは、誰にでも使えるインタフェースや顧客体験（UX）を追求し、競争優位を保つことに貢献しています。

たとえば、その代表例であるグーグルは、あらゆるものが変化・陳腐化していくVUCAの時代において、今までのポジショニング戦略に頼るのではなく、より柔軟な事業の展開を実現し、成功を収めています。

具体的には、顧客や参加者が増えていく最初のステップと、増えていくことによってデータが蓄積されていくステップを総合的に捉え、その過程で生成されたデータを活用しつつアプリを提供するなど、プラットフォーム自身を魅力的にすることに注力しているのです。

その結果、より多くの人が参加したくなる仕組みが構築され、たとえ世の中の環境が変化しても、強力なプラットフォームによって柔軟に対応できています。それこそ、事業の中核にAIやデータを組み込んで成

功を収めるための好例と言えるのではないでしょうか。

## 1-2-2

# AI 活用の個別事例

## 業界別の事例

　ここからは各業界における AI 活用の事例を紹介します（**図表1−⑯**）。

### 〈製造業〉

　製造工程の各プロセスをより効率化するため、さらに人間の労働者を危険から遠ざけるために AI 活用が進んでいます。

　たとえば、IT*02 ／ OT*03 システムの保守・運用においては、AI は異常な兆候やパターンを発見することができ、メーカーは故障が発生す

図表 1-⑯ ▎**AI活用の個別事例**

|  | 活用例 | AIに対する期待 | 変化予測と対応の適正化 | 業務の合理化・効率化 | リアルタイム判断支援 |
|---|---|---|---|---|---|
| 製造業 | IoTシステムの保守運用 | 専門家の知見をAIに学習させて、予知保全を合理化する | ● | ● | ● |
| | 原料検査の効率化 | 原料の状態を判別し、不良品の自動振り分けを実施 | ● | ● | ● |
| ヘルスケア | 病気の進行状況の把握 | ガンなど命にかかわる病気を、人間よりも早く、正確に発見 | ● | | ● |
| | 化合物・標的探索の合理化 | 創薬・臨床試験を迅速化し、医療費削減と新薬発売の期間を短縮 | ● | ● | |
| モビリティ | 移動における不便の解消 | 交通渋滞を回避し、タイムリーに目的地へ到着する計画を策定 | ● | | ● |
| 物流 | AIによる自動運転 | ルート、回避策などの知識を活用し、スケジュール策定の自動化 | ● | ● | |
| エネルギー | 研究開発サイクル短縮 | AIを活用し調査コストを削減することにより、開発期間を短縮 | ● | ● | |
| 広告 | 広告発信の自動化・個人化 | 顧客セグメントを微細化し、個人向け広告を自動で発信 | ● | ● | |
| エンターテインメント | 将来の成功・失敗予測 | シーンをタグ付けするメタデータから将来の成功・失敗を予測 | ● | | ● |

*02　Information Technologyの略。
*03　Operational Technologyの略。

る数週間から数カ月前に予防保全を行うことができるようになります。

　これまでも人間である専門家がその専門知識を活用し、予防保全を実施してきましたが、属人的になりがちでした。専門家の知見を AI に学習させていくことで、より多くの場面で展開し、スケール化させていくことが可能になります。たとえば、日本で確立したメンテナンス技術を現地国の生産現場に適用したり、AI を活用した全自動工場の 24 時間操業をしたりすることも可能になるでしょう。

　今後、製品開発、ロジスティクスの最適化、予防保全、ロボティクスなどで AI と機械学習が活用される機会が増加し、AI と協調した製品開発などの仕事が生み出されると想定されます。

### 〈ヘルスケア〉

　AI 活用の恩恵を最も受けている業界であり、雇用機会が 100 万人近く増加する可能性があります。近い将来、AI を活用した医療技術者の求人の案件は急増すると予想されます。

　具体的には、がんなどの命に関わる病気を人間よりも早く正確に発見できるようになることが期待されており、創薬や臨床試験の迅速化で医療費の削減と新薬の発売までの時間の短縮を可能にすることが期待されています。

### 〈自動車〉

　近年、ウーバーやグーグルのような IT 企業が、AI 駆動の自動運転車やトラックの開発に何百万ドルもの投資を行っています。今後、こうした交通手段が一般化すれば、AI や機械学習のエンジニアに多くの需要が生まれることが予想されます。

　ドライブシェア会社はすでにテクノロジーを使って交通渋滞を回避し、タイムリーな到着を実現しています。これは公共交通機関にも及び、電車やバスに AI を搭載することで効率を上げ、潜在的な不便を軽減することができます。利用者のストレスも軽減されるなど、誰にとってもメリットがあります。

## 〈資源、エネルギー〉

　研究開発に多額の投資を行っている業界は、AIから最大の利益を得ることができます。特に資源・エネルギー業界では、AIが研究開発サイクルの短縮と調査コストの削減に貢献することで、ビジネスリスクを抑えながら、より大胆なプロジェクトを追求することが可能となります。

## 〈ロジスティクス〉

　物流業界には何千人もの知識労働者がいます。ドライバーはルート、貨物、回避策などについての知見が豊富である一方で、自律走行車を走らせる取り組みが進んでいます。将来的には、AIがスケジューリングするAI搭載車両が登場することが期待されており、多くの新しい仕事が生み出されると予想されています。

## 〈サイバーセキュリティ〉

　サイバー攻撃の大半はAIを利用しています。各企業は今後、積極的かつ継続的なリアルタイムアプローチを採用し、AIと外部脅威の情報や内部脅威の評価やリスク管理を組み合わせることで、サイバーセキュリティを、よりダイナミックで客観的なものにしていく必要があると考えられています。

## 〈企業セキュリティ〉

　アイデンティティ＆アクセス管理（IAM[04]）は、企業セキュリティの中核となっているものの、アイデンティティのプロセスは複雑かつ大量のデータを含んでいます。

　その点、AIはすでにパターンや異常の分析、リスクの高いユーザの発見、ユーザの役割によるアクセスのモデル化、アクセス要求の自動化など、IAMの簡素化に着手しています。これにより、企業は最も重要な資産へのアクセスを安全に確保することができます。

---

[04]　Identity Access Management（システムへのアクセス権限管理）の略。

## 〈情報セキュリティ〉

　さまざまな趣向を凝らした人工知能は、情報セキュリティの分野でも多くのメリットを提供できます。たとえば、一見無関係に見えるデータ同士を結びつける能力は、セキュリティ分野だけでなくヘルスケアの分野にも応用可能です。事実、科学分野では何年も前からAIを活用しており、今後もその恩恵が期待されています。

## 〈金融〉

　昨今では、ハッカーが詐欺対策と同じ技術を使うなど、熾烈な戦いが繰り広げられています。金融機関にとっては、AIを活用して大規模なデータセットでパターンを認識し、組織や顧客に悪影響を及ぼす前に不正を検出することが極めて重要となっています。

## 〈広告〉

　広告の効率は、適切な人に適切なタイミングでリーチできるかどうかに大きく依存します。これまでは、さまざまなセグメントをつくるのが精一杯でしたが、AIを活用すれば、セグメントをはるかに細かくすることができます。何千もの特徴量を基に、一人ひとりに合わせて広告をカスタマイズしたり、広告を流すのに最適な時間帯やチャネルを検出したりすることも可能となります。

## 〈eコマース（EC）〉

　ECにおける運用上の課題はほぼ解決しつつあるため、今後はアルゴリズムコマースやROI（Return on Investment：投資収益率）を重視したパーソナライゼーションへの戦略的な投資が求められます。事実、AIと自然言語生成技術の融合により、商品やカテゴリーをカスタマイズして顧客がオーダーメイドのショッピング体験を得られるような、一種の「アルゴリズム*05によるeコマース」体験が実現されはじめています。この場合、顧客はカスタマイズされた商品とカテゴリーの説明を通じて、オーダーメイドのショッピング体験を得ることができます。

*05　計算を行う場合のやり方や手順。

## 〈クラウドコンピューティング〉

　この分野では、特に「データレイク解析」の分野において、クラウドコンピューティングに対する考え方を大きく変える可能性が秘められています。今後の発展に注目です。

## 〈メディア・エンターテインメント〉

　メディアやエンターテインメント業界では、AI によって、映像から膨大なデータを収集したり、推論したりすることができます。これは、シーン（登場人物、俳優など）をタグ付けするためのメタデータから、将来のテレビや映画の成功または失敗を予測するようなものまで、さまざまな可能性を含みます。また、将来のテレビや映画の成否を予測するなど、ストリーミングからより多くのデータを収集することで、AI のインパクトはさらに大きくなると予想されます。

## 〈研究開発（R&D）〉

　バイオテクノロジーや石油・ガス資源探査など、研究開発に多額の投資を行っている業界は、AI によって最大の利益を得ることができるようになると目されています。これらの業界は、儲かるかどうかわからないリスクの高い賭けに莫大な投資をしていますが、AI が研究開発サイクルの短縮と調査コストの削減に貢献することで、ビジネスへのリスクを抑えながら、より大胆なプロジェクトを追求することが可能になります。

　これらの業界における AI 活用に対する期待と AI 人材の将来需要について、**図表１－⑰**にて整理しました。

## 海外企業の事例

　次に、海外企業の動向について見ていきましょう。

　グーグルでは、分散型組織を組成して多くの人々がゆるくつながるなかで、イノベーションの機会を見出しています。一見関連性のないもの

## 図表 1-⑰ | AI活用に対する期待とAI人材の将来需要

| 業界 | AI活用に対する期待 | AI人材の将来需要 |
|---|---|---|
| ヘルスケア | ガンなどの命にかかわる病気を、人間よりも早く、正確に発見できるようになることが期待されており、次に、創薬や臨床試験の迅速化で、医療費の削減と新薬の発売までの時間短縮を可能にすることが期待されている | ヘルスケア業界は、AI活用の恩恵を最も受け、雇用機会が100万人近く増加する可能性があると言われている。近い将来、AIを活用した医療技術者の求人案件は上向きに急増することになると予想されている(PwC)。 |
| 製造業 | AIは異常な兆候やパターンを発見することが可能で、AIを活用することで、設備やシステムの故障発生前から予知保全を行うことができるようになる。業務の合理化・自動化を実現するため、企業は設備やシステムの保守に大量のAI開発者やエンジニアを必要としている。 | AI保守人材のみならず、今後、製品開発、ロジスティクスの最適化、予知保全、ロボティクスなどで、AIと機械学習が活用される機会が増加し、AIと協調した製品開発などの仕事が生み出されると想定されている。 |
| 交通・物流 | 物流業界には何千人もの「知識労働者」がいる。彼ら知識労働者は、ルートや貨物・回避策などについての知見が豊富である。自律走行車を走らせるためには、これらの知見を顕在化し、AIによりスケジューリングするAI搭載車両の登場が期待されている。 | ウーバーやグーグルのようなIT企業は、AI駆動の自動運転車・トラックに何百万ドルを投資を行っている。今後、この交通手段が活発化すれば、自動運転技術のみならず、交通渋滞を回避したり、タイムリーな到着を実現するために、AIや機械学習のエンジニアに対する多くの需要が見込まれている。 |
| バイオテクノロジー・石油・ガス | 現在、バイオテクノロジー・石油・ガス業界は、儲かるかどうかわからないリスクの高い賭けに莫大な投資をせざるを得ない状況にある。AIにより、研究開発サイクルの短縮化と調査コスト削減の実現を通じて、ビジネスリスクを抑えつつ、より大胆にプロジェクトを追求することが期待されている。 | バイオテクノロジーや石油・ガス会社は、探査や新技術開発に向けて研究開発に多額の投資を行っており、AIを活用することで最大の利益を得ることができると言われており、AI人材に対する需要は成長していくと想定されている。 |
| 金融 | 詐欺対策と同じ技術をハッカーが使用して不正を働くことが散見されており、ハッカーと銀行・金融機関で多くの戦いが繰り広げられている。銀行・金融機関は、AIを活用して大規模なデータセットでパターン認識を行い、組織や顧客に悪影響を及ぼす前に不正を検出して対応することが極めて重要になっている。 | さまざまな新しい技術が開発されるなかで、AIを活用して不正を未然に検出し対応することは、銀行・金融機関にとって極めて重要であり、AI人材に対する需要は急成長している。 |
| 広告・エンターテインメント | 広告の効果は、適切な人に適切なタイミングでコミュニケーションできるかどうかに大きく依存する。人間では顧客セグメントを細分化することに限界があったが、AIを活用することで顧客セグメントを個人レベルにまで細分化し、何千、何万ものパラメータを基に、各個人に合わせて最適な時間帯に適切なチャネルを通じてカスタマイズされた広告を提供することが可能になると想定されている。 | AIにより映像から膨大な量のデータを収集したり、推論したりすることが可能になる。たとえば、シーン(登場人物、俳優など)をタグ付けするためのメタデータを生成したり、将来のテレビや映画の成功または失敗を予測するようなことが可能になると想定される。ストリーミングからより多くのデータを収集することで、広告・エンターテインメント業界に対するAIのインパクトはますます大きくなることが予想されており、AI人材に対する需要は急成長している。 |

からどう関連づけるのかというところで AI を活用し、それを社内で共有しながら新しいイノベーションを生み出しています。

　また、前述した米国の大手金融グループのひとつキャピタル・ワンでは、アプリやウェブサイトと連動したチャットボットを活用し、顧客体験価値を向上させています。具体的には、口座に関する質問の対応や不正利用のアラート、残高確認、さらにはショッピングサイトごとのカード番号の管理なども実現しています。

　より先進的な事例としては、ニュージーランド発の AI スタートアップ企業ソウルマシーンズ社（Soul Machines）が挙げられます。同社では、自律型アニメーションプラットフォームを活用し、人とブランドとの関わりを擬人化する試みを行っています。それにより、相手がどんなことで怒ったり混乱したりするのかの情報を集め、それらの情報を基に各社のサービス向上につなげています（**図表 1 −⑱**）。

　また、ナイキでは、トレーニングをした後に波動や心拍数などのバイタルサインも含めた体の状況を定期的に点検することができるシステムを提供しています。いわゆる「Quantified Self（クオンティファイド・セルフ。コンピュータや各種ツールを用いて、人間の行動や状態を定量

図表 1 −⑱ **自律型　アニメーションの活用例**

| 代表的な企業の例 | 導入例 |
|---|---|
| soul machines | HumanOS™プラットフォームを配備し、下記顧客企業とともにリテール、自動車、銀行、金融分野の有名国際ブランド向けのデジタル・ヒーローズを開発 |
| **ソウルマシーンズ社**<br>ブランドを人格化し、人とブランドとの関わり方を擬人化するための世界最先端の自律型アニメーションプラットフォームの開発を行うAGI（汎用人工知能）研究企業。　人間によるカスタマーサービスを完全に置き換えることを目指す | ・プロクター・アンド・ギャンブル (P&G)<br>・バンクABC (Bank ABC)<br>・ロイヤルバンク・オブ・スコットランド など |
| **変革への試み** | **ユースケース**<br>**P&Gの例**<br>https://www.soulmachines.com/industries/consumer-goods/ |
| 人は、人型のモノに話しかけるとき、自分の考えを率直に表現したり、表情が豊かになったりする傾向が強いという。ソウル・マシーンズのチャットボットはこの性質を利用して、相手がどんなことで怒ったり混乱したりするのかの情報を集め、ヒトのこの性質を利用して、サービス向上につなげようとしている | **対人レスコンタクトによる効率化**<br>**バーチャルエージェント**<br>AIがアシストする仮想エージェントが顧客と対応 |

的に観測することで新たな知見を得るもの）」の一環です。こうした部分にも、上記の擬人化技術などが応用可能です。以上のように、海外では基礎から応用まで、さまざまなAIの活用が進展しています。

## 国内事例

　では、日本国内にはどのような動きがあるのでしょうか。国内企業の事例についても見ていきましょう。

　たとえば、食品大手のキユーピーでは、食品の原料検査にAIを活用することで、原料検査効率を高めています。具体的には、ベビーフードの原料になるダイスポテトの原料検査装置にAIを活用し、変色などの不良品を見つけたら選り分けるシステムが構築されており、不良品選別業務などビジネスのスピードを向上させています。

　また物流業界では、ヤマトホールディングスが、日本の各地の宅急便センターごとに荷物の量を予測し、宅急便センターの人員や車両の適正配置を実施しています。荷量の予測精度が上がったことで、月間約700時間の業務削減に成功しています。

　自動車業界では、アイシン・エィ・ダブリュが手がけたカーナビの事例が挙げられます。かつては出荷工程で画面を目視し、製品の異常を確認していましたが、負担軽減のためにAIによる異常検知を実施。さらに、描画異常や音声、文字の異常についても追加拡大を進め、現場の業務負担を減らしています。

　小売業界では、リサイクルショップ運営のコメ兵ホールディングスが、本物かニセ物を見極める「真贋判定」に加え、「型番判定（モデル名・型式などの判定）」も可能なAIを導入しています。それにより、新人がひとつの商品を鑑定するのに4～5分ほど要していたところを平均1分～1分半まで短縮しています。

　人材サービス業では、パーソルテクノロジースタッフの事例があります。具体的には、候補者のスキルや経験をデータとして読み込ませ、募集業務の内容と人材のマッチングを行っています。それによってマッチ

ングの精度が向上し、業務負荷の低減にも貢献しています。

　建設業では、損傷などの点検の効率化にAIが使われています。たとえば、建設コンサルタント業務を手がける八千代エンジニヤリングでは、河川の護岸の維持管理にAIを活用し、損傷などの点検を効率化するシステムを構築しています。これまでは目視で劣化状況を調査していたのですが、点検や改善には熟練の技術が必要となるため、多くの手間とコストがかかっていました。しかし、同システムを導入した場合、現場での対応工数は5分の1に削減され、技術者による目視点検と遜色ない精度で点検を行うことが可能となっています。

　また、川崎地質でも、路面の陥没を起こす危険性が高い空洞をディープラーニングによって自動検知する仕組みを開発。地下空洞の発見を専門技術者より早く行えるようになり、判定時間は10分の1に短縮されました。その点、予測だけでなくビジネススピードの向上にもつながっています。

　以上のように、海外だけでなく国内の企業においても、AIの利活用が少しずつ進んできていることがおわかりいただけると思います。

## NECのお客様事例

　NECは2022年現在、2,000件を超えるAIプロジェクトの支援をさせていただいています。そうした最新事例のなかから、大和ハウス工業株式会社による施工現場のデジタル化に向けた遠隔管理の実証実験[06]についてご紹介します。

　建設業で課題となっている人手不足の深刻化と高齢化の進行に対して、大和ハウス工業株式会社では現場監督者や作業員の業務効率・安全性の向上を検討していました。これに対し、NECはAIを用いたカメラ映像からの工事進捗の自動識別を提示。大和ハウス工業の施工管理手法と組み合わせることで、施工現場の遠隔管理の実現を目指しています。

　大和ハウス工業とNECは、本実証実験の結果を踏まえ、施工現場のデジタル化を加速していきます。

*06　https://jpn.nec.com/press/202009/20200930_04.html

# 事例紹介：セブン銀行による
# DX戦略とデータマネジメント

　セブン＆アイ・ホールディングス傘下の株式会社セブン銀行は、2022 年現在、日本のコンビニ ATM 事業の最大手（2 万 6,000 台超）であるとともに、米国やインドネシア、フィリピンでも ATM 事業 を展開しています。同社は中期経営計画（2021 年度～ 2025 年度）において、データ利活用での新たなビジネス構築などによる変革を打ち出しており、同社のパーパスである「お客さまの『あったらいいな』を超えて、日常の未来を生みだし続ける。」の実現に向けて、AI・データの利活用による DX 実現を積極的に推進しています。たとえば、インドネシアでの ATM 事業展開において、AI ベースでの ATM 設置場所判断を通じ、設置台数を大幅に増やすことに成功しています（図表 1 －⑲）。

　NEC は AI・データ利活用の包括的ノウハウと専門人材、ソリューションをご提供させていただくなど、データドリブン企業変革に向けたご支援をさせていただきました。
・パーパス実現のために、AI・データ利活用の全社展開に向けた DMO（データマネジメントオフィス）の立ち上げを DX 戦略コンサルタントが伴走支援
・AutoML ソリューション（dotData）をご提供し、データ起点のグループシナジー創出に貢献
・AI・データ利活用人材を育成するための研修プログラム「DSP（データサイエンスプログラム）」の作成を支援

　セブン銀行ではAI・データ利活用をさらに加速させるために、データマネジメント領域まで踏み込むことで、全社横断でのDXを推進しています（**図表1−⑳**）。
※データマネジメントおよびAutoMLについては、第4章をご参照ください。

図表 1-⑲ **インドネシアのATMをAIベースで設置判断**

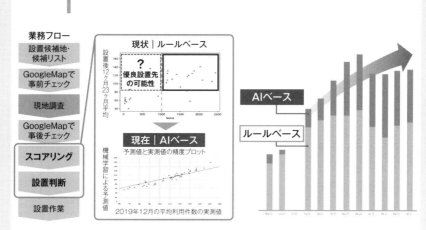

図表 1-⑳ **データドリブン企業への変革を加速**

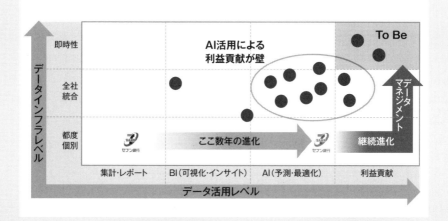

## 1－3

# AI に取り組むために

1-3-1

## AI 人材を取り巻く現状

### AI-Ready 化ガイドライン

　前節で AI 導入企業の事例を見てきたところで、一般社団法人日本経済団体連合会（経団連）から 2019 年 2 月に発表された「AI-Ready 化ガイドライン」を見てみましょう。このガイドラインは、レベル 1 からレベル 5 という 5 段階で、AI を活用するための準備（AI-Ready 化）に向けた企業の成熟度が記されています（**図表 1 －㉑**）。

　AI-Ready な企業になるために、経営・マネジメント層、専門家、従業員それぞれについて「人をどう育てていくか」ということが非常に重要なポイントになることがわかります。AI・データ利活用には、AI 技術やそれを活用した業務システムだけでなく、AI 人材の育成が必要です。

### AI 人材に関する課題

　では、そうした AI 人材は容易に育成できるものなのでしょうか。ここで、日本における AI 人材に関する課題について見ていきましょう。

## 図表 1-㉑ AI-Ready化ガイドライン（経団連）

| | 経営・マネジメント層 | 専門家 | 従業員 | システムレベル・データ |
|---|---|---|---|---|
| レベル5 | **AI-Powered企業として確立・影響力発揮** | | すべての事業・企業がAI×データ化し、業界そのものの本質的な刷新（disruption）を仕掛けている。 | |
| | ■AI×データを理解するCxOが全社、業界の刷新の中心を担う<br>■業界全体、他社との連携を推進 | ■全技術者が領域×AI知識を持つ<br>■AI×データ活用の技術、研究両面の最先端の人材、経験を持つ | ■皆が理数・AI×データ素養を所持<br>■社内外の専門家と共同で活用<br>■ミドル層は資本、人脈で貢献 | ■リアル空間も含め全てがデータ化、リアルタイム活用<br>■協調領域では、個別領域のAI機能、API提供、共通PF化<br>■競争領域では、独自機能のAI開発、サービス化 |
| レベル4 | **AI-Ready化からAI-Powered化へ展開** | | AI×データによって企業価値を向上。コア事業における価値を生むドライバーとしてAIを活用。 | |
| | ■AI×データを理解し事業活用する人材を経営層に配置<br>■AI-Readyになるまで投資継続 | ■AI×データ活用の技術開発、研究両面で最先端テーマの取組み開始 | ■過半が高いAIリテラシーを所持<br>■データ・倫理課題を整理・遵守<br>■AI×データによる業務刷新が推進 | ■業務システムと分析システムがシームレスに連携<br>■大半の業務データがリアルタイムに近い形で分析可能 |
| レベル3 | **AI-Ready化を進行** | | 既存の業務フローのAI×データ化による自動化に目途がつく。戦略的なAI活用も開始する。 | |
| | ■経営戦略にAI活用を組み込み<br>■AIへの投資をコミットメント<br>■幹部社員へのAI教育を実施 | ■相当数のAI分析・実装要員を持つ<br>■独自のAI開発・事業展開が可能 | ■実務へのAI活用が徹底<br>■そのための手順やツールも整備<br>■社員へのAI教育を開始 | ■業務フロー、事業モデルがデータ化<br>■業務系に加え分析系のデータ基盤も整備開始<br>■領域特性に応じてAI化、RPA適用等を使い分け |
| レベル2 | **AI-Ready化の初期段階** | | AI活用についてスモールスタートで経験を積む。一部の簡易業務のAI化も専門家の力を借りつつ着手開始。 | |
| | ■AIの可能性を理解し方向性を発信<br>■具体的な戦略化は未着手<br>■データ・倫理課題は未整理 | ■少数がAI・データを理解<br>■外部と協力し、既存技術を適用 | ■一部のAI基礎の理解<br>■AI×データ素養を持つ社員も存在<br>■AI人材の採用を開始 | ■一部業務でAI機能の本格適用を実施<br>■一部データが分析・活用可能な形で取得可能に<br>■顧客行動、環境、リアル空間のデータ化は未着手 |
| レベル1 | **AI-Ready化着手前** | | AIの方法論の議論が先行し、AI×データを活用した事業運営・刷新・創造は未着手。 | |
| | ■AIへの理解がない<br>■AIが業界や自社の企業経営に与える影響の認識も不十分 | ■システムは外部委託中心<br>■IT部門はIT企業とのつなぎ役 | ■経験、勘、属人的対応が中心<br>■課題も人員、工数をかけて対応<br>■理文分離型の採用 | ■レガシーシステムが肥大化<br>■データの収集、取り出し、統合に年単位の時間が必要<br>■データの意味や示唆の理解も不十分 |

（引用）AI-Ready化ガイドライン　https://www.keidanren.or.jp/policy/2019/013_sanko.pdf

特に重要なのは、日本企業において AI 活用を妨げている二大要因、すなわち「人材不足」と「AI への理解不足」についてです。

『AI 白書 2022』（KADOKAWA）によると、企業が AI を導入する際の課題として最も多く挙げられているのが、「AI 人材が不足している」（55.8%）です。次いで「自社内で AI への理解が不足している」（39.8%）、「AI の導入事例が不足している」（33.8%）、「導入効果が得られるか不安である」（31.3%）となっており、いずれも人・組織に関する課題が上位を占めていることがわかります（**図表 1 -㉒**）。

その意味で、今後 AI に取り組もうとしている企業は、人や組織の課題を優先的に解決していく必要があると言えそうです。

また、その他にも「導入費用が高い」（29.3%）、「手軽に導入できる製品・サービスがない」（24.0%）、「運用費用が高い」（21.8%）といったシステムに関する課題や、「学習データを保有・蓄積していない」（22.0%）、「学習データの整備が困難である」（15.3%）など、データに関する課題も挙げられています。

以上を総合すると、企業が AI を導入する際に取り組むべき課題は、「人・組織に関する課題」「システムに関する課題」「データに関する課題」

図表 1 -㉒ ▎**AI活用における課題**

〈**企業におけるデジタル戦略・技術・人材に関する調査**〉日本企業（n=400）複数回答

· AI人材が不足している（55.8%）
· 自社内でAIへの理解が不足している（39.8%）
· AIの導入事例が不足している（33.8%）
· 導入効果が得られるか不安である（31.3%）
→ **人・組織に関する課題**
**（AIへの理解不足）**

· 導入費用が高い（29.3%）
· 手軽に導入できる製品・サービスがない（24.0%）
· 運用費用が高い（21.8%）

→ **システムに関する課題**

· 学習データを保有・蓄積していない（22.0%）
· 学習データの整備が困難である（15.3%）

→ **データに関する課題**

の３つに大別されます。そのうち最も大きなウエートを占めているのが「人・組織に関する課題」です。

## AI人材を取り巻く現状

こうした課題を受けて、AI人材を取り巻く３つの動き（政府のAI戦略、AI人材の争奪戦、社員の再教育）について紹介します（**図表１－㉓**）。

### 〈政府のAI戦略〉

「すべての国民が数理・データサイエンス・AIを学ぶ」ことが戦略目標として示され、それを国が後押しすることを宣言しているという点で、大きな動きとなっています。

こうした政府の動きを受けて、学校教育にも変化が生じています。たとえば、小学校ではコンピュータの基本的な操作や論理的思考力を身につけるための「プログラミング教育」が2020年度から必修化されています。また高校では、情報技術を活用して問題の発見・解決を行う「情報Ⅰ」が2022年度から必修化されました。さらに大学・高専では、文

図表 1-㉓ **AI人材を取り巻く現状**

政府のAI戦略
すべての**国民**が
数理・データサイエンス・AI を学ぶ

AI人材の争奪戦
AI人材の**初任給優遇**
**高年棒**でAI人材確保

社員の再教育
**AI教育強化**
データ・AI活用スキル習得

系・理系を問わず、全学部向けの教育として「数理・データサイエンス・AI教育」が2020年度から順次展開されています。

### 〈AI人材の争奪戦〉

　AI活用に取り組みたい企業が増えている一方、即戦力として活躍できるAI人材はそれほど多くなく、企業間でAI人材の取り合いが生じています。どの企業においてもAI人材が足りていないなかで、初任給を優遇したり、高年俸で中途採用をしたりするなどの動きが見られます。

### 〈社員の再教育〉

　外部からAI人材を採用するには限界があるため、自社の既存社員にデータ・AI活用のスキルを習得させ、AI活用を進めていくという方向性です。現状では多くの企業が、AI人材の獲得に加え、社員の育成や再教育に取り組んでいます。

## 企業内におけるリテラシー格差

　政府の後押しの下、学生を中心に数理・データサイエンス・AI教育が実施されていくなか、今後は企業内で「リテラシー格差」の問題が生じると考えられています。

　事実、新入社員たちは、学生時代に数理・データサイエンス・AIを勉強している一方、既存社員の多くは学生時代に文系・理系に分かれて勉強しており、かつデータサイエンスやAIに関するリテラシー教育を受講する機会が提供されていませんでした。そのため、新入社員と既存社員との間にリテラシー格差が生まれてしまう可能性があります。

　その格差を埋めるためには、既存社員もデータサイエンスやAIに関する知識をしっかりと身につけて、新入社員と対等に議論できる土壌をつくる必要があります。

　そうした背景もあり、岸田内閣は「デジタル田園都市国家構想」を発表し、地域で活躍するデジタル推進人材を2022年度から5年間で230

万人確保すると宣言しています（**図表1-㉔**）。新社会人だけでなく現役社会人についても、政府が後押しするかたちで、AI人材を育成しようとしているのです。こうした動きは、リテラシー格差の是正につながると考えられます。

## すべてのビジネスパーソンが身につけるべきリテラシー

では、現役社会人は、どのような知識やスキルを身につけるべきなのでしょうか。経済産業省が2022年3月に発表した「DXリテラシー標準」では、「Why」「What」「How」と「マインド・スタンス」という構成が示されています（**図表1-㉕**）。

**図表1-㉔ ┃ デジタル田園都市国家構想**

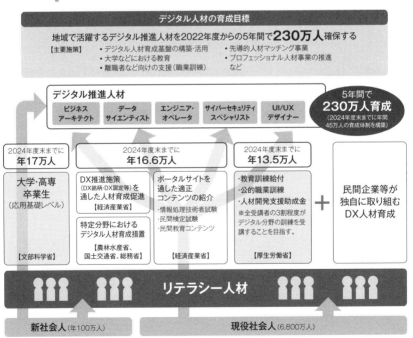

（出所）デジタル田園都市国家構想関連施策の全体像

## 〈Why：DXの背景〉

DXの重要性を理解するために必要な社会、顧客・ユーザ、競争環境の変化に関する知識を定義。

## 〈What：DXで活用されるデータ・技術〉

AIも含めたビジネスの場で活用されているデータやデジタル技術に関する知識を定義。

## 〈How：データ・技術の活用〉

ビジネスの場でデータやデジタル技術を活用する方法や留意点に関する知識を定義。

図表 1-㉕ | **DXリテラシー標準**

| **Why**<br>DXの背景 | **What**<br>DXで活用されるデータ・技術 | **How**<br>データ・技術の活用 |
|---|---|---|
| 社会の変化 | **データ** | **活用方法・事例** |
| 顧客価値の変化 | 社会におけるデータ | データ・デジタル技術の活用事例 |
| 競争環境の変化 | データを読む・説明する | ツール活用 |
| | データを扱う | **留意点** |
| | データによって判断する | セキュリティ |
| | **デジタル技術** | モラル |
| | AI | コンプライアンス |
| | クラウド | |
| | ハードウェア・ソフトウェア | |
| | ネットワーク | |

| **マインド・スタンス** | | |
|---|---|---|
| **デザイン思考／アジャイルな働き方** | **新たな価値を生み出す基礎としてのマインド・スタンス** | |
| 顧客・ユーザーへの共感 | 変化への適応 | 柔軟な意思決定 |
| 常識にとらわれない発想 | コラボレーション | 事実に基づく判断 |
| 反復的なアプローチ | | |

（出所）DXリテラシー標準

〈マインド・スタンス〉

社会変化のなかで新たな価値を生み出すために必要な意識・姿勢・行動を定義。

　こうした学びを通じて、働き手一人ひとりがDXリテラシーを身につけることで、デジタル活用を自分事として捉えつつ、変革に向けて行動できるようになることを狙いとしています。

## 政府のデジタル人材育成施策

　以上の動きをまとめると、政府が進めているデジタル人材育成施策は、文部科学省が管轄する小中学校、高校、大学・高専に加え、経済産業省や厚生労働省が管轄する社会人（若手、ミドル、シニア）も対象として各種施策が展開されています。リテラシー格差を生まないためにも、全包囲網型で進めている点が重要なポイントです。

　　1-3-2

# 組織としての取り組み

## AI推進チームの立ち上げ

　では、AIを組織で活用するためには、どのような点に留意すればいいのでしょうか。詳しい内容は第2章以降でも解説していますので、ここでは大きな方向性や活用方法の全体像などについて概観しておきましょう（**図表１−㉖**）。

　AIのスケーリング（組織の中核となる製品やサービス、ビジネスプロセスに深く広く組み込むこと）は、決して容易ではありません。1つ

## 図表 1-㉖ 組織実施内容の変遷　AI推進チーム立ち上げ

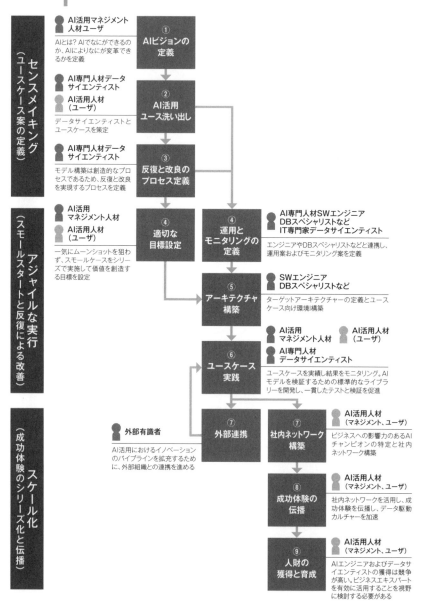

**センスメイキング（ユースケース案の定義）**

- AI活用マネジメント人材ユーザ
  AIとは？ AIでなにができるのか、AIによりなにが変革できるかを定義
  ① AIビジョンの定義

- AI専門人材データサイエンティスト
  AI活用人材（ユーザ）
  データサイエンティストとユースケースを策定
  ② AI活用ユース洗い出し

- AI専門人材データサイエンティスト
  モデル構築は創造的なプロセスであるため、反復と改良を実現するプロセスを定義
  ③ 反復と改良のプロセス定義

**アジャイルな実行（スモールスタートと反復による改善）**

- AI活用マネジメント人材
  AI活用人材（ユーザ）
  一気にムーンショットを狙わず、スモールケースをシリーズで実施して価値を創造する目標を設定
  ④ 適切な目標設定

- ④ 運用とモニタリングの定義
  AI専門人材SWエンジニア DBスペシャリストなど IT専門家データサイエンティスト
  エンジニアやDBスペシャリストなどと連携し、運用案およびモニタリング案を定義

- ⑤ アーキテクチャ構築
  SWエンジニア DBスペシャリストなど
  ターゲットアーキテクチャーの定義とユースケース向け環境I構築

- ⑥ ユースケース実践
  AI活用マネジメント人材　AI活用人材（ユーザ）
  AI専門人材データサイエンティスト
  ユースケースを実績し結果をモニタリング。AIモデルを検証するための標準的なライブラリーを開発し、一貫したテストと検証を促進

**スケール化（成功体験のシリーズ化と伝播）**

- 外部有識者
  AI活用におけるイノベーションのパイプラインを拡充するために、外部組織との連携を進める
  ⑦ 外部連携

- ⑦ 社内ネットワーク構築
  AI活用人材（マネジメント、ユーザ）
  ビジネスへの影響力のあるAIチャンピオンの特定と社内ネットワーク構築

- ⑧ 成功体験の伝播
  AI活用人材（マネジメント、ユーザ）
  社内ネットワークを活用し、成功体験を伝播し、データ駆動カルチャーを加速

- ⑨ 人財の獲得と育成
  AI活用人材（マネジメント、ユーザ）
  AIエンジニアおよびデータサイエンティストの獲得は競争が高い。ビジネスエキスパートを有効に活用することを視野に検討する必要がある

（出所）「How to Set Up an AI Center of Excellence HBR How to Scale AI in Your Organization」を基にNEC加工

か2つのAIモデルを稼働させることと、企業や製品全体でAIを稼働させることは難易度が異なります。また、AIをスケールさせることで、問題もまたスケールする可能性もあります。

　たとえば、ある金融会社では、機械学習モデルの1つが誤動作を起こした結果、10分間で2万ドルの損失が発生したという事例があります。しかも、根本的な問題を把握できず、どのモデルが誤動作を起こしているのかさえ特定できないまま、プラグを抜く以外の選択肢を失うことになったのです。その結果、すべてのモデルがかなり前の段階にロールバックされ、パフォーマンスが著しく低下し、数週間の努力が水の泡となりました。

　こうした事態に陥らないよう、AIで効果を生み出し、効果をスケール化するためには、以下のステップを実現していく必要があります。

①AIを正しく理解して「AIビジョン」を定義
②データサイエンティストを活用してユースケースを策定する
③反復と改良を実施するプロセスを立案
④一気にムーンショットを狙わず、スモールケースをシリーズで実施して価値を創造する目標を設定する。また、ある部門にとって最適な目標は別の部門にとっては意味のないものになることがあるため、企業全体最適の視点で目標を設定する。加えて、モデル案の構築後は、ソフトウェアエンジニアやデータベーススペシャリストなどITの専門家と連携して運用へ落とし込むとともに、モデルが適切かどうか結果をモニタリングできる環境を整備して確認する
⑤ターゲットアーキテクチャーの定義と環境構築
⑥効果を確認したうえでAIの開発・運用を迅速・安全・効率的に行うためのベストプラクティスを確立する
⑦AI活用におけるイノベーションのパイプラインを拡充するために、外部組織との連携を進める。また、ビジネスへの影響力のある人々（AIチャンピオン人材）を特定し、社内のネットワークを構築

⑧重要なユースケースにおける成功体験を自分事化するように社内
　に広める

⑨ビジネスの専門家との連携を視野に、AI エンジニアやデータサ
　イエンティストの獲得と育成を進める

　まずは、AI を正しく理解し、「AI をどのように使っていくのか」と
いうビジョンを定義すること。そこからデータサイエンティストを活用
し、AI のユースケースを策定。その後の反復と改善をどう実現するの
かをプロセスとして立案し、小さな成功例をシリーズでつないでいくこ
とで、価値を増幅させるような目標設定をしていくのが重要なポイント
となります。また、部門ごとに最適なものであっても会社全体で見たら
そうではないこともあるため、部門ごとだけでなく、全体的な視点から
目標を設定していくことが大切です。

　プロセスをつくってモデルを構築した後は、ソフトウェアエンジニア
やデータベーススペシャリストといった IT の専門家とも連携し、運用
に落とし込んでいきます。ただ、一度で実施すればそれでいいというわ
けではなく、状況やデータも変わるため、モデルが陳腐化しないかなど
をモニタリングできる環境も整備していきます。

　効果を確認したら、開発を効率的に行うためのベストプラクティスを
確立し、さらに AI 活用をどんどん進めるために外部組織との連携を考
えます。それと並行するかたちで、社内への浸透として、ビジネスに影
響力のある人々を「AI チャンピオン人材」とし、ネットワークを構築。
社内・社外に増幅していくプロセスをつくります。そうすることで、組
織におけるビジネスの中核に AI を組み込んで成果を上げていきます。

　最後に、これらの工程を担う人材の獲得と育成も加えておくことで、
全体を通じ、持続可能な AI 推進計画を立案することが可能となります。

コラム 1-②

# AIの歴史とシンギュラリティ

　AI は、1950 年代に SF のなかで「人間型ロボット」として登場しました。1956 年にはアメリカのシンクタンクであるランド研究所で、人間の問題解決プロセスを模倣するプログラムの研究が進められ、1970 年代中盤まで盛んになりました。当時は近い将来、人間と同等レベルの AI が生み出されると言われていましたが、コンピュータの能力に限界があり、人間と同様の自然言語解析や抽象的思考、自己認識を行うことは難しく、現在でも実現できていません。

　1980 年代に入り、アルゴリズムツールキットが拡大したことに加え、資金調達の強化が進んだ結果、AI 市場があらためて盛り上がりを見せます。それにより、AI 技術が発展し、専門家の意思決定プロセスを模倣したエキスパートシステムの開発が始まりました。特に日本政府は世界に先駆けて、1982 年から 1992 年の間に「第 5 世代コンピュータプロジェクト」の一環として、エキスパートシステムをはじめとした AI 関連の取り組みに大きな資金を提供。目標を達成することはできなかったものの、若い世代のエンジニアや科学者を鼓舞したと言われています。

　その後 1990 年代以降は、大きな資金提供がありませんでした。それでも 2000 年代に入ると、いくつもの AI の画期的な目標が達成されていきました。たとえば、IBM が開発したチェス専用スーパーコンピュータ「Deep Blue」がチェスの世界チャンピオンに勝ったり、音声認識ソフトがマイクロソフトの OS「ウィンドウズ」に搭載されたりなどの成果が挙げられます。

特に機械学習においては、既定したパラメーターセットでモデルを実行し、予測結果を得て既知の結果との差を縮小していくことでパラメーターを洗練させて正解に近づけることができ、それが「Deep Blue」の成功につながりました。ただし、現代においても、まったく別のアルゴリズムを構築したり、一般知能をAIによって模倣したりすることはできず、大きな課題が残されています。

　注目されている分野としては、「Deep Fake（人工知能に基づく人物画像合成の技術）」の根底に使われている「GAN（Generative Adversarial Network）」という基礎技術があります。これはディープラーニング（深層学習）の中核と言われており、複数のニューラルネットワークを特定の方法で相互作用させるものです。

　具体的には、「一方がなにかを生成すると、もう一方が生成されたものが偽物かどうかを見分ける」という考え方で設計されており、この生成アルゴリズムにフィードバックを与え、Adversarial Networkが本物と偽物が区別できるようになるまで繰り返して、別のもの（画像、音声、動画など）をよりうまく生成しようとする仕組みです。これをさらに発展させ、従来の機械学習をさらに先に進化させられれば、新たな価値を創造できる可能性があります。この仕組みは、適切なものを選択する際に、今までの機械学習より一歩進んだモデルであり、一般知能の模倣に近づける可能性があります。

　こうしたものがどんどんつくられていくなかで、「シンギュラリティ（AIが人間の能力を超えて人間の生活に大きな変化が起こること）」に近づける可能性はたしかにあります。ただ、そこに到達するにはこれまでとは異なる考え方が必要とも言われています。

　一方で、一般知能を実現するのではなく、学習により人間とは異なるかたちで正解を導くことをリサーチする動きもあります。もっとも、技術的な問題のみならず倫理的な問題も含むため、シンギュラリティが実現するのはまだまだ先になると想定されます。

　考え方としては、一般知能を実現していくなかで、いろいろなアプローチが採用されていくという部分に加え、一方で人間とは異なる考え方か

ら正解を出していくという考え方もあります。人間の考え方を模倣する方向か、それとも人間とは異なる方式で正解を出していくのか。いずれにしても、その両方ともシンギュラリティを実現していくという意味では、まだいくつもの壁があるのです。一説によると、2050年に至ってもシンギュラリティを実現できる可能性は50％ほどだと言われています。

# 政府のAI戦略

　世界中で AI の活用が進むなか、日本政府は今後の AI 利活用の環境整備・方策を示すことを目的に「AI 戦略 2019 〜人・産業・地域・政府全てに AI 〜」を発表しました。この AI 戦略では、Society 5.0 の実現を通じて世界規模の課題の解決に貢献するとともに、我が国自身の社会課題も克服することを目指し、4 つの戦略目標が掲げられています（**図表 1 − ㉗**）。

　これらの目標を達成するために、未来への基盤づくりとなる教育改革が実施されています。デジタル社会の基礎知識（いわゆる「読み・書き・そろばん」的な素養）である「数理・データサイエンス・AI」に関する力をすべての国民に身につけてもらうために「リテラシー教育」「応用基礎教育」「エキスパート教育」の 3 つが開始されました（**図表 1 − ㉘**）。

　リテラシー教育では、小中学校、高校、大学・高専という、初等教育から中等教育、高等教育までのあらゆる学生を対象に、データサイエンスと AI の基礎となる素養を身につけさせることを目指しています。また、応用基礎教育では、高校生の一部と大学・高専生 50 万人／年の半分にあたる 25 万人／年を対象に、データサイエンス・AI に関する応用的な教育を展開しています。具体的には「AI ×自分の専門分野」というように、AI を応用できる力を持つ人材を育てる方針です。さらにエキスパート教育では、データサイエンス・AI を駆使してイノベーションを創出し、海外でも活躍できるレベルの人材を年間 2,000 人育成することを目指しています。

図表 1-㉗ **AI戦略の基本的考え方**

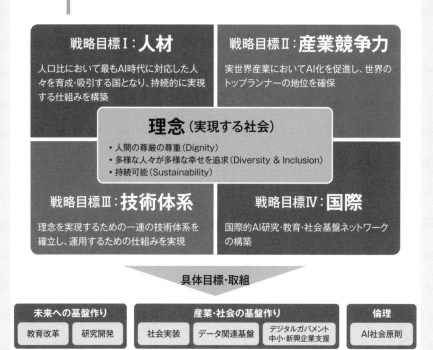

(出所) 統合イノベーション戦略推進会議決定AI戦略2019【概要】

## すべての大学・高専生が 「数理・データサイエンス・AI」を学ぶ

　このAI戦略に基づき、すべての大学・高専生が「数理・データサイエンス・AI」について学びはじめています。今後、新入社員として入社してくる学生はAI活用に関する基礎的なリテラシー（AIリテラシー）を持った状態で社会人となります。このようなAIリテラシーを持った若手社員に活躍してもらうためには、既存社員も同程度のリテラシーを身につけておくことが重要となります。新入社員と既存社員の間でリテラシー格差を生じさせないためにも、大学・高専生がどのような内容を

図表 1-㉘ AI戦略における教育改革に向けた主な取り組み

| 主な取組 | 育成目標（2025年） |
|---|---|
| **エキスパート** 先鋭的な人材を発掘・伸ばす環境整備<br>・若手の自由な研究と海外挑戦の機会を拡充<br>・実課題をAIで発見・解決する学習中心の課題解決型AI人材育成 | トップクラス育成<br>100人程度／年<br>2,000人/年 |
| **応用基礎** AI応用力の習得<br>・AI×専門分野のダブルメジャーの促進<br>・AIで地域課題等の解決ができる人材育成（産学連携） | 25万人/年<br>（高校の一部、高専・大学の50%） |
| **応用基礎** 認定制度・資格の活用<br>・大学等の優れた教育プログラムを政府が認定する制度構築<br>・国家試験（ITパスポート）の見直し、高校等での活用促進 | |
| **リテラシー** 学習内容の強化<br>・大学の標準カリキュラムの開発と展開（MOOC※活用等）<br>・高校におけるAIの基礎となる実習授業の充実 | 50万人/年<br>（大学・高専卒業者全員） |
| **リテラシー** 小中高校における教育現場の整備<br>・多様なICT人材の登用<br>　（高校は1校に1人以上、小中校は4校に1人以上）<br>・生徒一人一人が端末を持つICT環境整備 | 100万人/年<br>（高校卒業者全員）<br>（小中学生全員） |

（出所）統合イノベーション戦略推進会議決定AI戦略2019【概要】

※Massive Open Online Course:大規模公開オンライン講座

学んでいるか確認しておきましょう。

　大学・高専生へのAI教育を浸透させるために、数理・データサイエンス・AI教育強化拠点コンソーシアムでは「数理・データサイエンス・AI教育（リテラシーレベル）モデルカリキュラム」を公開しています。このモデルカリキュラムは、「導入」「基礎」「心得」の３つで構成されています（**図表１-㉙**）。

　まず「導入（社会におけるデータ・AI利活用）」では、社会においてデータおよびAIがどのように活用されているのか事例を通して学びます。

　次に「基礎（データリテラシー）」では、データを適切に読み解くためのデータリテラシーについて学びます。

図表 1-㉙ すべての大学・高専生が学ぶAI教育

| 導入 | 基礎 | 心得 |
|---|---|---|
| **社会で起きている変化**<br>データ·AIによって<br>**社会**および**日常生活**が大きく<br>変化していることを理解する | **データを読む**<br>データの特徴を読み解き<br>**起きている事象の背景や**<br>**意味合い**を理解できる | **AI倫理**<br>データ·AIを利活用する際に<br>求められる**モラルや倫理**について<br>理解する |
| **AI(人工知能)**<br>今のAIで**できること**<br>**できないこと**を理解する | **データを説明する**<br>データの比較対象を<br>正しく設定し<br>**数字を比べる**ことができる | **リスクの理解**<br>データ駆動型社会における<br>**脅威(リスク)**について理解する |
| **活用事例/適用技術**<br>AIを活用した**新しいビジネス**は<br>**複数の技術**が組み合わされて<br>実現していることを理解する | **データを扱う**<br>スプレッドシートなどを使って<br>小規模データを<br>集計·加工できる | **データを守る**<br>個人のデータを守るために<br>留意すべき事項を理解する |

（出所）数理·データサイエンス教育強化視点コンソーシアム

　最後の「心得（データ・AI利活用における留意事項）」では、社会におけるデータ・AI利活用において必要な、AI倫理やデータ駆動型社会のリスクなどについて学びます（AI倫理などについては第5章で詳述）。
　2019年3月に発表された「AI戦略2019」に沿って各種施策が進むなか、AI戦略2019の改変版である「AI戦略2021」「AI戦略2022」が公開されています。AI戦略2019の進捗をフォローアップする内容で、時代の変化に合わせて一部取り組みが追加されています。AI戦略2022では、社会実装の充実に向けて新たな目標を設定して推進するとともに、パンデミックや大規模災害などの差し迫った危機への対応のための取り組みが具体化されています。政府がどのようにAIを戦略的に活用しようとしているのか知りたい方は、AI戦略の本文を確認してみてください。

# 経済産業省のDX推進

　経済産業省では、DX を進めるうえで、関係者が議論をしながら自社の現状や課題、とるべきアクションについての認識を共有し、関係者がベクトルを合わせてアクションにつなげていくことを後押しすべく、「DX 推進の枠組みに関する定性指標」を策定しています。

　これは、DX をめぐる課題を指標項目とした、気づきの機会を提供するためのツールであり、DX の成熟度をレベル 0 からレベル 5 の 6 段階で定義しています（**図表 1 −㉚**）。

　成熟度評価に使われるアセスメントの指標としては、「DX 推進の枠組みに関する定性指標」「IT システム構築の枠組みに関する定性指標」「DX 推進、IT システム構築の取組状況に関する定量指標」にまとめられており、「戦略」「業務プロセス」「組織人材」「テクノロジー」の状態を確認できるものになっています。

　これらを読み解くと、テクノロジーだけでなく、ビジョンや経営者といった観点を含む全方位的な取り組みが必要だということに気づきます。

　このような指標を活用することで、業界での立ち位置や、取り組みの不足している領域について示唆を受けることができます。また、中期経営計画を検討する際のインプットとしても役立てられます。

　2019 年 10 月にはベンチマーク策定の中立組織として IPA（独立行政法人情報処理推進機構）が選定され、IPA の Web サイト外部リンクで自己診断結果について提出可能となりました。

　2020 年 5 月には企業・団体などから寄せられた自己診断結果の分析

## 図表 1-㉚ 経済産業省の「DX推進の枠組みに関する定性指標」

| 成熟度レベル | | 特性 |
|---|---|---|
| レベル0 | 『未着手』 | 経営者は無関心か、関心があっても具体的な取組に至っていない |
| レベル1 | 『一部での散発的実施』 | 全社戦略が明確でない中、部門単位での試行・実施にとどまっている<br>(例) PoCの実施において、トップの号令があったとしても、全社的な仕組みがない場合は、ただ単に失敗を繰り返すだけになってしまい、失敗から学ぶことができなくなる。 |
| レベル2 | 『一部での戦略的実施』 | 全社戦略に基づく一部の部門での推進 |
| レベル3 | 『全社戦略に基づく部門横断的推進』 | 全社戦略に基づく部門横断的推進<br>全社的な取組になっていることが望ましいが、必ずしも全社で画一的な仕組みとすることを指しているわけではなく、仕組みが明確化され部門横断的に実践されていることを指す。 |
| レベル4 | 『全社戦略に基づく持続的実施』 | 定量的な指標などによる持続的な実施<br>持続的な実施には、同じ組織、やり方を定着させていくということ以外に、判断が誤っていた場合に積極的に組織、やり方を変えることで、継続的に改善していくということも含まれる。 |
| レベル5 | 『グローバル市場におけるデジタル企業』 | デジタル企業として、グローバル競争を勝ち抜くことのできるレベル<br>レベル4における特性を満たした上で、グローバル市場でも存在感を発揮し、競争上の優位性を確立している。 |

(出所)経済産業省「DX推進指標」 https://www.meti.go.jp/press/2019/07/20190731003/20190731003-2.pdf

レポートも公開されています。

　これにより、

・業界の中での自社の状況の把握
・自社のDXの成熟度レベルを上げるためのアセスメント
・DX、AIを進めるための、対象事業や領域の選定するためのアセスメント

に活用することができます。

第**2**章

# AI・データ利活用の
# 検討プロセス

# Introduction

　—全体的に思考して、局所的に行動せよ。最小限を行使しつつ、最大限を達成せよ—

バックミンスター・フラー（デザイナー、建築家）

---

　「AI」はいつごろから存在するのでしょうか。実は、紀元前に書かれたギリシャの叙事詩『イーリアス』に、人間の姿をした生命体をつくり出す描写があります。その頃から人間は「AI」に近いものを夢想していました。そして、ジョン・マッカーシーが1956年に初めて、「人工知能（AI）」という言葉を「人間の脳に近い機能を持ったコンピュータプログラム」と定義しました。そして、さまざまな小説や夢物語のなかで育てられた「AI」という単語は、今や現実に手に触れて、活用できる技術となってきました。AIの利活用に関する書物が書店に並び、インターネットを通じた情報の収集も可能になっています。

　しかし、その一方で、自社へのAI導入による業務の効率化や、AIを活用したビジネスの効率化とイノベーションの実現は、まだまだこれからだと感じている方も多いのではないでしょうか。

　AIの事業への適用には、越えなければならないハードルが存在することがわかっています。そのなかのいくつかはIT技術そのものに起因しますが、多くはAIへの認識不足・検討プロセス・人材不足に関わるものです。

　第2章では、AIの定義や誤解、AIの検討プロセス、AI人材について順を追って解説します。そのうえで、実際のAI調査・企画の仕方を説明します。本文ではAIの技術そのものについてあまり深くは踏み込みません。コラムをご一読いただくことで、AIに対する理解がより深まることでしょう。

## 〈Artificial Intelligence（AI）とは〉

　AI は、単一の技術ではなく複数の技術からなり、AI に対するイメージは人により違います。具体的にどんな技術を適用すれば業務が改善できるかわからないとき、「AI」という単語を使いがちです。

　本節では、AI にはさまざまな業務などで適用できる可能性があることを垣間見つつ、本質的には、すべてを AI でまかなうのではなく、AI と人間が共創する使い方、AI が変える企業の姿をご紹介します。

## 〈AI・データ利活用のライフサイクル〉

　AI を活用していく際、基幹システムの開発や導入などとは異なる手法でアプローチすることが必要になります。AI の導入に向けたアプローチ、実際に導入する際によく起きる壁（ハードル）をご紹介します。

## 〈AI を活用する人材〉

　AI・データ利活用のライフサイクルを遂行する人材タイプをご紹介します。AI は、高いスキルを持つ数名で導入するものではなく、複数の人材タイプが連携して取り組みます。人材のタイプや育成の壁などを紹介しつつ、企業としてのマインドを変革していくことも大切です。

## 〈AI 調査・企画の進め方〉

　この節では、実際に行動に移すときの調査・企画の進め方を紹介します。

　今こそ、バックミンスター・フラーが言った「全体的に思考して、局所的に行動せよ。最小限を行使しつつ、最大限を達成せよ」を実行するときです。

　個々人の課題ではなく、会社全体の経営課題を考察し、複数の課題を優先順位づけして対応していきます。局所的な課題を解決した成功体験が企業変革の起爆剤となるケースも少なくありません。「最大限の価値を引き出す」検討をするための調査・企画の方法をご紹介します。

## 2 − 1

# Artificial Intelligence（AI）とは

## 2-1-1

## AIのできること、できないこと

### 「AI」の定義は、専門家の間でも定まっていない

　「AI」と聞いて、みなさんはどのようなイメージをお持ちでしょうか。1956年に人工知能（AI：Artificial Intelligence）という単語が登場して50年以上がたった今日、AIに関する説明はさまざまな専門家によって行われていますが、現在のところ決まった定義は存在しません。

・「人工的につくられた、知能を持つ実体。あるいはそれをつくろうとすることによって知能自体を研究する分野である」
　中島秀之氏　札幌市立大学理事長・学長

・「『知能を持つメカ』ないしは『心を持つメカ』である」
　西田豊明氏　京都大学名誉教授、福知山公立大学情報学部教授・学部長

・「人工的に作った知的な振る舞いをするためのもの（システム）である」
　溝口理一郎氏　北陸先端科学技術大学院大学フェロー

・「人間の頭脳活動を極限までシミュレートするシステムである」
　　長尾真氏　京都大学名誉教授、元国立国会図書館長

　社内のメンバーや外部の顧客、ベンダーなどと会話する場面において、AIに対するイメージの統一がされていないと、誤解を生む可能性が高くなります。
　本書では、AIを「ルールベースシステムから最適化技術に至る機械学習や深層学習まで、コンピュータ工学技術を広範に包括したもの」と定義します。業務などにおいては、人によって解釈の異なる「AI」という言葉を多用しすぎず、具体的な言葉を使ってコミュニケーションを進めていくようにしてください。

## AIは人間と同じ知的な処理をすることができる

　AIの定義はさまざまであるものの、「AIができること」という観点に着目すれば、その機能を具体的に説明することは可能です。人間の知的活動に合わせて表現するならば、「見るAI」「聞くAI」「考えるAI」「話すAI」「行動するAI」という大きく5つに分類することができます（**図表2－①**）。

### 〈①見るAI（画像認識）〉
・顔認証……出入国管理やオフィスの入退場管理、PCログオンなど
・物体検出……画像から目的の物体や行動（顔、製品、動物など）を検出
・検査・検品……製造ラインで、製品の外観検査や食品の異物検査など

### 〈②聞くAI（音声認識）〉
・音声入力……スマートフォンでの検索やコールセンターでの入力など
・感情分析……コールセンターや対話型ロボットなどで相手の感情の理解

**図表 2-①** | **人工知能（AI）が実現する5つのこと**

**①見る（画像認識）**
人の認識、物の認識、空間把握、監視業務、検査・検品、医療診断、
画像検索、画像の仕分け・整理、動画の意味理解

**②聞く（音声認識）**
音声入力・検索、感情把握、曲検索、
コールセンター補助、発言録の自動作成

 **③考える（分析）**
性質・関係性の把握、検定、予測・判別、
グルーピング、パターン発見、最適化

**④話す（会話）**
要約・文章生成、翻訳、作曲、
Q&A対応、保険のクレーム処理

**⑤行動する（対処）**
行動の最適化、作業の自動化、自動調整、ゲーム攻略、
在庫の最適化、配送の最適化、ロボット制御、自動運転

・本人認証……声で個人を識別

## 〈③考える AI（分析）〉

・予測……商品や電力などの需要予測

・分類……故障が発生する／しない、などの判定

・グルーピング……マーケティングやコールセンターなどでの顧客分析

・最適化……物流や広告配信、運転計画など

## 〈④話す AI（会話）〉

・音声合成……音声アシスタントやスマートスピーカーなど

・翻訳……webサイトを閲覧する際やコミュニケーションアプリなど

・文章生成……顧客への案内文やニュース記事要約などの説明文作成

## 〈⑤行動する AI（対処）〉

・自動運転……運転の補助やドライバーなしでの自動走行など

・ゲーム攻略……チェスや囲碁などの戦局の評価

・RPA[07]……交通費精算や見積書発行の自動化など、業務効率化のため

*07　Robotic Process Automationの略。

# AI の歴史

　AI の研究は 1950 年代から続いていますが、その過程ではブームと冬の時代が交互に訪れています（**図表２−②**）。現在は第三次ブームとして脚光を浴びており、実際のビジネスで活用されるようになってきました。

## 〈第一次 AI ブーム〉

　第一次 AI ブームは、1950 年代後半から 1960 年代に起こりました。コンピュータによる「推論」や「探索」が可能となり、特定の問題に対して解を提示できるようになりました。

　しかし、当時の AI では、迷路の解き方や定理の証明のような単純な仮説の問題を扱うことはできても、さまざまな要因が絡み合っている現実社会の課題を解くことはできず、1970 年代に冬の時代を迎えました。

## 図表 2-②　AI（人工知能）の歴史

| | AIを取り巻く状況 | 主な技術など | AIに関する出来事 |
|---|---|---|---|
| 1950年代 | 第一次AIブーム（探索と推論） | ・探索、推論<br>・自然言語処理 | 1950年 チューリングテストの提唱 |
| 1960年代 | | ・ニューラルネットワーク<br>・遺伝的アルゴリズム | 1956年 ダートマス会議にて「Artificial Intelligence」という単語が登場<br>1958年 ニューラルネットワークのパーセプトロン開発 |
| 1970年代 | 冬の時代 | ・エキスパートシステム | 1964年 人工対話システム「ELIZA」開発 |
| 1980年代 | 第二次AIブーム（知識表現） | ・知識ベース<br>・音声認識 | 1972年 初のエキスパートシステム「MYCIN」開発<br>1979年 MYCINの知識表現と推論を一般化した「EMYCIN」開発 |
| 1990年代 | 冬の時代 | ・データマイニング<br>・オントロジー | 1982-92年 第五世代コンピュータプロジェクト<br>1984年 知識記述の「Cyc（サイク）」プロジェクト開始 |
| 2000年代 | 第三次AIブーム（機械学習と深層学習） | ・統計的自然言語処理<br>・ディープラーニング | 1986年 誤差伝播法の発表<br>2006年 ディープラーニングの提唱 |
| 2010年代 | | ・トランスフォーマー | 2012年 ディープラーニング技術を画像認識コンテストに適用<br>2017年 ディープラーニングの学習モデル（トランスフォーマー）の発表 |
| 2020年代 | | | |

（出所）総務省「ICTの進化が雇用と働き方に及ぼす影響に関する調査研究」（平成28年）
https://www.soumu.go.jp/johotsusintokei/whitepaper/ja/h28/html/nc142120.htmlを基に加筆

## 〈第二次 AI ブーム〉

第二次 AI ブームは、1980 年代に起こりました。「エキスパートシステム」と呼ばれる専門分野の知識を取り込んだうえで推論することで、その分野の専門家のように振る舞うプログラムにより、AI がビジネスでも活用できる水準に達しました。

しかし、コンピュータが必要な情報を自ら収集して蓄積することはできず、必要となるすべての情報をコンピュータが理解できるように、人間がすべての内容を記述する必要がありました。世にある膨大な情報のすべてを人間が記述して用意することは困難であり、実際には特定の領域だけに限定した利用となってしまいました。こうした限界から、1995年頃から AI は再び冬の時代を迎えたのです。

## 〈第三次 AI ブーム〉

第三次 AI ブームは、2000 年代から現在まで続いています。まず、ビッグデータを用いることで、AI 自身が知識を獲得する「機械学習」が実用化されました。次いで、知識を定義する要素「特徴量（分析すべきデータや対象物の特徴・特性を、定量的に表した数値）」を AI が自ら習得する「ディープラーニング（深層学習）」が登場したことが、ブームの背景にあります。

現在は、ディープラーニングであるかどうかにかかわらず、さまざまな AI が使われるようになってきました。

## 現在の AI は大まかに 4 つのレベルに分けられる

現在の AI は、4 つのレベルに分類することができます（**図表 2 ―③**）。

## 〈レベル 1　ルールベース（制御）〉

簡易なルールに基づいて次の動作が規定されるものを指します。たとえば、エアコンは、温度センサーの測定値を基に動作を判断するような、比較的単純なルールに基づいて動作するようプログラムされています。

図表 2-③　**現在のAIは大まかに4つのレベルに分けられる**

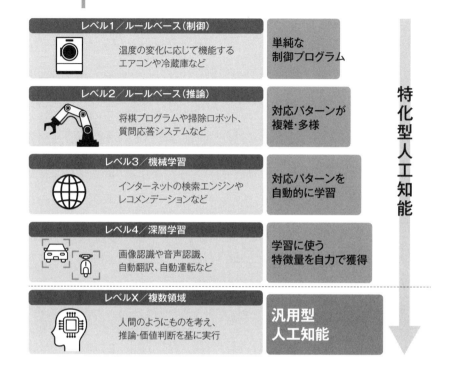

〈レベル2　ルールベース（推論）〉

　統計手法も活用し、より複雑なルールを人為的に構築したものを指します。以前の将棋プログラムや掃除ロボットなど、対応パターンが複雑かつ多様ではあるが活用シーンが特に限定される場合に利用されています。

〈レベル3　機械学習〉

　多様なデータから対応パターンとそこにおけるルールを学習していきます。多くのユーザが多様な行動を行い、かつ、その足跡がデータとして蓄積されるようなインターネットの検索エンジンや商品を推薦する広

告の選択などに利用されています。

### 〈レベル4　深層学習〉

　レベル3と同様にデータからルールを学習しますが、学習に使用する「特徴量」の探索機能も付加されています。その分、より多くのデータが必要となります。画像認識や音声認識、自動翻訳、自動運転などに利用されています。

　上記の比較を見て、レベルが高くなるほど優れているように感じられるかもしれません。しかし、それぞれ得意・不得意があり、自社の課題解決に最適なレベルのAIを選択することが重要です。たとえば、レベル1で対処できるならレベル1を、レベル4でなければ課題が解決できないのであればレベル4を選択すればよいのです。

　すでに実現されている、これらレベル1からレベル4までのAIを「特化型人工知能」と呼びます。

　一方、これとは別に、あらゆる種類の課題を単一のAIで解決する「汎用型人工知能」も概念（レベルX）としては存在します。『ドラえもん』や『鉄腕アトム』に登場するロボットのように、人間と同じように考えて判断・実行するものですが、まだ実現されていません。

## 画像認識技術にブレイクスルーをもたらした深層学習

　前記で紹介したレベル3の機械学習とレベル4の深層学習について、両者の違いをもう少し説明します。

　ネコの画像を見てネコだと識別できるAIを例にとりましょう。機械学習では「耳がある」「ヒゲがある」などといった特徴を、データから定量的に表した数値にして示す必要があります。この「定量的に表した数値」、すなわち「特徴量」を人間が設計してAIに覚えさせるのが、機械学習です。しかし、これが非常に難しいのです。たとえば、耳とヒゲはネズミやイヌも持っている特徴です。そのため、耳とヒゲだけで学習したAIは、ネコだけでなく、ネズミやイヌもネコとして認識してし

まいます。ネコだけを分離して認識できるAIを構築するには、ネコだけの特徴量をさらに人間が見つけてAIに示す必要があるのです。

それに対して、深層学習では、この特徴量をAI自身がデータから探索し、設定できる機能を備えています。上の例で説明すると、ネコとネズミとイヌの画像をたくさん与えて、そのなかから人間が関与しなくてもネコだけを判別できる特徴量を探索、設定し、ネコのみを認識できるAIをつくれるようになるのです。

とても素晴らしいように見える深層学習ですが、ここで注意したいのは、なんにでも深層学習を適用しようと考えるべきではないということです。

深層学習では、非常に難しい判別を行う特徴量を導き出すことができる半面、その特徴量の内容が複雑になりすぎてしまい、人間には把握することが難しいのです。つまり、AIが画像のどこを見てネコだと判断したのかがよくわからないのです。学習に用いたデータに偏りがあり、体の色や尾の長さ、背景画像からだけで判別している可能性もあります。一方、機械学習は、選択した分析アルゴリズムにもよりますが、人間が特徴量を定義しているため、ネコの判断ポイントを捉えやすい傾向があります。この違いは、後述する倫理やリスクマネジメントなどへの対応と併せて理解する必要があります。

## 機械学習・深層学習の手法

機械学習と深層学習における「学習」には、さまざまな手法がありますが、現在ビジネスでよく使われているのは「教師あり学習」と「教師なし学習」です（**図表２−④**）。

### 〈教師あり学習〉
「教師あり学習」を行う場合には、学習に十分なだけの量の正解データが存在することが条件となります。正解データとはAIに学んでほしい内容で、たとえば、ネコが写された写真データに「ネコ」と書かれた

**学習の手法（教師あり、教師なし）**

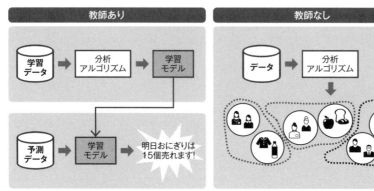

ラベル付きのデータ
（入力データと正解データのペアを使って学習する）

ラベルなしデータを使って分析する
（入力データに対する正解が与えられない）

ラベルを貼付した写真データや、過去に実際に売れた「おにぎりの数」になります。「教師あり学習」では、まず学習に使うデータを分析アルゴリズムに読み込ませて学習させます。この学習の結果、生成されるのが学習モデルです。この学習モデルに分析したい事柄についてのデータを読み込ませることで、分析結果が導き出されるのです。

　たとえば、「明日、おにぎりが何個売れるか」を予測したいのであれば、前日までの1年分のおにぎりの売れ行きに関するデータを学習データとして分析アルゴリズムに読み込ませ、学習モデルを生成します。次に、天候なども含む予測対象データを学習モデルに読ませることで「明日は天気で月曜日なので15個売れる」といった予測がなされます。

### 〈教師なし学習〉

　一方、「教師なし学習」では、分析対象であるデータだけから分析を行います。たとえば、「どのような人がどんな買い物をしたか」という大量のデータを分析アルゴリズムにかけることで、その人たちを「美容志向」「健康志向」「アウトドア志向」などといったグループに分類することができます。

　ここではビジネスで多用されている「教師あり学習」と「教師なし学習」を取り上げましたが、この他に「半教師あり学習」「強化学習」「逆強化学習」といった手法もあります。

## AIと人が共創していく

　現在、AIの適用は「業務の効率化」を中心に進められていますが、「人間に示唆を与え、人間と共創する」のもAIの価値です。ゴールがひとつに定まらない問題に対して、今後はAIがどんどん適用されていくでしょう（**図表２-⑤**）。

　AIと人間が共創していくときに大切なのは、それぞれの良さを理解することです。

　AIのいいところは、データから学習したルールを、高速で長時間にわたって処理できることにあります。一方、人間は、問題そのものを考えることや、突然の事象への対処、今のルールが正しいのかどうかを考えてルールをつくり直すことが得意です。

　また、AIは膨大な情報からグルーピングしたり傾向を見たりして、

図表 2-⑤ **AIが適用されていく領域**

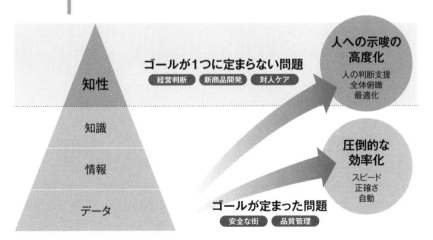

データだけから判断することができます。これに対して人間は、気持ちや意図を汲み、共感して、少ない情報から新たなものを創造することができます。

　以上をまとめると、AI には「データに基づいた他人の模倣」を任せ、「ゼロから新しいことを創造する」ことは人間が担うという役割分担が考えられます。それぞれのいいところを持ち寄り、「お互いに共創活動をしていく」という発想を持つことが、AI の活用においては重要です。

## AI が活用できるシーンと人間の関わり

　AI と人間の共創について、活用シーンに照らし合わせて考えてみます。仮説検証、知識発見、要因分析、計画策定、判断支援、活動代替、新規生成など、さまざまな場面で AI は適用可能です（**図表2-⑥**）が、そのとき人間の関与が欠かせません。

　これらのなかから3つを取り上げて、具体的に説明します。

### 〈知識発見：データから新たな知見を導き出す〉

　たとえば、小売業において優良顧客を育成したいと考えたとき、まず人間が「そもそも優良顧客とは、どんな人たちか」を定義する必要があります。そのうえで、「どのような顧客に育てたいか」を考えるのも人間の役割です。AI はデータを基に、そのような顧客の特徴を発見してくれます。人間はその特徴を基に、シナリオをつくって施策につなげていきます。

### 〈活動代替：人間の活動を AI が代わりに実施する〉

　問い合わせ業務を代替する AI（チャットボット）の導入が広がっています。チャットボットを利用するには、人間が問い合わせ内容と応対内容を定義する必要があります。AI はこの定義に従って自動で対応してくれるようになりますが、すべてに対応できるわけではありません。対応不可能な場合には、最終的にコールセンターにつないで、人間のオ

## 図表 2-⑥ ┃ AIの活用シーン

| 活用シーンの分類 | 概要 | 活用シーンの具体例 | 人間がやらないといけないこと |
|---|---|---|---|
| 仮説検証 | 立案した仮説を、データを使って検証 | 実験（実験計画）、社会調査、顧客ターゲティング、プロモーション効果測定 | 仮説を立案する |
| 知識発見 | データから新たな知見を導く | 併売／クロスセル、優良顧客の育成、顧客の離反防止、マテリアルズインフォマティクス | 得たい知見を具体化したり、優良顧客や離反顧客など、曖昧な定義を具体化する |
| 要因分析 | データから課題の要因を分析 | 不良要因分析、売上不振店舗分析（売上向上）、ボトルネック箇所特定（生産性向上）、故障要因分析 | 問題の仮説を定義（不良要因、売上不振店の定義など） |
| 計画策定 | データを基に計画を作成 | 配送計画、人員配置計画（シフト管理）、生産計画、メンテナンス計画 | 常識的な条件を検討する（1日8時間以上の労働禁止、週休2日など） |
| 判断支援 | 人間の意思決定をAIが支援 | 出店計画（商圏分析）、予防的メンテナンス、与信審査、価格査定、不正検知 | AIが客観的に確率を出したことに対し、人間が、知見を含めて最終判断 |
| 活動代替 | 人間の活動をAIが代わりに実施 | 問い合わせ業務、検査業務、高速株取引、迷惑メール検知 | 問い合わせ内容・応対内容を決める |
| 新規生成 | AIで新しいデータを生成 | 画像生成、動画生成、文章生成、音声合成 | まったく新しい画像・動画などの生成（AIは学習した内容の模倣） |

ペレーターが対応するフローが多く、AIと人間が共同作業をしています。

### 〈新規生成：AIで新しい画像などを生成する〉

　「新規生成」と聞くと、「ゼロから新しいものが生み出される」とイメージされるかもしれませんが、そうではありません。たとえば、ゴッホが描いた絵をAIに数多く学習させると、AIはゴッホが描いたような絵を生成することができますが、AIが完全にゼロから発想して描いているわけではありません。ゼロからイチを創造するようなクリエイティブな仕事は人間、それを模倣して多くの絵を生成するのはAIの役割です。

## すべてを機械学習・深層学習で対応しようと考えてはいけない

AIの活用においては、すべてを機械学習や深層学習で対応するのではなく、前述したレベル1やレベル2のAIを使う、場合によっては人力で対応しようと判断できることが大切です。その判断基準となるのは、「取り扱うデータの多寡」と「ルール化の難易度」の2軸です（**図表2 −⑦**）。

機械学習や深層学習が効果を発揮するのは、取り扱うデータが大量で、かつ玄人がニュアンスで判断しているようなケースです。一方で、取り扱うデータは多いものの、ルール化が簡単な場合には、レベル1やレベル2のルールベースや統計を活用したAIのほうが対応しやすいと言えます。また、取り扱うデータが少なくルール化も容易な場合についても、レベル1やレベル2のAIの出番と言えるでしょう。

たとえば、工場の生産ラインにおいて、色や音、形などから品質を見極めるような長年の経験を必要とする場面には、ルール化が難しいことが多いものの、データ化がなされていないことが多く、現在のところ引

### 図表2-⑦ ┃ すべてをAIで対応すると考えてはいけない

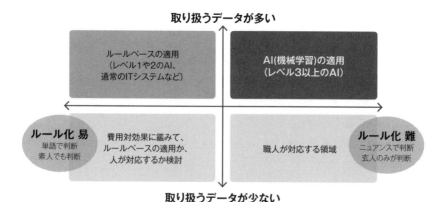

き続き職人が対応するべき領域です。ただし、画像データが蓄積されていて、画像の識別だけで価値が出るならば、現在の AI で十分対応可能です。

　しかし、職人は「目で見て、手で触って、音で聞いて」など、複数の感覚を同時に使っている場合があり、これらの事象をデータとして取得していない場合には、現在の AI では対応できないこともあります。今後 AI に提供できるデータが増えれば、いずれ職人の役割も代替できるようになるかもしれません。

コラム 2-①

# 特徴量について

## AI 技術の 3 工程

　AI 技術ではデータを、表形式（CSV ファイルのような行列の形式）になる構造化データと、表形式にならない非構造化データに大別します。構造化データは日々の売上記録の数値データなどであり、非構造化データはテキスト、画像、音声などです。

　これらのデータには、それを特徴づける情報が存在し、それらを「特徴量」と呼びます。たとえば、日々の売上記録において、曜日により売上値がある程度決まるのであれば、曜日情報や各曜日の売上平均値が特徴量となります。

　AI 技術は基本的に以下の 3 段階の工程から成り立っています。
①各データから特徴量を抽出および生成
②分析アルゴリズムと特徴量を用いて、数式（学習モデル）を構築
③新たなデータにこの学習モデルを適用し、なんらかの出力を得る
　①②を学習、③を推論（予測）と呼びます（**図表 2 −⑧**）。
　ここでのモデルとは、対象データに対し目的に応じて施したい処理を数式で表現したものです。たとえば、上述の売上記録について予測したい場合は、特徴量として特定の曜日であれば 1、そうでなければ 0 となる特徴量（ $x_i = 1 \, or \, 0, i = 1{\sim}7$ ）をそれぞれの曜日について用意し、線

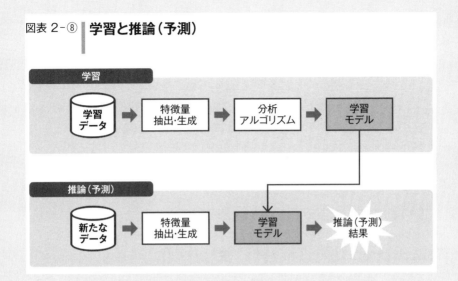

図表 2-⑧ **学習と推論（予測）**

形回帰モデル：$y = \sum_{i=1}^{7} a_i x_i + b$ などを用います。

　なお、非構造化データについては、多くの場合、特徴量の設定が難しいのですが、近年の深層学習手法の発展により、特徴量抽出とモデル構築を Deep Neural Networks（DNN）を用いて同時に実施することで、高性能なモデルを獲得できるようになってきました。

## 特徴量抽出技術

　ここでは、データの種類ごとの代表的な特徴量抽出手法の概要を説明します。なお、あまりに多くの特徴量を用いてモデルフィッティングを実施すると、"次元の呪い"と呼ばれる、過学習を防ぐのに必要な学習データ数が指数関数的に増大する現象が起きやすくなります。このため、特徴量は、なるべく少数の有効なものを用いることが望ましいとされています。

〈構造化データに対する特徴量抽出〉

・主成分分析（PCA：Principal Component Analysis）：対象データを
　回転させ、最も分散が大きい方向（第1主成分）、および、その方向
　とは直交する次に分散が大きい方向（第2主成分）などを求めます。
　分散が大きい方向は、そのデータのなかで重要な情報であるため、上
　記のように求めた第1から第n主成分を少数の有効な特徴量として
　用いることができます。

〈テキストデータに対する特徴量抽出〉

・形態素解析（Morphological Analysis）：テキストデータを「形態素」
　と呼ばれる意味を持つ最小単位に分割し、それらの品詞などを判別す
　ることです。統計的な手法では、事前に生成可能な単語列を網羅的に
　列挙し、各単語間が共起する確率に相当するスコアを付与することで、
　このスコアが文全体で最大になるような品詞列を答えとします。

・TF-IDF（Term Frequency–Inverse Document Frequency）：テキスト
　データにおいて、ある単語がいかに重要なのかを反映させた統計量で
　す。他のテキストにはあまり出現せず、そのテキストにはよく出現す
　る単語には、「そのテキストを特徴づける単語である」という仮定に
　基づき、高いスコアを与えます。

〈画像データに対する特徴量抽出〉

・SIFT（Scale-Invariant Feature Transform）：画像データに対し、局所
　的な特徴点の検出と特徴量の記述を行うアルゴリズムです。検出した
　特徴点に対し、画像の回転、拡大縮小、照明変化などにロバストな特
　徴量を記述でき、画像のマッチングや対応点探索などに用いられます。

・HOG（Histogram of Oriented Gradients）：SIFTと同様に局所的な特
　徴量の記述を行うアルゴリズムであり、局所領域の輝度の勾配方向を
　ヒストグラム化して特徴量として扱います。SIFTは特徴点に対して
　特徴量の記述を行うが、HOGはある領域に対して特徴量の記述を行
　うものです。そのため、大まかな物体形状を表すことができ、画像認

識などに用いられます。

## 〈音声データに対する特徴量抽出〉

・パワー（Power）：音の大きさを表した量であり、音声波形の振幅の2乗の時間平均として算出されます。人の感覚を考慮して対数尺度へ変換したものを特徴量とすることが多いです。

・基本周波数（Fundamental Frequency）：音の高さを表した量であり、音声波形の基本周期の逆数として算出されます。対数尺度へ変換したものを特徴量とすることが多いです。

・MFCC（Mel-Frequency Cepstral Coefficient）：音色を表した量であり、音声波形のスペクトルの概形を表現したものです。スペクトルに対し、人の聴覚特性を考慮したフィルタリングを実施したものに離散コサイン変換を適用することで算出します。

# AI への期待と AI が変える企業の姿

## AI に対する誤解

AI の利活用に際し、企業側に AI に対して事実とは異なるさまざまな誤解があり、それが普及や利活用の障壁となっているケースが多々見受けられます。このような AI に対する誤解は、企業内のあらゆる立場において見受けられ、その人が AI をどのように評価しているかによって、程度も異なります。

本節では、それらの誤解と事実を整理して説明します。(**図表 2 −⑨**)

## ① 「AI そのもの」に対する誤解と事実

まずは、「AI そのもの」についての誤解と事実を整理します。

### 図表 2-⑨ ┃ AIに対する誤解　評価のスタンス別の誤解

| | AI自身 | AI活用 | AIによる影響 |
|---|---|---|---|
| AIを過大評価 | ・AIは人より賢い<br>・AIは100%客観視できる<br>・将来、人の脳を超える | ・インテリジェントマシン（機械学習）は自ら学んでいく<br>・AIと機械学習は同じであり互換性がある | ・仕事が奪われる |
| AIを過小評価 | ・人の脳を超えることはできない | ・AIOpsは、主にイベント管理と相関関係に基づいている | ・企業にAI戦略はいらない<br>・AIは単純な仕事を置き換えるだけである |
| 評価できない | ・AIはブラックボックスであり、なにをやっているのか、信頼していいのかわからない | | |

## 〈AI を過大評価している場合〉

×誤解……AI は人間より賢い／ AI は 100％客観視できる／将来 AI は
　人間の脳を超える。

◎事実……シンギュラリティ（AI の能力が人間を超える技術的特異点）
　が将来実現するのかは議論の最中であり、まだ確定的なことは言える
　状況ではありません。現在、狭義の問題や課題を解く AI については
　進展しており、人間の能力を凌駕する AI がすでに活躍しています。
　たとえば、医療系での画像解析や、数あるパターンから答えに近いも
　のを予測するような場面では、人間より高速かつ正確に処理すること
　が可能です。一方で、広義の問題を解くことについては、あまり進展
　が見られません。人間の認知能力や一般的な問題解決能力に匹敵する
　ような AI システム構築の実現性については未知数であると言えます。

## 〈AI を過小評価している場合〉

×誤解……AI は人間の脳を超えることはできない。

◎事実……AI は大量のデータのなかから関係性を見出し、既存の傾向
　をより正確に予測することに長けています。AI は人間がプログラム
　したとおりに賢くなるものです。したがって、人間である専門家がデー
　タやルールなどを正しくインプットすれば、AI は賢くなります。た
　だし、人間は本能的になんらかのバイアスをかけてしまうため、AI
　も同様にバイアスがかかる可能性があることに注意が必要です。

## ② 「AI 活用」における誤解と事実

　次に、「AI 活用」における誤解と事実を整理します。

## 〈AI を過大評価している場合〉

×誤解……インテリジェントマシン（機械学習）は自ら学んでいく

◎事実……完成された機械学習製品は、それ自身で学習できるかのよう
　な印象を与えます。しかしながら、経験豊富な人間のデータサイエン

ティストによって、問題のフレームワーク化、データの準備と適切な
データセットの決定、学習データの潜在的なバイアスの除去、そして
次の学習サイクルに新しい知識とデータを統合できるように継続的な
更新が必要であり、自ら学んでいくわけではありません。

×誤解……AIと機械学習は同じであり互換性がある。
◎事実……機械学習はAIの一構成要素であり、同一ではありません。
機械学習には、綿密な学習とデータ取得の戦略が必要です。一方で
AIは、前節で定義したように機械学習やルールベースシステムから
最適化技術や自然言語処理（NLP）に至るまで、コンピュータ工学技
術を広範に包括しています。

### 〈AIを過小評価している場合〉
×誤解……IT運用を強化するAI活用であるAI Ops（AI for IT
Operations）／DevOps（Development and Operations）は、主にイ
ベント管理との相関関係に基づいている。
◎事実……AI Ops／DevOpsの最初の波は、イベント管理システムを
中心に、類似アラートのグループ化などアラートの相関関係に基づい
てノイズ除去を行うものでした。今後は進化し、自動化や監視・観測
など、IT運用の他の分野にも広がっていくと予想されます（例：チケッ
トのインテリジェントなルーティングや、学習したパターンに基づく
自動化など）。

## ③「AIによる影響」における誤解と事実

最後に、「AIによる影響」における誤解について整理します。

### 〈AIを過大評価している場合〉
×誤解……仕事が奪われる。
◎事実……多くの場合、AIは既存の仕事を変え、新しい仕事を生み出

していくと想定されています。AIによって一部の産業は影響を受け、一部の労働者は職を失う可能性がありますが、これは新技術の歴史をたどれば、これまでも起きていたことです。たとえば、電話会社はかつてオペレーター（交換手）なしには成り立たず、AT&Tはオペレーターを大量に雇用することとなり、新たな職業を生み出しました。また、自動車の登場は馬車産業を廃業に追いやりました。

## 〈AIを過小評価している場合〉

×誤解……企業にAI戦略はいらない。

◎事実……AIを活用しないことはDX戦略の一端を見送ることにつながり、企業を競争上不利な立場に追い込む可能性があります。したがって、すべての組織はAIが戦略に与え得る影響を考慮し、AIを自社のビジネスの問題にどのように適用できるかを調査する必要があります。組織は、人間の作業、意思決定、相互作用を補強するAIの力を活用する適切なユースケースや、その他の機能革新の機会を見つける必要があるため、現在のAIの進化を考慮すれば、「AIが自社の問題をすぐに解決することはできない」と判断した場合でも、定期的に判断を見直すべきです。

×誤解……AIは人間の単純な仕事を置き換えるだけである。

◎事実……AIは「予測」「分類」「クラスタリング」機能によって、企業がより正確な意思決定を行うことを可能にします。これらの能力により、AIベースのソリューションは、作業環境の奥深くまで到達し、平凡なタスクを置き換えるだけでなく、より複雑なタスクを補強することも可能になりました。

# 企業がAI（アナリティクス）を躊躇する理由

多くの企業が、「データアナリティクスはビジネス変革に不可欠であり、データアナリティクスを成功させることは競争優位を築くことにな

る」と考えています。海外の調査結果（**図表２-⑩**）によると、「今後２年間において、効果的なデータとアナリティクス戦略がビジネス変革に不可欠となる」との設問に対して、「強く同意」「多少は同意」という答えを合計すると91％に上ります。また、「今後２年間において、データアナリティクス戦略を成功させることは、業界での競争優位になる」との設問については87％でした。

国内においても、多くの企業がデータ活用を進めています。ただし、「なんらかの成果を上げている」と認識している企業の割合は30％に留まっているのが現状です（**図表２-⑪**）。データ活用を成功裏に進めるためには、いくつかの課題があり、それら課題が企業のデータ活用を躊躇させる一因になっているのではないでしょうか。

その一因を別の調査結果から考察してみると、AIに対する不信感を醸成するのは、理解不足とトレーニング不足にありそうです。また、情報が少なすぎても多すぎても信頼を損ねてしまう可能性があり、ユーザ教育を実践してもデータ品質に問題がある場合や、期待に応えられない状況が生じると不信感を助長してしまうことがわかっています。

企業がAI（アナリティクス）を躊躇する理由について、さらに広い

**図表２-⑩** ┃ **海外調査結果：アナリティクス活動への意思**

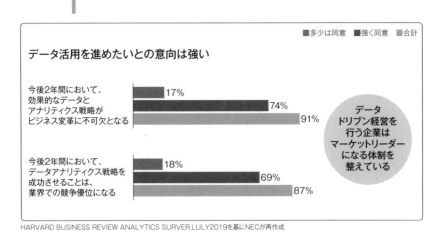

視点で考察すると、「データマネジメント」「組織文化と人財」「テクノロジー活用」「組織と役割」の4つに分類できることがわかります。それぞれの企業によって仔細な要因は異なり、またその解決の方向性も異なります（**図表2-⑫**）。

### 図表 2-⑪ 国内調査結果：データ利活用の状況

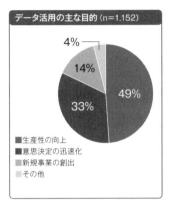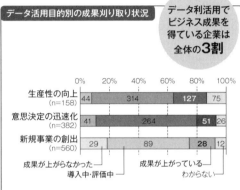

### 図表 2-⑫ 企業がAI（アナリティクス）を躊躇する理由

| カテゴリ | 効果を生み出せない要因 | | 解決の方向性 |
|---|---|---|---|
| データ<br>マネジメント | **データのサイロ化**<br>組織・部門にデータが閉じており<br>有用なインサイトが導出できない、<br>またはスケール化しない | ➡ | **必要な人が必要なデータに<br>アクセスできるようにする**<br>必要なデータにアクセスすることで<br>判断の高速化・妥当性が向上する |
| 組織文化と<br>人財 | **教育とマインド**<br>データ利活用を可能とする人材の教育や<br>マインドシフトが不十分 | ➡ | **データはためるものではなく、<br>使うものというマインド醸成**<br>データによって新たな価値を創造する<br>という文化を根付かせる |
| テクノロジー<br>活用 | **投資対効果**<br>既存システムの改修ベースでは<br>投資対効果を生み出しにくい | ➡ | **文化と技術はコインの裏表**<br>新しいやり方（技術）が実践できるように<br>成功体験を積み上げていく |
| 組織と役割 | **組織間連携**<br>要約されたかたちでデータ活用目的が<br>共有されることで重要な細部が消失する | ➡ | **細部の「神」を見逃さない**<br>部門横断・組織全体で細部に宿る「神」を<br>確認・共有し組織間連携を深める |

HBR PULSE Survey Understanding why analytics strategies fall short for some, but Not for Othersを基にNEC加工

## AIによりなくなる仕事、生まれる仕事

　企業がAI導入を躊躇する一方で、社会へのAI適用は広がり、AIによって新たな職業が生み出されることでしょう。その裏で、一部の労働者は職を失う可能性があることを指摘しました。具体的には、どのような仕事が影響を受けるのでしょうか。

　世界経済フォーラム（WEF：World Economic Forum）によると、2025年までに8,500万人の仕事がAIによって機械化・自動化されていくと想定されており、コンピュータオペレーター、秘書・総務支援、文書作成・編集者などは、AIなどの活用により自動化されるリスクが高い職業だとされています（**図表2-⑬**）。また、医療診断、音声翻訳、会計など、AIはあらゆる面で人間を凌駕しつつあり、テクノロジーを活用することで、2025年までに43％の仕事はやり方を変える必要があると言われています。

　一方で、新たに生まれるAIの職業には、どのようなものがあるのでしょうか。AI関連の職業は、世界で最も速く、最も強い新興職種のひ

**図表 2-⑬** **自動化によるリスクの高い職業トレンド（米）**

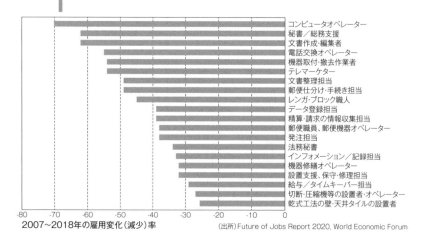

2007～2018年の雇用変化（減少）率

（出所）Future of Jobs Report 2020, World Economic Forum

とつと言われており、雇用成長率が 2016 年から毎年 74％も伸びています（出所：LinkedIn's 2020 emerging job report）。

　主なものを以下に紹介します。

## 〈データソーシング〉

　社内外のさまざまなソースからデータを収集し、分類する業務です。データベース、ファイル、API などを起点とし、データ主導の世界において、お金のような無数のデータへのアクセスを可能にします。

## 〈データアノテーター／データラベラー〉

　テキスト、音声、画像、動画などのデータを収集し、AI モデルを構築して学習させる業務です。AI は、データアノテーターやデータラベラーに多くの求人を生み出します。実際、世界のデータアノテーションツールの市場規模は、2021 年から 2028 年にかけて CAGR[*08]（年平均成長率）27.1％で成長すると予測されます。

## 〈データアナリスト〉

　大量のデータのなかから、より意味のあるものに変換していく業務です。AI による自動化によって、データアナリストの仕事はよりシンプルで迅速になるかもしれませんが、最終的に利用可能な情報に基づいて意思決定を行わなければならないのは人間であり、その判断を AI モデルが代行してくれるわけではありません。

## 〈AI エンジニア〉

　人工知能を開発し、ソフトウェアやアプリケーションに統合する業務です。

## 〈AI Ops ／ DevOps〉

　AI インフラの設定とそのモデルの展開、モデルやロジスティクスの管理・保守、効率化のための改善を行うことができる専門家です。

*08　Compound Annual Growth Rateの略。

## 2025年に必要とされるスキル

　新たな職種や業務に対応するためには、どのようなスキルを身につける必要があるでしょうか。

　リモート・オンライン化による生産性とウェルビーイング（心身がともに良好である状態）の追求が一層加速していること、自分のキャリアのためにデジタルスキルを学ぶニーズが急増していること、そして大部分の企業経営者は人材投資の価値を認識していることなどから、リスキルやアップスキルに注目が集まっています。

　調査によると、2020年から2025年にかけて、「従業員の約半数に対してリスキルが必要」と考えている経営者が多く、65％には新しいスキルの習得を期待しています。

　「2025年に必要とされるスキル」のトップ10を見てみると、「課題解決力」に関するスキルが多数挙げられており、その他に「セルフマネジメント」「人との協調」「デジタル活用・展開」に関するスキルが必要とされていることがわかります。

コラム2-②

# AIの代表的なタスクとモデル、ユースケース

## 目的ごとのタスク

　AI の利用目的は、数値データに対する、データ可視化、異常検知、予測分析、計画策定／意思決定および、テキストデータ、画像データ、音声データに対する自然言語処理、画像処理、音声処理が一般的です。これらに対し、代表的なタスクの種類や用いられるモデルを紹介します。

### 〈データ可視化〉

　高次元な（項目数が多い）数値データは、その中身を目に見えるかたちで表現することで、隠れた情報を把握することができます。この可視化では、主に 2、3 次元のデータへ変換する「次元削減」や、似たデータをグループ化し、全体を複数のグループで表すことで傾向を把握する「クラスタリング」などがよく行われます。

・次元削減（Dimensionality Reduction）：代表的な次元削減手法のモデルは、主成分分析（PCA）や自己符号化器（AutoEncoder）であり、データを低次元へ圧縮することで、次元数の削減を実現します。
・クラスタリング（Clustering）：代表的なクラスタリング手法のモデルは、k-means や混合ガウスモデル（GMM）であり、各クラスタ内のデータはなるべく似ていて、各クラスタ間はなるべく似ていないように学習させます。

〈異常検知〉

　異常値を検知したい場合、どのようなデータが異常値であるかのラベルづけが難しいため、一般に「教師なし学習」の問題設定になることが多いです。ここでは、「教師なし学習」を用いた再構成誤差に基づくアプローチを紹介します。

・再構成誤差に基づくアプローチ：代表的な再構成誤差に基づくアプローチは、主成分分析（PCA）や自己符号化器（AutoEncoder）を用いたものです。通常状態のデータから、モデルとして次元削減手法を学習し、異常かどうか評価したいデータの次元削減および次元復元（データの再構成）を実施します。そして、評価したいデータとその再構成データとの差（再構成誤差）が閾値（いきち）を超えれば異常と判定します。

〈予測分析〉

　予測は、数値自体を予測する「回帰分析」と、AかBかのどちらになるかなどを予測する「判別分析」の大きく2つに分かれます。どちらに対しても、解釈性は高いが複雑な事象には適用できない線形モデルと、解釈性は低いが複雑な事象に適用できる非線形モデルが存在しており、求められる解釈性と対象の複雑さのトレードオフにより、モデルを選択します。

・代表的な線形モデル：「回帰」に対しては線形回帰モデル、「判別」に対してはロジスティック回帰（Logistic Regression）モデルがそれぞれの代表的な線形モデルです。線形回帰モデルは、特徴量の線形和で予測値を算出するものであり、ロジスティック回帰は、特徴量空間を特徴量の線形和で分けることで判別を実施するものです。
・代表的な非線形モデル：サポートベクターマシン（Support Vector Machine）は、「線形分離不可能なデータでも、高次元空間へ写像すれば線形分離可能となる」というアイデアを利用したモデルであり、「回帰」「判別」ともに扱うことができます。「決定木（Decision

Tree)」は、木構造による条件分岐でデータを分割し、分かれた各セグメントに値を設定することで、非線形な回帰・判別を実施するモデルです。なお、複数の決定木を学習し、それらを組み合わせることで予測性能を高めたものとして、「ランダムフォレスト（Random Forest)」や「勾配ブースティング決定木（Gradient Boosting Decision Tree)」というモデルがあり、予測分析における定番モデルとして利用されています。

## 〈計画策定／意思決定〉

　AIによる意思決定として、あらかじめ定めた基準（目的関数）に対し、その値を最大もしくは最小にする打ち手を求める技術が、「数理計画法」です。このモデルとして、打ち手や満たすべき制約条件の種類に応じ、「連続最適化」や「組合せ最適化」と呼ばれるものが存在します。また、最適な打ち手を算出する際に試行錯誤を行うものが「強化学習」や「バンディットアルゴリズム／ベイズ最適化」です。なお、目的関数の設定は一般に難しいですが、この設定をデータから学習することで自動化する「逆強化学習」と呼ばれるものも存在します。

・数理計画法（Mathematical Programming）：目的関数を最大もしくは最小にする打ち手のことを「決定変数」と呼びます。数理計画法のうち、この決定変数が、連続値をとるものを「連続最適化」、離散値をとるものを「組合せ最適化」と呼びます。業務を含む日常の多くの意思決定は、なんらかの組合せを決めるものであり、「組合せ最適化」の対象は幅広く存在しています。典型的な対象としては、配送計画などの順番決め問題、シフト計画などのスケジューリング問題、棚割りなどのマッチング問題、オフィスレイアウトなどのリソース配分問題です。一般に膨大な組合せの候補が存在すると、打ち手の探索に非常に時間がかかりますが、量子コンピュータ技術により探索を高速化することができます。
・強化学習（Reinforcement Learning）：強化学習の文脈では、目的関

数の代わりに時刻ごとに定義される報酬関数を用います。この報酬関数の累積和を最大にする打ち手を、試行錯誤を通じて求めるのが「強化学習」です。近年、Deep Q Network（DQN）に代表される深層学習との融合手法が急速に発展しており、ゲームや囲碁、将棋のみならず、実世界におけるロボティクスへの適用が進んでいます。

・バンディットアルゴリズム／ベイズ最適化（Bandit Algorithms ／ Bayesian Optimization）：「バンディットアルゴリズム」は、過去の経験にも基づき利益を最大化する打ち手（活用）と利益を増加させられるかもしれない未知の打ち手（探索）をバランスよく使い分けることで、限られた試行回数下での利益を最大化する手法です。また、「ベイズ最適化」は打ち手が連続値をとるバンディット問題を解く手法であり、形状のわからない関数の最大値もしくは最小値を求めるものです。「ベイズ最適化」は近年、材料開発を効率化するマテリアルズインフォマティクスに適用されはじめています。

・逆強化学習／模倣学習（Inverse Reinforcement Learning ／ Imitation Learning）：あらかじめ定めた報酬関数（の累積和）を最大化する打ち手を求める強化学習とは逆に、打ち手の履歴データから、その最大化対象としての報酬関数を学習する手法が「逆強化学習」です。一方、「模倣学習」は、「逆強化学習」同様に、打ち手の履歴データを学習対象とするものですが、報酬関数ではなく、打ち手を算出する関数を学習するものであり、報酬関数を陽に扱わずに済みます。そのため、ロボティクスなど報酬関数が複雑になる場合に多く用いられます。

〈自然言語処理〉
　自然言語処理には、その代表的なタスクとして機械翻訳、文書要約、文書分類などがあります。そして、これらに対し、「Transformer」と呼ばれる深層学習モデルに基づく手法が高精度な結果を出しています。ここでは、機械翻訳に対して「Transformer」の概要を説明し、別タスクへの適用について述べます。

・機械翻訳（Machine Translation）：機械翻訳は、ある言語の文章を別

の言語へ機械的に変換することであり、言語および言語間の共通概念を数値で表す必要があります。ある言語での文章から言語間の共通概念を算出する処理を「encoder」と呼び、その共通概念を他の言語へ変換する処理を「decoder」と呼びます。「Transformer」は、注意メカニズム（Attention）という概念軸において、ある単語を他の単語の重み付き加重平均で表現する仕組みを導入しており、GPUなどで並列処理可能なモデルとなっています。このため、巨大な「Transformer」モデルを大量のテキストデータを用いて学習することが可能となり、高精度な翻訳が可能となりました。なお、あらかじめ大量のテキストデータを用いた事前学習済みモデルを少数のデータでFine-tuningすることで、データ不足問題などを解消できます。

・文書要約（Text Summarization）：文書要約は、「抽出型要約」と「抽象型要約」の2つに大別されます。「抽出型要約」は、基本的に入力テキストから文字列を抜き出すことで要約するものであり、誤った情報を出力することはないものの、要約の長さを制御しづらいとされています。対して「抽象型要約」は、要約の長さは制御しやすいものの、誤った情報を出力することがあります。これらはどちらも「Transformer」ベースの手法で実現されています。

・文書分類（Text Classification）：文書を特定のグループに分類することで、SNSからの評判分析やスパムメール検知、文書のコンプラリスク判定などを自動化できます。このためのモデルとして、「Transformer」ベースの深層学習モデルの最終層に多クラス判別のためのソフトマックス関数を組み込んだものなどがあります。

〈画像処理〉

　画像処理には、代表的なタスクとして、画像認識、物体検出、画像生成などがあります。自然言語処理における「Transformer」のような定番モデルとして、画像処理には畳み込みニューラルネットワーク（CNN）がよく使われています。また、画像データに利用可能な「Transformer」の研究開発も進んできています。

・画像認識（Image Recognition）：画像データは、たとえば RGB 形式のような 2 次元に配置された数値配列からなっており、この数値配列から人間にとって意味のある情報を抽出することが画像認識です。そして、画像から情報を読み解くのは、数値配列上の 1 点ではなく、隣り合う複数の点が重要であることから、「畳み込み」という隣り合う複数の点を対象とした演算を内部に組み込んだ深層学習モデルとしての CNN が有効です。CNN ベースの手法により、高精度な認識が実用化されています。

・物体検出（Object Detection）：物体検出は、画像のなかに複数の物体が写っている際に、物体の位置とその物体の種類を出力するものです。どこに写っているかの領域探索と画像認識を組み合わせて実現されており、領域探索は画像特徴量に基づいて実施し、領域を特定後に CNN ベースの深層学習モデルで画像認識を実行する方法と、領域探索から領域ごとの画像認識まで 1 つの深層学習モデルで実行する方法が存在します。

・画像生成（Image Generation）：画像の自動生成手法として、敵対的生成ネットワーク（Generative Adversarial Networks）という深層学習モデルが提案されています。これは、画像を生成する「Generator」と、生成した画像と学習データの画像を識別する「Discriminator」の 2 つのネットワークから成り立っており、「Generator」は「Discriminator」をより欺こうと、「Discriminator」はより正確に識別しようと、互いに敵対的に学習が進むため、学習データの特徴を正確に学習した「Generator」が得られます。なお、畳み込み層を組み込まれた CNN ベースの GAN が画像に対しては一般的です。

〈音声処理〉

音声処理には、代表的なタスクとして、音声認識、音源分離などがあります。

・音声認識（Speech Recognition）：音声認識は、音響分析、音響モデ

ル、単語辞書、言語モデルの4要素から構成されています。音響分析で音声データから特徴量を抽出し、音響モデルと単語辞書を用いてそれがどの音や単語に該当するかを認識します。そして、言語モデルを用いて音や単語を組み合わせることで、意味のある文章として認識します。音響モデルには、「隠れマルコフモデル（Hidden Markov Model）」という、連続した単語間の関係を表したモデルが用いられ、言語モデルには、「N-gram モデル」という隣り合うN個の文字列や単語の出現確率を表すモデルが用いられます。これらのモデルを用いることで、文脈の通った文章を構成しやすくなります。そして近年は、このそれぞれを深層学習モデルであるリカレントニューラルネットワーク（RNN）や長短記憶ネットワーク（LSTM）で拡張したものが用いられるようになり、飛躍的な性能向上に至っています。

・音源分離（Audio Source Separation）：交じり合った音を個々の音に分ける技術である音源分離は、抽出した特徴量に対し、信号処理のモデルである非負値行列因子分解（NMF）や独立成分分析（ICA）を用いて実現されてきました。このように実現された音源分離の成否は特徴量やモデルの選択によるところが大きかったのですが、深層学習モデルを用いて特徴量抽出とモデルをまとめて学習することで、性能が向上することが多数報告されています。特に、「Deep Clustering」と「Conv-TasNet」という深層学習モデルがブレイクスルーになったと言われています。

## AI のユースケース

### 〈施策に関する顧客分析〉

　顧客の属性データにデータ可視化のためのクラスタリング技術で顧客を典型的なグループへ分け、ユーザ全体の傾向を把握します。そして、各顧客の購買情報の時系列データに対して異常検知技術を適用することで、さまざまな施策に対して、グループごとにどう反応したかを見ます。これにより、「どのような顧客に、どのような施策を打てば効果的か」

を判断することができます。

## 〈小売店におけるシフト計画〉

　監視カメラから得られる画像データに物体検出技術を用いることで、曜日ごと・時間帯ごとの来客数を把握します。そして、気象情報、曜日、時間帯、直近の来客数などから来客数の予測モデルを学習します。これによって、日ごとの時間帯ごとの来客数予測値を用い、それに対応できるようスタッフの人数を考慮したシフト計画を数理計画法で算出します。

## 〈材料開発における実験条件最適化〉

　材料開発において実験条件を変えながら取得した物性データから、物性値と実験条件の回帰モデルを学習し、そのモデルを用いて望ましい物性値を得られそうな実験条件の範囲をある程度特定します。そして、特定した範囲において、「ベイズ最適化」を用いることで、物性値を最適にする実験条件を探索します。

## 2－2

# AI・データ利活用のライフサイクル

### 2-2-1

## AI・データ利活用の4フェーズと3つの壁

### AI・データ利活用の4フェーズ

　AI活用のフェーズ（ライフサイクル）は、①「調査・企画」→②「検証」→③「開発」→④「運用」からなり、各フェーズをそれぞれ循環しながら進めていきます（**図表2－⑭**）。

### ①「調査・企画」フェーズ

　「調査・企画」フェーズの段階では、会社や組織のビジョンを踏まえて、「どの領域で」「どんな目的で」「どのようなユースケース（分析シナリオ）で」AI適用を展開するのかについてのアイデア出しを行い、それが実現された場合のイメージと期待効果を整理します。

　AIを活用するユースケースを考える際のポイントは、「顧客価値に基づく新規サービスとは何か」「業務プロセスにおける価値とはなにか」を中心に検討することが重要です。

**AI活用の進め方**

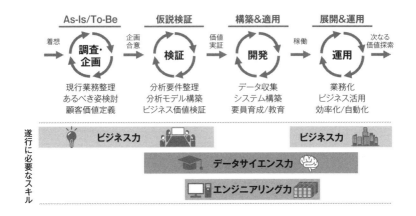

また、実現に向けて実施すべきタスクを洗い出し、ロードマップを策定します。タスクには、次のようなものがあります。

・調査・企画フェーズ以降に向けてのステークホルダーとの調整と予算取り
・「人」「データ」「分析環境」などのリソースの確保
・ユースケースに関連する知財や法律の確認およびリスクの洗い出しとそれに対する対策の検討

このとき、関係者のメリットも視野に入れながら合意・了承を取り、進めていくことが大切です。また、自社内でリソースが十分ではない場合、外部ベンダーを活用することも視野に入れるとよいでしょう。

## ② 「検証」フェーズ

「検証」フェーズでは、「調査・企画」フェーズで検討したユースケースの検証を行います。データの分析を通じて分析アルゴリズムを活用し、

業務で使えるレベルかどうかを評価します。

　最初から十分なレベルに達するとは限りません。データを加工・追加したり、何回も分析を実施したりしながら、業務で利用できるレベルのアルゴリズムに仕上げていきます。

　また、新規ビジネス検討の場合は、ビジネス検証を含めて実施することもあります。

　この「検証」フェーズにおいて重要なのは、次フェーズに進むためのゴー／ストップの判断基準などを明確にしておくことです。そうしなければ、いつまでも検証から抜け出せないという"壁"にぶつかることになります。

## ③「開発」フェーズ

　次の「開発」フェーズでは、その前の「検証」フェーズにおいて「業務で利用できるレベル」と判断されたアルゴリズムを業務に組み込んだAIシステムの開発を行い、ビジネスの現場に導入します。

## ④「運用」フェーズ

　最後の「運用」フェーズでは、AIシステムの運用定着に向けて、関係組織の調整や人材の育成・教育などを実施します。分析結果を実際の業務で利用していくことになるため、当初期待された効果が出ているかどうかを評価し、効果が出ていない場合はなにが課題なのかを検討し、対策を実施する必要があります。また、アルゴリズムが当初期待された精度のレベルで保たれているかどうかを評価し、不十分であればアルゴリズムを更新することも重要です。

## AI活用のライフサイクルと３つの壁（障壁）

　AI活用のライフサイクルを進めていくと、次の３つの壁に行く手を

阻まれることがよくあります。壁にぶつからないように事前に対策を講じることが重要です。

## 〈【壁その１】「調査・企画」→「検証」を阻む壁〉

---

- **・具体的な目的を設定できない**
- **・費用対効果がわからない**
- **・データ活用でなにができるかわからない**

---

　対策としては、以下のようなことが重要となります。

・調査・企画段階で、ビジョンとゴールを明文化し、トップと合意形成を取る。
・目的、実施内容、期待効果などを整理し、KGI・KPI を設定し、定量的な目標数値を明確化する。
・ユースケース検討を通じて、ビジネス上のメリットを明確化・明文化する。

## 〈【壁その２】「検証」→「開発」を阻む壁〉

---

- **・ビジネス価値が出ない**
- **・分析精度が出ない**
- **・関係者との合意形成ができていない**

---

　対策としては、以下のようなものが考えられます。

・「調査・企画」段階で、複数のユースケースに対し優先順位づけを行い、事前にビジネス価値が出そうなユースケースを精査する（データ、実現性、難易度）。
・データの量と質（粒度・項目）の確認（必要に応じて追加）を実施し、

実現性を判断したうえで適切な人材、技術を確保する。
・「調査・企画」段階でのビジネス価値をベースに、経営陣や AI を利用する現場との合意形成を継続的に実施する。

## 〈【壁その３】「運用」の継続を阻む壁〉

- ・要件が多々追加される
- ・現場に使ってもらえない
- ・さらなる分析精度の向上

対策としては、次のような取り組みが考えられます。

・「調査・企画」段階から現場部門（エンドユーザ）を巻き込み、業務プロセスに落とし込むことを視野に検討していき、現場との協力関係を確立しておく。また、初めから完璧を求めるのではなく、段階的に価値を上げていくというマインドを持ち、コアとなる要件から実現していく。
・ビジネス上の価値（KPI や KGI）、分析精度という２つの視点の評価指標を定義し、PDCA サイクルを考慮する。
・必要に応じて、新たなデータを取得したり、サードパーティデータの活用を検討し、データの再学習を行い、分析精度の向上を図る。

　このような壁を乗り越えるためには、上流工程である「調査・企画」フェーズの段階から壁の存在を意識して、調査・企画フェーズを進めることが重要となります。

# AIを活用する人材

## AIを活用するために必要な人材

### 3タイプの人材

近年、AIの専門家をたくさん育成しよう、獲得しようとする潮流がありましたが、専門家だけを擁していても、AIの活用は思うように進みません。AI活用には「AI活用人材」「AI専門人材」「AI活用マネジメント人材」という3タイプの人材を揃える必要があります。

これら3タイプの人材の規模と役割を図で表すと、**図表2−⑮**のようなピラミッド構造になります。

まず、「AI活用人材」は、AIを業務に活用する現場社員です。業務担当者のほか、B to Cのビジネスを展開している場合はCにあたるエンドユーザも含まれます。

真ん中に位置する「AI専門人材」は、AI活用を企画する人材、AIモデルを設計・開発する人材、AIシステムを構築する人材など、一般的に「AI人材」として認識されている人たちです。

そして、「AI活用マネジメント人材」は、AI活用を推進する組織の責任者、AIプロジェクトのプロジェクトマネジャー、AI活用人材を部下に持つ管理職などが相当します。

## AI活用に関わる3タイプの人材の役割と所属先

　AI活用に関わる3タイプの人材は、組織のどこに所属しているのでしょうか。**図表2-⑮**のように、経営層や管理職はAI活用マネジメント人材に該当します。AI専門組織や研究・開発部門、情報システム部門に所属する社員はAI専門人材に該当します。そして、ビジネス部門に所属する人はAI活用人材（ユーザ）となります。

　AI活用を進めるためには、適切な組織にAI活用マネジメント人材、AI専門人材、AI活用人材を配置するとともに、活用部門ごとに旗振り役を立てることが重要になります。このとき、特にミドルマネジメント層が重要な役割を担います。AI活用を進めるうえでは、それぞれの組織が個別に活動するのではなく、連携しながら活動を進める必要があります。

　では、それぞれの人材が乗り越えるべき壁について説明します。

図表 2-⑮ **AIを活用していくのに必要な人材**

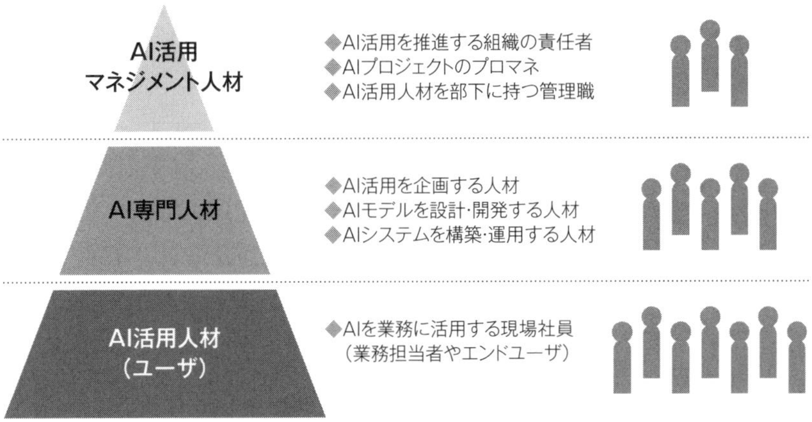

- AI活用マネジメント人材
  - ◆AI活用を推進する組織の責任者
  - ◆AIプロジェクトのプロマネ
  - ◆AI活用人材を部下に持つ管理職
- AI専門人材
  - ◆AI活用を企画する人材
  - ◆AIモデルを設計・開発する人材
  - ◆AIシステムを構築・運用する人材
- AI活用人材（ユーザ）
  - ◆AIを業務に活用する現場社員（業務担当者やエンドユーザ）

## 「AI 活用人材」の 3 つの壁

　AI 活用人材は、以下に紹介する 3 つの壁を乗り越える力が必要です。

### 〈AI 理解の壁〉

　「AI」というキーワードはよく耳にするものの、「小難しくてよくわからないもの」と捉えられがちです。また、「AI が仕事を奪う」といったセンセーショナルな報道も見受けらます。しかし、前述したとおり、AI とはそういったものでありません。まずは AI を正しく理解して、「不必要に恐れない力」を身につける必要があります。

### 〈データ思考の壁〉

　現在の大学では「数理・データサイエンス・AI 教育」がカリキュラムに組み込まれてデータ思考を身につけられるようになっています。一方、これまでそのような機会がなく、業務を「勘と経験と度胸」で行ってきた人については、データを使って論理的に「意思決定を行う力」を養うことがとても重要になります。

### 〈フィードバックの壁〉

　AI に関する誤解のひとつに、「AI は勝手に賢くなってくれるから、放っておいてもよい」「AI に間違いを指摘する必要はない」といったものがあります。しかし、AI が間違った結果を出力した場合は、それをフィードバックしないと AI は賢くなれません。AI の出力結果の妥当性をチェックし、「不備を指摘する力」も必要になります。

## 「AI 専門人材」の 3 つの壁

　AI 専門人材においても、乗り越えるべき 3 つの壁があります。

### 〈AI 企画の壁〉

　課題が特定されても、課題を解決するための道筋を描けないことは珍しくありません。自社の課題を構造的に整理して、本当に AI を使って解くべき課題なのか、「目利きをする力」が求められます。

### 〈価値実証の壁〉

　価値実証は PoC[*09] を通じて施策が本当に意味のあるものかを検証し、現場部門が「本当に使いたい」と思ってもらえるようにすることを目的とすべきです。AI 専門家だけで検証しても、なかなか先へ進めません。現場部門を巻き込みながら、AI のビジネス価値を「証明する力」が必要になります。

### 〈現場浸透の壁〉

　現場部門の同意を得ながらシステムをつくったとしても、それが現場部門にとって使いやすい AI システムになっていないことがあります。そこで求められるのが、現場の業務プロセスを理解し、AI を活用する人の目線で UI（ユーザ・インターフェース）を「設計する力」です。

## 「AI 活用マネジメント人材」の３つの壁

　AI 活用マネジメント人材においても、乗り越えるべき３つの壁が立ちはだかっています。

### 〈AI 理解の壁〉

　今後入ってくる新卒入社社員は、学校の授業を通して AI の基礎を学んでいます。その人材を活かして会社の価値を高めていくことは、マネジャーとして欠かせない能力です。
　部下が「AI を活用したい」と提案してきたとき、判断できないのでは困ります。部下の作成した AI 企画書を技術面まで完全に理解することはできなくても、難易度やリスクなどを理解し、「承認／却下する力」

---

*09　Proof of Conceptの略。新たなアイデアやコンセプトの実現可能性やそれによって得られる効果などについて検証すること。

を身につけておく必要があります。

### 〈導入判断の壁〉

　仮説検証（PoC）は、なかなか抜け出せないプロセスです。たとえば、コンビニエンスストアで自動発注の仕組みを導入する場合、まずは東京都心のオフィス街で検証を行い良好な成果が出たとします。次に「地方のロードサイドで検証したい」、さらに「病院のなかにある店舗でも検証したい」などと言いはじめると、永遠に検証のループを繰り返すことになってしまいます。

　AIを使う場合には不確実性が残されているものだと理解し、時間と情報が限られた状況下で「意思決定をする力」がないと、AI活用マネジメント人材にはなれません。

### 〈活用推進の壁〉

　AIは、現場が使ってこそ意味があり価値が出ます。そのために、AI活用の旗振り役となってAIを「現場に浸透させる力」が求められます。

## 経済産業省が定義するデジタル社会の人材像

　ここで、経済産業省が示したデジタル社会の人材像のあり方（ピラミッド型）を見てみましょう（**図表２−⑯**）。

　かつて経済産業省やIPA（独立行政法人情報処理推進機構）では、IT人材であるプログラマ、システム設計人材、トップIT人材の育成を中心に後押ししてきましたが、企業がデジタル技術を活用して競争力を向上させる時代に変わったことで、すべてのビジネスパーソンを対象にして人材を育成するために力を注ぐようになりました。

　DX（デジタルトランスフォーメーション）は、IT製品やサービスを提供する企業（ITベンダーなど）の人材だけが取り組むものでもなければ、一部の社員だけがAIを理解していればよいというものでもありません。基本的には事業会社の人材も含め、すべてのビジネスパーソン

## 図表 2-⑯　経済産業省 デジタル社会の人材像

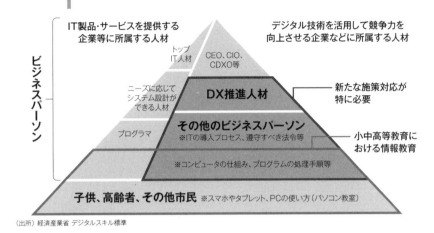

（出所）経済産業省 デジタルスキル標準

がデジタルリテラシーを身につけておくべき時代になっているのです。

### 2-3-2

# AI・データ利活用ライフサイクルと AI 人材

## AI 活用の進め方

　AI を活用するためには、「調査・企画」「検証」「開発」「運用」の 4
つのフェーズに取り組む必要があります。
　「調査・企画」フェーズでは、ビジネス上の課題を整理し、AI 活用の
企画を行います。
　「検証」フェーズでは、AI を適用した場合の価値検証を行い、ビジネ
ス価値を見極めます。
　「開発」フェーズでは、価値実証された AI を組み込んだ AI システム
を構築、導入します。

「運用」フェーズでは、構築した AI システムを運用しながら、AI をビジネスに活かします。

AI を活用するための各フェーズにおいて必要となるスキルは異なります。一般社団法人データサイエンティスト協会のスキル定義に基づけば、調査・企画フェーズではビジネス力、検証フェーズではデータサイエンス力、開発フェーズではデータエンジニアリング力、そして運用フェーズでは再びビジネス力が必要となります。

## 4 種類の AI 専門人材

AI を活用する 3 タイプの人材のうち、「AI 専門人材」は身につけるべきスキルによって 4 種類に分けることができます。「AI コーディネータ」「AI コンサルタント」「AI エキスパート」「AI アーキテクト」の 4 種類です。実際の AI 活用の現場では、それぞれの専門スキルを持った複数の AI 専門人材が協力しながらプロジェクトを遂行します（**図表2－⑰**）。

### 〈AI コーディネータ〉

AI のプロジェクト推進者であり、プロジェクトマネジャーです。AI プロジェクトの全体に責任を持ち、AI コンサルタント／ AI エキスパート／ AI アーキテクトを取りまとめ、顧客に対して AI による価値を提供する役割です。

### 〈AI コンサルタント〉

AI 検討の上流フェーズに対応するコンサルタントです。ドメイン知識（業種・業務の知識）を基に、自社や顧客企業の課題や要望を整理し、AI による価値を定義します。

### 〈AI エキスパート〉

データ分析の専門家で、いわゆるデータサイエンティストに相当しま

図表 2-⑰ | **AI専門人材のタイプ**

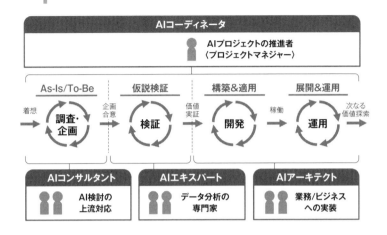

す。データサイエンス知識（統計・数理の知識）を基に、仮説検証のためのアプローチ設計を行うとともに、顧客価値を実現するための分析モデルを構築します。

## 〈AI アーキテクト〉

　業務やビジネスへの実装を担うシステムエンジニアです。ドメイン知識およびシステム知識を基に、価値実証された分析モデルを業務システムに組み込み、ビジネス活用を支援します。

　上記4種類の人材をすべて自社で揃える必要はありません。専門ベンダーに依頼するなどの方法をとれるため、自社に必要な人材の種類を見極めることが重要です。しかし、少なくとも「AIコーディネータ」については、その人を中心に専門ベンダーとコミュニケーションをとることが、円滑にプロジェクトを進める秘訣であるため、すべての企業に必要だと考えます。

　次に、決めた種類の人材を揃えるためには、まずは自社のなかにどのようなスキルを持った人材がいるのかを棚卸しします。このとき、見え

る化を可能とするタレントマネジメントの仕組みなどを活用するとよいでしょう。

　NEC においては、ジョブスクリプション型へのビジネス変革や、DX 人材定義の見直し、エンゲージメントの向上などを図りながら、タレントマネジメントの仕組みの強化も実施し、適切な人材のアサインが効率的にできるように、継続的に強化しています。

## マインドを見直そう

　DX の推進にあたっては、全社的にも個人的にもマインドを変えなければなりません。その参考となるのが、IPA の「トランスフォーメーションに対応するためのパターン・ランゲージ」、および経済産業省の「DX リテラシー標準」にある「マインド・スタンス」です。

　「トランスフォーメーションに対応するためのパターン・ランゲージ」（**図表２-⑱**）では、DX を推進する人が持つべきマインドについて語られています。一方で「DX リテラシー標準」には、すべてのビジネスパーソンが持たなければならないマインド・スタンスについて記述されています。

　すべての項目が大切ですが、このなかで、AI を推進に大切な２つを取り上げるなら、①「顧客視点で魅力を引き出す／顧客・ユーザへの共感」、②「ビッグピクチャーを描く／戦略を立てる／変化への対応」だと考えています。

　①については、アルベルト・アインシュタインの言葉「もし、私に問題解決に１時間与えられたのなら、55 分は問題の本質について考え、残りの５分でソリューションについて考える」に通じるところがあります（**図表２-⑲**）。これは DX や AI に限らず、自社や顧客の課題、ユーザエクスペリエンス（UX）の本質を捉えることが重要だと言い換えることができます。

　実際に AI やデータ活用を進める際には、顧客や現場の作業者から話を聞くことになりますが、否定をせずに「なぜ」「なぜ」「なぜ」を繰り

図表 2-⑱ IPA「トランスフォーメーションに対応するためのパターン・ランゲージ」と経済産業省「DXリテラシー標準」の対比

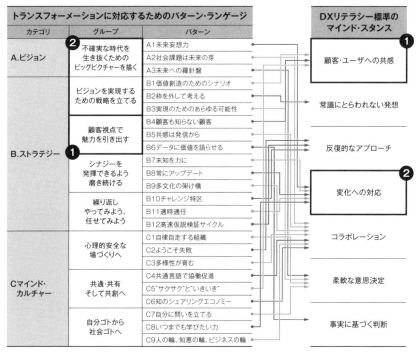

| トランスフォーメーションに対応するためのパターン・ランゲージ | | | DXリテラシー標準のマインド・スタンス |
|---|---|---|---|
| カテゴリ | グループ | パターン | |
| A.ビジョン | ❷ 不確実な時代を生き抜くためのビッグピクチャーを描く | A1未来妄想力 | ❶ 顧客・ユーザへの共感 |
| | | A2社会課題は未来の芽 | |
| | | A3未来への羅針盤 | |
| B.ストラテジー | ビジョンを実現するための戦略を立てる | B1価値創造のためのシナリオ | 常識にとらわれない発想 |
| | | B2枠を外して考える | |
| | | B3実現のためのあらゆる可能性 | |
| | 顧客視点で魅力を引き出す | B4顧客も知らない顧客 | |
| | | B5共感は発信から | 反復的なアプローチ |
| | | B6データに価値を語らせる | |
| | ❶ シナジーを発揮できるよう磨き続ける | B7未知を力に | |
| | | B8常にアップデート | ❷ 変化への対応 |
| | | B9多文化の架け橋 | |
| | 繰り返しやってみよう、任せてみよう | B10チャレンジ特区 | |
| | | B11適時適任 | |
| | | B12高速仮説検証サイクル | |
| Cマインド・カルチャー | 心理的安全な場づくりへ | C1自律自走する組織 | コラボレーション |
| | | C2ようこそ失敗 | |
| | | C3多様性が育む | |
| | 共通・共有そして共創へ | C4共通言語で協働促進 | 柔軟な意思決定 |
| | | C5"サクサク"と"いきいき" | |
| | | C6知のシェアリングエコノミー | |
| | 自分ゴトから社会ゴトへ | C7自分に問いを立てる | 事実に基づく判断 |
| | | C8いつまでも学びたい力 | |
| | | C9人の輪、知恵の輪、ビジネスの輪 | |

図表 2-⑲ AI・データ活用を考えるときのマインド

アルベルト・アインシュタイン

『もし、私に問題解決に1時間与えられたのなら、55分は問題の本質について考え、残りの5分でソリューションについて考える』

DX・AIに限らず、自社／顧客の課題やUX（ユーザエクスペリエンス）の本質を捉えることが重要

顧客視点で魅力を引き出す、顧客・ユーザへの共感

顧客・ユーザに対し、否定をせず、なぜ？を繰り返し、自分の言葉で代弁できる

トーマス・エジソン

『失敗ではない。うまくいかない1万通りの方法を発見したのだ』

AI・データ活用は試行錯誤。ワンショットの開発・導入でなく継続的にAI・データ活用するのが重要

ビッグピクチャーを描く、戦略を立てる、変化への対応

高い視座を持ちつつ、はじめから完璧ではなく、継続的により良いAI・データ活用を推進

返して、その人の気持ちや考え方を自分の言葉で代弁できるようになることが大切です。

　たとえば、工場における生産性向上のためのデータ分析をしようとした場合、AI推進者は実際に工場見学をし、現場を理解することから始めることが重要です。現場を理解するということは、データの意味を理解することにつながります。

　②については、トーマス・エジソンの「失敗ではない。うまくいかない1万通りの方法を発見したのだ」という言葉と重なります。AI・データ利活用は試行錯誤であり、ワンショットの開発・導入でなく、継続的にAI・データ利活用を続けていくことが重要です。継続していくためには、高い視座を持ちつつ、はじめから完璧ではなく、継続的により良いAI・データ利活用を推進しようとするマインドが欠かせません。

　たとえば、数百万円ではなく数億円の価値が出るAI・データ利活用を目指すようにします。数百万円の価値が悪いと言っているわけではありません。数百万円の価値を目指したプロジェクトの場合、1回の検証で大成功する必要があり、試行錯誤をする余裕がなくプロジェクトが止まる可能性が高いからです。しかし、数億円の価値を目指したプロジェクトであれば、試行錯誤をして成功に導きやすいのです。

　しかし、いきなり数億円には届かないので、はじめは完璧でなくても数千万円の価値を目指すプロジェクトから始めて、徐々に価値を高めていきます。現時点でAI活用がうまくいっている会社は、そもそもデータ利活用を地道に進めてきた経験を持っていることが多く、いきなり大きな成功を得ることは難しいものです。

## 人材種類別の持ち合わせるべきマインド

　続いては、4つの人材種類別に、持ち合わせるべきマインドおよび能力を紹介します。

## 〈AI コーディネータ〉

　営業と技術者双方の考え方ができ、どちらとも会話ができることが必要です。また、周りの関係者を巻き込めること、イレギュラーな対応もできることが求められます。

## 〈AI コンサルタント〉

　顧客・ユーザ視点で解くべき課題を自分事化して検討できることが重要です。また、スピード感を重視して物事を進められ、技術よりも全体の流れを大切にできるかが問われます。

## 〈AI エキスパート〉

　新しいものを調べたり試してみたりするのが好きで、技術を追いかけられることが求められる資質です。また、難しいことを簡単に説明できること、算数・計算が好きなことも大切です。

## 〈AI アーキテクト〉

　顧客・ユーザ視点で現場やユーザの問い合わせに対応できることが求められます。また、数字を紐解く作業が億劫ではないことや、深層学習を扱う際などにおいて、ある程度ブラックボックスを受け入れられるマインドも欠かせません。

## 2-4

# AI 調査・企画の進め方

## 2-4-1

## AI 調査・企画を進める前に

### DX における AI の位置づけ

　AI 適用の具体論に入る前に、あらためて「DX とは何か」を明確にし、DX のなかでの AI の位置づけを共有しておきます。

　経済産業省の定義（2019 年 7 月公表『DX 推進指標』）によると、DX とは「企業がビジネス環境の激しい変化に対応し、データとデジタル技術を活用して、顧客や社会のニーズを基に、製品やサービス、ビジネスモデルを変革するとともに、業務そのものや、組織、プロセス、企業文化・風土を変革し、競争上の優位性を確立すること」とされています。

　アナログである紙の情報をデジタル化する「デジタイゼーション」、現在の業務の一部を生産向上や効率性を目的として部分的にシステム化する「デジタライゼーション」の先にあるのが DX の状態であり、全社・組織横断での業務・サービスのデジタル化、文化風土の変革、新たな顧客体験・事業価値の創出により、企業価値の最大化につなげることを意図しています。

　よって、DX を実現していくための変革の対象領域は、「戦略」「業務プロセス」「組織・人材」「テクノロジー」と広範囲にわたっています。

　ここであらためて認識したいのは、AIはDXを実現するための手段である「テクノロジー」のひとつにすぎないということです。

　ただし、AIは非常に複雑なテクノロジーです。活用するにあたっては、目的、対象の業務サービス、活用する人、活用するためのデータ、関係する法律や知財などを考慮していく必要があります。そして、「AIを使ってなにかできないか」ではなく、「AIでどんな価値を創出するか」という視点を持つことが重要になります。

## 企業のDXの取り組み状況

　では、DXの取り組み状況について見てみましょう。

　NECが「DXへの取り組みとデータ活用に関するアンケート調査」を大手企業（従業員1,000人以上）に対して実施したところ、次のような結果が得られました（**図表2-⑳**）。

**ステージ1「未着手」10%**
**ステージ2「一部での散発的実施」22%**

図表 2-⑳ ▌**NEC「DXへの取り組みとデータ活用に関する**
　　　　　▌**アンケート調査」**

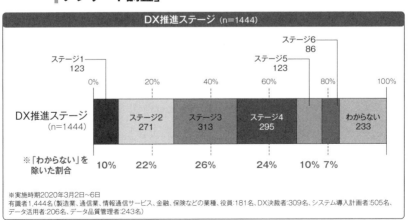

ステージ３「一部での戦略的実施」26％
ステージ４「全社戦略に基づく部門横断的推進」24％
ステージ５「全社戦略に基づく持続的実施」10％
ステージ６「グローバル市場におけるデジタル企業」7％

　ステージ３以下が58％を占めていることから、全体としてはまだまだこれからの段階にあり、DXはまさに進捗中であることがうかがえます。

┌──────────┐
│ 2-4-2 │
└──────────┘

# AI 調査・企画のプロセス

## ①対象事業・適用領域を選定する

　まずは、対象事業・適用領域を選定します。
　取り組みを成功に導く、事業や領域の選定には、重要な４つの視点があります（**図表２−㉑**）。

### 〈A. 中期経営計画やビジョンとの整合性〉

　まずは、中期経営計画やビジョンとの整合性、関連性を考慮した事業・領域の選定です。検討を進めていくなかで、さまざまなテーマで多岐にわたる関連部門との合意形成が必要となります。当然、整合性や関連性がとれているほうが合意形成を取りやすく、予算などのリソースも獲得しやすくなると言えます。

### 〈B. 事業環境分析からの考察〉

　業界再編などが起き、大きな機会・チャンスがある事業や領域は、狙い目と言えます。たとえば、自動車業界では、いわゆる「CASE[*10]」が

---

[*10]　「コネクテッド(Connected)」「自動運転(Autonomous)」「シェアリング(Shared & Services)」「電動化(Electric)」の頭文字を取った造語。

図表 2-㉑ 事業選定のポイント

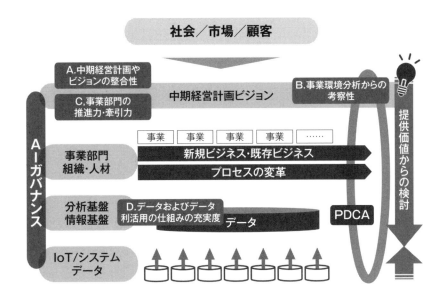

潮流になり、次世代技術への多額の投資や業界再編が始まっています。

　CASE によって、既存の自動車メーカーだけでなく、ソニーのような
エレクトロニクス企業、中国のネット企業である百度（バイドゥ）や
スマートフォン大手メーカーの小米（シャオミ）などの異業種企業が、
EV（電気自動車）への参入を表明しています。さらに、自動車そのも
のに関するビジネスのほか、「つながること」「環境」をキーワードに、
いわゆる「MaaS*11」と呼ばれる新規サービスにビジネスの拡大の可能
性があります。

## 〈C. 事業部門の推進力・牽引力〉

　事業部門をどう変革するのか、戦略とロードマップに基づき、持続的

---

*11　Mobility as a Serviceの略。公共交通を含めた、自家用車以外のすべての交通手段による移動を1つのサー
ビスと捉え、シームレスにつなぐ移動の概念、またそれを目的としたサービス（カーシェアリング、配車アプリ、空き駐
車場等の空間サービスなども含む）。

に推進していく必要があります。成功に導くためには対象となる事業や領域の部門のトップのリーダーシップ力が重要となってきます。

### 〈D. データおよびデータ利活用の仕組みの充実度〉

中期経営計画やビジョンとの整合性、事業環境、事業部門の推進力・牽引力が「よい」と判断されても、肝であるデータがなければ、実現することはできません。「必要となるデータは収集できているか？　使えるのか？」といった観点も重要になってきます。ビジネス的に重要な事業・領域だと判断された場合は、データがなくともデータを収集することから検討する場合もあります。

## ②ユースケースを検討する

対象事業や領域が確定した後は、その事業、領域での具体的な AI のユースケースを検討していきます。ユースケースとは、「データを活用する」「AI を適用する」シナリオのことになります。

AI 適用のユースケースの検討を、流通・小売り（スーパー）における既存ビジネス（プロセスの改善）の視点で検討した例で説明していきます。

スーパーは総合スーパー（GMS）や食品スーパー（SM）などにセグメントを分けることができますが、ここでは売上 500 億〜1 兆円未満で「ID-POS*12」展開をしているスーパーを対象とした事例で説明します。

ユースケース検討の進め方、タスクは**図表2−㉒**のように 3 ステップからなります。本項では各タスクを順に解説していきます。

## ステップ1　現状分析

### 〈①事業環境の確認〉

対象となった事業、領域の環境をあらためて分析します。スーパーの場合での PEST 分析での概要は以下となります。

---

*12　Point of salesの略。販売時点情報管理に顧客IDが紐づいたデータを「ID-POS」と呼ぶ。このSMでは、会員カードやスマホアプリを展開し、顧客がいつ、どの店舗で、どんな商品を、いくつ、いくらで購入したかの実績データを保有している。

図表 2-㉒ | **AI適用のユースケース検討の進め方**

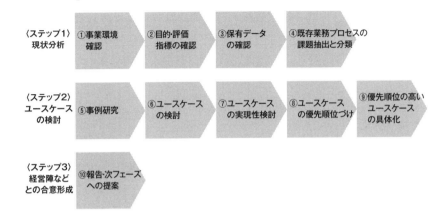

〈ステップ1〉
現状分析

①事業環境確認　②目的・評価指標の確認　③保有データの確認　④既存業務プロセスの課題抽出と分類

〈ステップ2〉
ユースケースの検討

⑤事例研究　⑥ユースケースの検討　⑦ユースケースの実現性検討　⑧ユースケースの優先順位づけ　⑨優先順位の高いユースケースの具体化

〈ステップ3〉
経営陣などとの合意形成

⑩報告・次フェーズへの提案

## （政策・法律：Politics）

・ID-POS の情報活用が期待されるが、2022 年 4 月には改正個人情報保護法が全面施行され、Cookie（クッキー）や位置情報、広告 ID といった識別情報なども「個人関連情報」として扱われることになり、それらを利用・提供する際には、各種制限や義務が強化されている。個人データの取得・管理・利用・提供の現状体制を把握し、リスクを踏まえて対策を実施する必要がある。

・社会的課題になっている食物廃棄に対する取り組みも重要なテーマと言える。農林水産省によると、世界では食料生産量の 3 分の 1 に当たる約 13 億トンの食料が毎年廃棄されている（国際連合食糧農業機関）。日本でも 1 年間に約 612 万トン（2017 年度推計値）もの食料が捨てられており、これは東京ドーム 5 杯分とほぼ同じ量にあたる。日本人 1 人当たり、お茶碗 1 杯分の量のごはんが毎日捨てられている計算になる。スーパーなどの食品小売業から年間 66 万トン（平成 30 年農林水産省・食料産業局）廃棄されているが、国は事業系食品ロスを、2030 年度までに 2000 年度比で半減するとの目標を立てている。

## （経済：Economy）

・新型コロナウイルス感染症が影響し、顧客の価値観やライフスタイルが大きく変化。「巣ごもり消費」の拡大は各社の追い風となった。日本チェーンストア協会の統計では、2020年度の市場規模は前年度比0.7％増の約13兆円で、特に生鮮品や冷凍食品が好調であった。一方で、新型コロナ収束後は厳しい状況が予測される。

## （社会：Society）

・日本の人口減少・少子高齢化を背景に、地域密着が求められる。コンビニエンスストアに加え、食品を取り扱いはじめているドラッグストアの台頭、価格競争に強みを持つディスカウントストアの攻勢により、業態業種を超えた競争はより一層激しくなっている。特に地方のスーパーは、人口減少で経営が悪化。後継者・労働者不足なども顕在化しており、M&Aの加速が想定される。地域密着・顧客体験のサービスの高度化が一層求められる。

## （技術：Technology）

・セルフレジ、顔決済、無人店舗など顧客接点改革が推進されている。
・ネットスーパーでは自社体制で整備するだけでなく、ライフコーポレーションがアマゾンジャパンと連携するなど協業施策も広がり躍進。楽天西友ネットスーパーでは、2021年の流通総額は前年比26％増の約500億円に拡大。協業によるネット・リアル店舗のシナジー施策、OMO（Online Merges with Offline）の施策が展開されている。スマホアプリと店舗との連携（スマホで発注、店舗で受け取り、スマホで店舗内の商品の場所や値段を確認するなど）機能や多様な決済手段が整備強化されている。

## 〈②目的・評価指標の確認〉

選定した事業、領域での中継経営計画、ビジョンや、事業環境を踏まえて今回の取り組みのビジョン・目的を明文化し、関係者に合意をとる

必要があります。

　ビジョンのベクトルを合わせるための共通言語として、また、タイムリーなビジネスの状態の見える化・把握手段として評価指標が重要になってきます。現状の評価指標の棚卸しを行い、必要に応じて見直し・強化を図る必要があります。

　とかく「データありき」で検討に入りがちですが、提供価値や組織力強化の視点から、既成観念にとらわれることなく、前述で説明した図表で示すように、「提供価値を高度にしていくためには、業務プロセスをどのように変革したらよいのか」という視点から検討していくことになります。

　スーパーの例では、取り組みの目的を「高度なMD*13（マーチャンダイジング）を実践し、顧客・地域との関係性を強化することによって売上・CS*14（顧客満足度）・生産性の向上を図る」としました。

　そのうえで、スーパーの評価指標をバランス・スコアカード（BSC）を活用し、カスタマイズして整理した例が**図表２−㉓**です。

　バランス・スコアカードは「経営戦略のためのマネジメントシステム」であり、「人材と変革」「業務プロセス」「顧客」「財務」の視点があります。ビジョンと戦略を各視点の因果関係で明確にしていきます。図表はBSCのフレームカスタマイズ例です。たとえば、「人材と変革」で組織・人材が良くなると、業務プロセスが向上し、結果として顧客や地域での評価が高くなり、財務につながります。

　この指標の現状値と業務改革（AI適用など）実施後の値とを定量的に捉えることで、期待効果の算定が可能になってきます。

## 〈③保有データの確認〉

　次に、自社が保有しているデータにはどのようなものがあるかを棚卸しします。

　保有データの確認では、情報システム部門に協力してもらい、自社内のシステムと保有しているデータを調査します。

　データの確認は「項目（粒度）×量」の視点で確認することが必要に

---

*13　ある製品について、その製品を消費者に買ってもらえるようにするための計画、および活動のこと。
*14　Customer Satisfactionの略。

図表 2-㉓ 目的・評価指標の確認

評価指標はデータ活用シナリオの期待効果やビジネスインパクトを検討するうえで活用

ビジョン・目的ベクトル合わせ

マネジメントの共通言語づくり

ユースケースのビジネス上の
期待効果を検討するうえで活用

的確なアクションを迅速化する

タイムリーなビジネス状況の把握

戦略展開マップ

**目的** AIを活用したMDを実践し、お客様・地域との関係性を強化することによって
売上・CS・生産性の向上を図る

| 財務 | お客様・地域 | 業務プロセス | 学習と成長 |
|---|---|---|---|
| ● 営業利益<br>● 売上高<br>● エリア売上高<br>● 店舗売上高<br>● 売上原価<br>● 販売管理費<br>● 人時生産性<br>● 既存店売上前年比 | ● 客数(来店客数)<br>● 一般レジ客数<br>● 会員客数<br>● 客単価<br>● 買上率<br>● 一品単価<br>● 点数(取引点数)<br>● 会員比率<br>● 会員稼働率<br>● ロイヤル会員比率<br>● 会員来店回数<br>● CS調査結果<br>● 顧客リピート率<br>● リピートオーダー率 | ● 商品:品揃え適正率 新商品投入率<br>　　　　ライフスタイル分類構成比率<br>● 販促:企画別売上目標達成率・企画参加客数達成率<br>● 企画買上点数達成率・アイテムPI値向上率<br>● 離反顧客のカバー率<br>● 価格適正維持率:売価変更率<br>● 在庫維持適正:商品回転率 在庫日数 返品率<br>　　　　　　　　在庫生産性<br>● 商品投資効率:粗利益率<br>● ロス削減:売価変更率 棚ロス率<br>　　　　　生鮮・日配機会損失率 廃棄率結果<br>● 店舗:売場効率 就業効率 作業効率 坪効率 | ● 定着率<br>● 平均出社率<br>● 従業員満足度結果<br>● アセスメント合格者数<br>● 資格取得数<br>● DX人材人数<br>● ナレッジ登録件数<br>● 業務改善提案数 |

なってきます（**図表2-㉔**）。

例：売上実績明細：（購入明細SKUレベルの項目）×（店舗別日別に5
年分）

　スーパーにおいては、自社のID-POS分析で自社店舗内での購買傾向
は把握可能ですが、それは地域のニーズとは言えません。地域のニーズ
がわかるデータを準備するために、サードパーティデータ（パブリック
系のオープンデータや販売されているサードパーティデータ）が必要に
なってきます（**図表2-㉕**）。

〈④既存業務プロセスの課題抽出と分類〉

　対象事業領域の業務プロセスごとに業務課題をブレインストーミング

図表 2-㉔　**保有データの確認**

| | | 想定保有情報 |
|---|---|---|
| 販売 | 販売実績 | ●ID-POSデータ　●販売分析(性別年齢、居住地域別、時間帯別、来店客数、客単価、商品組み合わせ)　●売価(割引/値引)　●レジ待ち時間　●欠品　●在庫切れ　●顧客動線情報、顧客転換率、商品接触情報 |
| 販売 | EC/店舗システム | ●WEBサイト(WEB閲覧データ)　●ECサイト/ネットスーパー（PC/モバイル)　●決済システム　●POSシステム　●バックオフィスシステム　●個別配送 |
| MD | 商品マスタ | ●JANコード　●商品名　●カテゴリ情報　●製造/生産地情報　●原価/売価情報　●販売開始日　●消費/賞味期限情報　●棚割　●生鮮名寄せデータ |
| MD | 在庫・発注 | ●在庫管理(適正在庫)　●発注管理(発注数/発注単位/便数/発注ルート/リードタイム)　●廃棄率　●ロス発生率　●欠品管理　●常温/冷蔵/冷凍管理　●物流センター |
| CRM | 会員カード | ●会員カード使用履歴(支払)利用率　●会員カード登録情報(モバイル含む)　●会員カードチャージ履歴　●会員カードマネー交換履歴　●会員カード発行(購入)履歴 |
| CRM | ポイント・割引 | ●会員カード(基本)ポイント付与情報　●会員カードボーナスポイント付与情報　●モバイルサービス利用情報　●その他、金券/割引券利用情報 |
| CRM | カード取引履歴 | ●クレジットカード利用履歴　●クレジット会員情報　●電子マネー |
| 販促 | 企画情報 | ●特売企画情報(企画名、特売期間、賛助メーカー、商品、原価、売価など)　●特売情報(割引/値引/バンドル情報) |
| 販促 | 予約履歴 | ●予約販売(母の日ギフト/お中元・お歳暮/クリスマスケーキ/お節など)情報　●予約時の登録情報　●予約商品の受取(宅配)情報 |
| 店舗運営 | 店舗マスタ情報 | ●店舗情報(地域、フロア/売場面積/レイアウト)　●バックヤード/休憩室　●駐輪/駐車場有無　●店内/店周り清掃状況　●レジ(セルフレジ含む)数　●店内加工有無 |
| 店舗運営 | 勤怠記録 | ●勤怠情報(別別/個人別)　●勤務時間帯(個人別)　●勤務時間(個人別)　●契約期間(個人別)　●勤務シフト情報(店別) |
| 店舗運営 | サービスカウンター履歴 | ●サービスカウンター対応情報(各種サービス)　●サービスカウンター対応情報(クレーム関連) |

左端見出し：スーパーマーケット事業

し、メンバーから出された課題を類型化（分類）していきます。

　今回のスーパーの取り組みでは、業務プロセスを、「マネジメント」→「MD 業務」→「需要予測」→「実行支援」という鳥瞰観図レベル（**図表2-㉖**）で定義し、そのプロセスごとに課題を抽出しました。

　課題抽出にあたっては、「どの領域のどんな課題なのか」と、端的にその課題を表現することが重要です。「なぜ、そうなっているのか」を繰り返し検討することで、真の課題が明確になることもあります。

　業務プロセス別に抽出された課題は、大小たくさんの課題が抽出されましたが、ここでは分類された代表的な課題（**図表2-㉗**）を表現しています。課題抽出で特徴的なものをいくつかピックアップして説明します。

# 図表 2-㉕ サードパーティデータ例

| | データ分類 | 提供サービス（提供会社） | 代表的なデータ | データ概要 |
|---|---|---|---|---|
| 消費・購買データ | 購買履歴 | Pontaリサーチ（ロイヤリティマーケティング）<br>視聴データ×購買データ（CCCマーケティング）<br>全国小売店／消費者パネル調査（インテージ）<br>ID-PoSデータ（True Data） など | ID-PoSデータ、<br>EC購買情報、<br>商品情報 など | 店舗やECで現金やクレジットカードなどを使った買い物の記録。消費者へのパネル調査やECサイトクローリング、自社カード決済情報、機器メーカーからの視聴履歴などを組み合わせ、マーケティングに活用しやすいデータとしている。 |
| | 消費生活統計情報 | ACR／ex, VR LINC（ビデオリサーチ）<br>旅行データバンク（日本旅行業協会） など | 消費動向、<br>社会調査結果、<br>視聴履歴情報 など | 家計の収支や個人の趣味・嗜好、生活スタイルなどを定期調査した記録。旅行や家電、高額商品などに特化した統計が多い。 |
| オンラインデータ | オンライン行動情報 | 価格.comトレンドサーチ（カカクコム）<br>たべみる（クックパッド） など | ウェブ閲覧履歴情報、<br>オーディエンスデータ<br>など | インターネット利用者が、どの端末で、どのコンテンツを検索、訪問、視聴したかを計測したデータ。提供会社により、収集する対象サイトが違う。 |
| | (Public/Open)<br>Data Management<br>Platform（DMP） | IM-DMP（インティメート・マージャー）<br>People Driven DMP（電通デジタル）<br>Audience Marketplace<br>（アドビ システムズ） など | 顧客セグメント情報<br>など | インターネット利用者のCookieをIDとして、検索・訪問・視聴・購買データから、顧客セグメントのタグを付けた情報。主に、広告配信のために、利用されることが多い。 |
| 位置・空間データ | 人口動態情報 | モバイル空間統計<br>（ドコモ・インサイトマーケティング）<br>Location Trends（KDDI／コロプラ）<br>inbound insight（ナイトレイ） など | 人口動態データ、<br>From To 情報 など | 人々の現在地と移動経路を、GPS、Wi-Fi、基地局通信、スマホアプリなどから取得した情報。<br>出店計画などのマーケティングなどに利用されることが多い。 |
| | 地理空間情報 | 3rd Party Data Gallery<br>（ウイングアーク 1st）<br>住宅地図データベース（ゼンリン）<br>Google Earth／マップ（グーグル） | GIS、社会調査情報<br>など | 地理、交通、施設、住居に関する統計・推計をGIS（地理情報システム）で提供する情報。（ウイングアークなどは、自社でデータを保有するのではなく、第三者から提供された情報をわかりやすいかたち（GIS上データを載せる）で提供している。） |
| | 地域経済情報 | TORIMAKU（ONE COMPATH）<br>RESAS（経済産業省／内閣官房） など | 社会調査情報 など | 社会調査をして、地域社会ごとの人口動態、産業動向、生活文化などの統計情報。 |
| 気象データ | 総合気象 | 気象庁、気象業務支援センター | 気象情報 | 全国各地の天気予報から気象情報、気候変動予測まで、広く浅く提供されている。 |
| | 産業気象 | 売りドキ!予報（日本気象協会）<br>HalexDream！（ハレックス） | 暑熱、ヘルスケア、<br>気象災害、海洋気象、<br>需要予測 など | 広い気候情報ではなく、航行、物流、防災、需要予測など、産業（ビジネス）に役立つかたちで、気象情報を提供。 |
| | 専門気象 | ウェザー・ライブ・データシステム<br>（スポーツウェザー）<br>SURF&SNOW（ぐるなび）<br>熱中症予防情報サイト（環境省） など | スポーツ気象、<br>気象災害、海洋気象、<br>台風、降雪 など | 雨、雪、風、暑熱、スポーツといった専門特化の気象現象に精通した気象情報を提供。 |
| | 大気汚染 | VENUS（国立環境研究所）<br>SPRINTARS（九州大学応用力学研究所）<br>放射線モニタリング情報（原子力規制委員会） | 大気汚染、<br>ヘルスケア など | 健康や自然に影響を及ぼす大気物質の観測・予測の気象情報を提供。 |

図表 2-㉖ 業務プロセス（鳥瞰図）

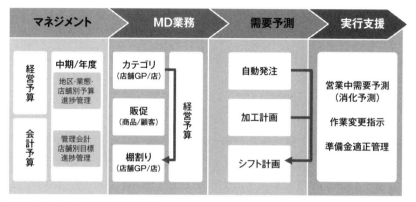

MD：マーチャンダイジング「商品化計画」や「商品政策」

図表 2-㉗ 課題の抽出と分類

| マネジメント | 各棚、売り場、商品の粗利貢献の見える化ができていない<br>販促のPDCAが回っていない<br>チラシの効果検証ができていない |
|---|---|
| MD業務 | 地域のニーズをおさえ、より地域に密着した店づくりができているか不明<br>お客様、地域のニーズに合った品揃え・棚割りになっているか不明<br>新商品を定番へ育てる仕組みがない（商品投入のPDCAサイクルの仕組みがない）<br>商談にて商品の採用根拠が明確でない<br>適切な特売企画ができているとは言えない。コトPOP提案ができていない |
| 需要予測 | 商品の需要予測に基づくリソースの最適化ができているとは言えない<br>来店客数予測の精度が高いとは言えない |
| 実行支援 | 商品化（鮮魚・肉・加工品）などの量・タイミングが適正でない<br>レジの滞留に合わせたレジオープンができていない |
| 組織人材 | 人出不足と働き方改革によって労働時間が減少し、客先対応ができない<br>多能工化が厳しい、育成の時間がない<br>匠（発注予測）の人材がリタイアする<br>分析する組織が少ない |
| システム | 商品マスタに対して管理区分や商品DNAが付与できていない<br>数百万レベルのお客様のID-POSデータがあるが活用できない<br>IT投資がしにくい。ITコストが増大している |

**【マネジメントの課題】**……（例）チラシの効果検証ができていない

特に地方スーパーでは、スマホのアプリだけでなく、未だ新聞の折り込みチラシで来店誘導をしているケースがあります。「年間で積み上げると大きな販促費がかかっているので、デジタルにシフトしていきたい」という思いがあったとしても、定量的な効果検証ができていなければ、施策に移せません。よって、折り込みチラシをやめる決断に至っていないという状況です。

吸引力のあるハブとなる商品を、チラシのどこに、どんな色合いで、どんなフォントで掲載すると来店客数を伸ばすことにつながるのかについて、定量的に把握することができれば、より効果的なチラシを作製することができます。このような領域にも AI を適用する可能性があります。

**【MD 業務の課題】**……（例）地域に密着した店づくりができているか不明

地域密着の品揃えができているかどうかについて、明快に回答できるスーパーは多くない状況です。なぜならば、地域のニーズをデジタルで把握できていないからです。地域での購買実績データがあれば、自社の購買分析とサードパーティデータの地域購買分析の傾向を比較すれば、地域のニーズへの対応ギャップを把握することができます。ギャップを踏まえて、地域の顧客により密着した商品サービスの展開をすることで、地域の顧客に喜ばれる品揃えになる可能性が高くなります。

**【需要予測の課題】**……（例）商品の需要予測に基づくリソースの最適化ができているとは言えない

環境への配慮を考慮し、「機会ロス、廃棄ロス」をなくす取り組みはとても重要です。そこで、商品の需要予測の精度を上げる必要があります。商品需要予測の精度を上げるためには、その先行指標である来店客数の予測精度を向上させる必要があります。来店客数予測の精度

が向上すれば、商品の需要予測のみならず、実行支援の施策（人員の最適配置など）にも効果があることになります。現状、来店客予測などの予測業務は、社員のなかの限られたスキルある社員やベテラン社員で実施されているケースも少なくありません。ベテラン社員の場合、後継者がいないという問題も内在しています。

【システムの課題】……（例）商品DNAが付与できてない

　商品DNA（**図表２−㉘**）とは、顧客のライフスタイルを推定するためのキーワード、タグのようなものです。「価格志向」や「安全志向」など、30程度のキーワードを整備し、商品マスタに付与することが多いです。

　購買実績（ID-POS）を分析することによって、顧客のライフスタイルや趣味、嗜好を推定することができます。

　特定の顧客の購買実績の分析から、その方の人物像がわかります。たとえば、ある女性の過去の購買実績から、その女性は「健康に留意する共働きの女性で、日常は利便性の高い食材を購入するが、季節のイベントがあるときは季節のおもてなしのお料理をされている」人だというこ

図表 2-㉘ **商品DNAとは**

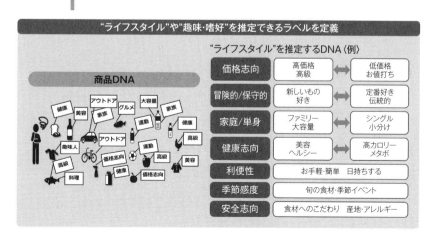

とがわかります。こういったことがわかれば、顧客の価値に合ったレコメンドが可能となり、レコメンドから購買につなげていく評価指標（コンバージョン率）も向上していくことになります。

　商品DNAが商品マスタに付与されていれば、店舗分析、顧客分析、商品分析などの分析も高度化し、オペレーション（店づくり、売り場づくり）、プロモーション（レコメンド、チラシ発行）、MD（商品サービス開発）業務の高度化につながり、客単価・売上拡大に向けたデジタルマーケティングの強化も可能になります。

　しかし、商品マスタに商品DNAの付与を継続的に実施しているスーパーは多くないのが現状です。数万～数十万のSKU（受発注や在庫管理を行うための最小管理単位）を保有しているスーパーにとって、新商品を取り扱いはじめるたびに適切な商品DNAを付与するというのは大変な作業になります。

## ステップ２　ユースケースの検討

### 〈⑤事例研究〉

　図表２－㉙は、流通小売り（スーパーに限らず）で公開されている事例やユースケースをまとめたものです。検討をするにあたり、同業種はもとより異業種での事例、ユースケースは、「検討の触媒」になります。広い視点で事例を収集することをおすすめします。

### （事例１　自動調理ロボット）

　完全に自動化されたロボット・キッチンもあり、レシピを選択すれば自動で料理ができます。最近では、片づけまで行う機能も追加されています。

### （事例２　顔決済）

　顔の目、鼻、口などの位置や形、大きさなどを特徴点として抽出・登録し、これを基に照合し本人性を確認します。なりすましが困難なため

図表2-㉙　AI活用マップ（流通・小売り）

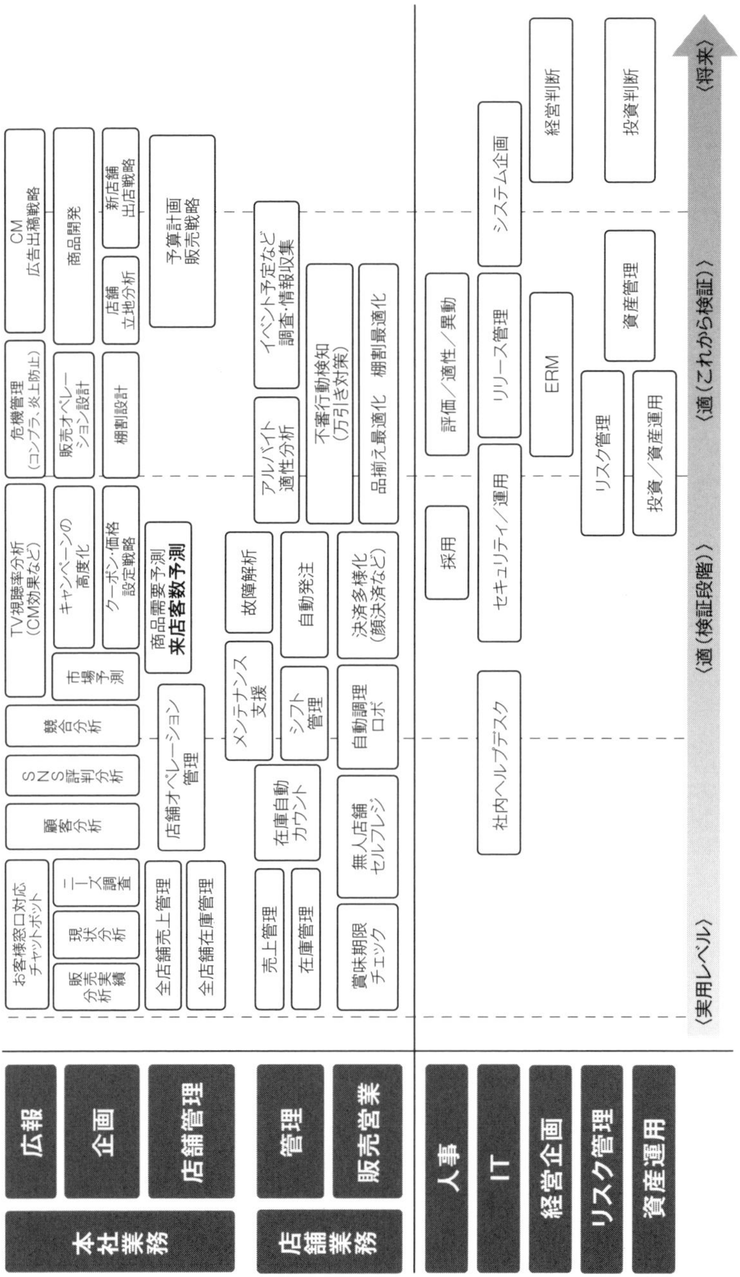

セキュリティが高く、特別な動作を必要とせず自然に認証することができ、手ぶらで決済ができるなどの利便性もあります。

### （事例3　棚割り最適化）

過去の棚割りの状況と売上分析を踏まえて、売上の最大化を目指す棚割りを提案します。

### 〈⑥ユースケースの検討〉

〈④既存業務プロセスの課題抽出と分類〉で抽出された課題を解決するための施策であるユースケースを検討していきます。

AI・アナリティクスのプロジェクトでは、精度でなく、価値や成果で判断することが大切です。

ユースケースを検討する際には、DIVA[*15]（**図表2-㉚**）のフレームワークを活用すると整理しやすくなります。

DIVAは、データのバリューチェーンを表現しているものになります。データを情報にし、分析することで価値に変え、施策で活用し、成果につなげる、この一連の流れ、ユースケースの内容を1枚で表現しているフレームになります。

ともすると「データありき」でユースケースを検討しがちになりますが、データ活用の思考、検討の流れを（課題解決による）成果から逆引きで検討するほうが検討しやすい場合もあります。実際の使い方のポイントを**図表2-㉛**に示します。

図の上部に「課題に対する解決案を一言で説明」する「キーメッセージ」を書きます。

「分析（分析タスク）」に記入する内容を考える際には、IPAが定義した「分析タスク」が参考になります（**図表2-㉜**）。

ここでは、〈④既存業務プロセスの課題抽出と分類〉の課題抽出で抽出された課題「来店客数の予測精度が高くない」に対する解決施策のユースケース「来店客数予測」で、このDIVAフレームの使い方を説明します（**図表2-㉝**）。

---

\*15 「Data（データ）を加工・分析し、Information（情報）とし、Value（価値）あるものとして施策に展開し、Achievement（成果）につなげる」というデータのバリューチェーンの頭文字をとったもの。こゆるぎ総合研究所コンサルタント・代表取締役の鈴木良介氏が『データ活用仮説量産フレームワークDIVA』（日経BP社、2015年）にて著したフレームワーク。

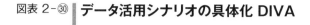

図表 2-㉚　**データ活用シナリオの具体化 DIVA**

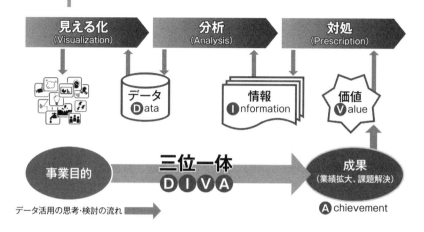

図表 2-㉛　**DIVA活用例：課題に対する解決策を一言で説明**

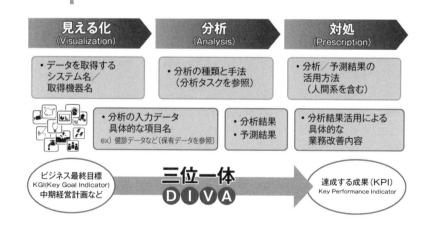

　先述したとおり、成果からの逆引きで説明します。

　まず、会社としての全社的な目標「売上利益の拡大」があり（図の左下）、来店客数の予測精度が向上することで期待される成果は「在庫の適正化」「機会ロスの削減」「廃棄ロスの削減」「作業の効率化」（図の右下）にな

**IPAによる分析タスク定義**

| | 分析タスク | 解説 | 適用シーン〈例〉 |
|---|---|---|---|
| データ解析 | ❶データ集計・抽出 | 検索条件・抽出条件・集計関数などの設計を行い、データを抽出する | データ解析全般 |
| | ❷性質・関係性の把握 | 基礎統計量によるバラツキや異常値の把握、データの違和感の確認、変数間の関係性や傾向把握、関係性の有無の検証などを行う | データ俯瞰<br>因果関係<br>ボトルネック |
| | ❸検定 | 有意差検定、母集団の検定(サンプリング)、標本数が少ない場合の有意差判断などを行う | 医薬開発<br>品質管理<br>A/Bテスト |
| | ❹予測 | 分析目的や選択するモデル手法の観点から、必要となる説明変数や特徴値を作成し、数値予測、二値の判別予測、クラスの判別予測、時系列予測などを行う | 売上予測<br>発生確率予測<br>与信可否判断 |
| | ❺グルーピング | 対象をいくつかのグループに分類する。データ全体の傾向から著しく離れた対象(外れ値)や既存のデータと振る舞いが異なる異常パターンを早期検知/検出する | 顧客セグメンテーション<br>故障検知<br>不正検知 |
| | ❻パターン発見 | 頻出パターンの抽出、コンテキストや意図/ニーズの把握、個体特有パターンの学習、レコメンデーションルールの作成などを行う | バスケット分析<br>レコメンデーション<br>個体識別 |
| | ❼最適化 | 対象の条件や制約を定義し、定義した条件を基に変数、目的変数、制約を定式化する。目的に適したアルゴリズム・解法でモデリングし最適化する | 金融ポートフォリオ<br>生産計画<br>勤務シフト |
| | ❽シミュレーション | シミュレーションの前提となるモデル式、確率分布、初期値、境界条件を定義する。モデル式やパラメータを設定しシミュレーションを行う | 企業収益<br>交通量予測 |

〈参考〉 IPAタスクディクショナリ「データサイエンス」https://www.ipa.go.jp/jinzai/itss/itssplus.html

ります。これらを定量的に評価するために、事前に〈②目的・評価指標の確認〉で明確化した評価指標を採用します。

## (評価指標の具体定義例)

・適正在庫:適正在庫数 = 一定期間の需要数 + 安全在庫数

・機会ロス:商品が顧客の来店時にあったなら売れたはずなのに、なかったために生じる損失のこと。これを徹底して最小化していかなければ単に収益上の損失にとどまらず、顧客のロイヤルティを失うことになりかねません。

・廃棄ロス:廃棄ロス率=廃棄金額÷売上高×100(%)や値下げと廃棄を合計して生鮮ロスとして評価指標として設定している場合もあり

図表 2-㉝ 来店客数予測のデータ活用シナリオDIVAの例

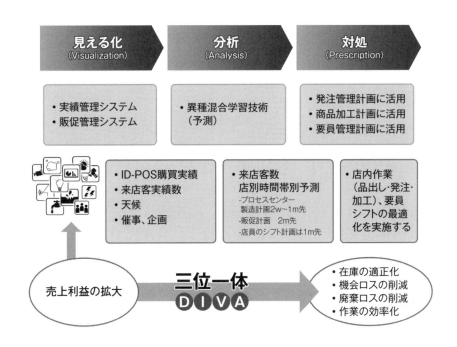

　ます。

　「来店客数予測にAIを適用し予測精度を向上させる」ということが、実現された場合、これらの評価指標が現状値よりどれだけ向上するか期待効果を算定しておくことが重要になります。

　次に「対処」の部分を説明します。

　先述の成果につなげるためには、「予測精度が高くなった予測値」を業務にどう活用するのかを説明しているのが「対処」の部分になります。今回の場合は、予測値を、各リソースアサインの仕組み（発注管理など）に入力することでリソースの最適化につなげるということになります。

　次に「分析」の部分を説明します。

分析タスクは予測問題なので「予測（目的変数：来店客数）」となります。「来店客数の予測」といっても、業務オペレーションごとに予測する時間軸が違います。業務への組み込を意識して対応する必要があります。店員の要員計画はシフト計画の業務を踏まえ、店別、時間帯別、1カ月（1M）先の予測値が必要となります。

　次に「見える化」の部分を説明します。この予測に対して、どのデータを使うかを明確化します。〈③保有データの確認〉で保有データの確認を実施していますが、その内容をインプットに検討します。今回は機械学習「教師あり」で分析しますので、過去の教師となるデータと来店客数に影響あるデータ（説明変数）を選定します。ここでは、「実績管理システム」「販促管理システム」で管理されているデータ「来店客数実績」「ID-POS購買実績」「催事」のデータを選定しています。

　来店客数に影響がありそうなデータとしては、それ以外にはどんなものがあるでしょうか？　天候、SNSツイート数、テレビCM放映時間などいろいろ考えられると思います。自社では保有していないが影響が大きいデータは外部のデータを活用することになります。この例では天候のデータを外部から調達してくることを想定しています。

　今回の取り組みにおいての課題に対するユースケース検討内容例は**図表2-㉞**になります。

### 〈⑦ユースケースの実現性検討〉

　ユースケースごとに、〈⑥ユースケースの検討〉で実施したような内容を検討した後に、ユースケースの実現性を判断します。企画フェーズでの実現性判断は、導入・活用まで見越したうえで、ビジネス価値が出るかどうかを、次の3つの観点から判断することが一般的です。

### （1．データの視点）

・データの量……データの量が十分でないと、学習・評価することができません。スーパーの来店客数予測の場合、季節変動を考慮して数年分は過去実績が必要となります。

図表 2-㉞ **ユースケース検討内容例**

| | | ユースケース |
|---|---|---|
| マネジメント | 各棚、売り場、商品の粗利貢献の見える化ができていない<br>販促のPDCAが回っていない<br>チラシの効果検証ができていない | 粗利貢献分析<br>チラシ強度分析 |
| MD業務 | 地域のニーズを押さえ、より地域に密着した店づくりができているか不明<br>お客様、地域のニーズに合った品揃え・棚割りになっているか不明<br>新商品を定番へ育てる仕組みがない<br>（商品投入のPDCAサイクルの仕組みがない）<br>商談にて商品の採用根拠が明確でない<br>適切な特売企画ができているとは言えない。コトPOP提案ができていない | 顧客起点の商品カテゴリーの見直しと品揃えの強化<br>顧客購買分析、顧客行動分析<br>顧客インサイト分析 |
| 需要予測 | 商品の需要予測に基づくリソースの最適化ができているとは言えない<br>来店客数予測の精度が高いとは言えない | 新商品販売予測<br>来客数予測 |
| 実行支援 | 商品化（鮮魚・肉・加工品）などの量・タイミングが適正でない<br>レジの滞留に合わせたレジオープンができていない | リソースの最適配置 |
| 組織人材 | 人出不足と働き方改革によって労働時間が減少し、客先対応ができない<br>多能工化が厳しい、育成の時間がない<br>匠（発注予測）の人材がリタイアする<br>分析する組織が少ない | 発注予測の高度化<br>人材募集支援、マッチング |
| システム | 商品マスタに対して管理区分や商品DNAが付与できていない<br>数百万レベルのお客様のID-POSデータがあるが活用できない<br>IT投資がしにくい。ITコストが増大している | 商品属性の自動付与<br>商品DNA自動付与 |

・データの品質……データの鮮度や正しいデータがシステムに入力されていないと、精度の高い分析はできません。過去の来店客数実績が正確に収集できてない場合は、正確な分析ができません。「来店して購入しなかった人のデータは収集できているのか、いないのか？」なども、今回の取り組みでは重要なポイントになります。

スーパーの来店客数予測の場合、新型コロナウィルス感染症が流行する前と後とでは、環境がまったく相違します。こういった時代背景も考慮し、「使えるデータはどれぐらいあるのか」を吟味する必要があります。

## （２．問題設定（ビジネス）の視点）

・中期経営計画やビジョン・事業目標に合致している……プレスリリースを出すこと自体に意味・価値がある。事業活動にAIを活用すること、およびその社会的認知が、ステークホルダーへの貢献につながり、自社のブランディングに寄与することが明らかであると、実現性が高まります。

・価値が出やすい……ユースケースを使う人が多い場合も実現性が高くなります。特定部門の数人が年に数回行うだけの業務にAIを適用するよりも、特定部門の全員や全従業員が高頻度に行う業務に適用するほうが、生み出す価値が高まるからです。わずかな改善が莫大な価値につながることもあります。また、中古品販売業などでは、商品値づけの1％の違いが、積もり積もって全体の利益に大きく影響することもあります。

## （３．体制の視点）

・AI利活用に向けた体制がつくられている……AIの必要性・ビジネスがわかる経営層や事業部門長を巻き込んだ体制になっているかも重要なポイントです。AIやデータ分析は、他作業の片手間でできる仕事ではないです。また、経営者の過剰な期待や過小な期待も、意思決定に時間がかかるケースも少なくありません。経営者のデータドリブン経営に対する理解により、初めてAI・データ分析のプロジェクトを遂行することができます。DX推進、情報システム、データサイエンティストの部門だけでなく、現場部門（LOB[16]）との連携もカギとなってきます。業務のドメインの知識、データリテラシー（データを読み解く力、説明する力）も必要となってきますので、そういったスキルを持ち合わせた人たちによる体制で推進することが重要です。

## 〈⑧ユースケースの優先順位づけ〉

　さまざまなユースケースが考え出されても、それらを一度に実施できるわけではありません。そこで、ユースケースの優先順位づけを行います。

---

*16　LIne of Businessの略。

　優先順位づけの軸は、検討メンバーで検討し、適切なものを設定します。たとえば、次のような軸が考えられます。
・実現性（⑦参照）
・ビジネスインパクト（金額換算をすることで評価しやすくなる）
・当事者性（自分たちが当事者として実施できるかどうか）
　ユースケースの優先順位づけは、上記のような各軸を関係者と合意したうえで、軸ごとに数値評価し、合計点数の高いものの優先度を上げるというのもひとつの方法です。

## （各軸の評価点の例）

　　◎：とても高い　　５ポイント

　　○：高／容易　　　３ポイント

　　△：中／課題あり　１ポイント

　　×：低／障害が高い０ポイント

　採点と併せて、そのユースケースを実施する場合のリスクや懸念事項があれば洗い出します。このとき、利用するデータによっては、個人情報保護法、著作権法などの法対応や、知財関係などを含めたガバナンスについての提言事項なども考慮し、必要に応じて関係部門との合意形成を実施します。

## 〈⑨優先順位の高いユースケースの具体化〉

　優先順位の高いものを具体化していきます。業務プロセスがAI適用でどう変革するのか、ユースケース検討の際に作成したDIVAのフレームを活用し、まとめていきます。ここでは一般的な例を説明します。

## （AS-IS、TO-BE で整理（AI 適用前と後））

　AI適用した場合、どのようなメリットがあるのか、どのような業務プロセスの変化があるのかを、わかりやすく整理します。そして、業務プロセス上の変革ポイントを明確化し、関係者と調整することが重要で

す。

**（DIVA フレームの精査、ビジネス価値の定量化）**

　策定済みの DIVA の内容を精査するとともに、対象の KPI（現状値
と目標値）から金額換算をし、ビジネス価値を定量化します。その妥当
性は通常、次フェーズ（検証フェーズ）で確認します。

**（行動計画書を作成）**

　優先順位づけの際に検討したリスク対策なども踏まえ、行動計画書を
作成します。また、戦略・プロセス／組織・人材／風土／テクノロジー
視点で、自社への提言事項があればまとめ、短期計画、中長期計画と
してロードマップをまとめていきます。次フェーズ（実証実験（POC）
や基盤構築、人材育成など）の提案を含めてまとめていくことが望まし
いと言えます。

## ステップ3　経営陣などとの合意形成

### 〈⑩報告・次フェーズへの提案〉

　最後に、これまでのユースケース検討結果を踏まえてまとめ、経営陣
などとの合意形成を図っていきます。

　ユース検討の企画フェーズを遂行して、想定されるリスクや懸念され
る事項をリストアップし、提言事項（トップ・関係部門・自部門）とし
てまとめ、今後の推進の障壁となる壁を取り除く活動が重要となってき
ます（**図表2-㉟　推進するためのポイント**参照）。

　企業の DX 成熟度にもよりますが、リソースには、人（データサイエ
ンティストをはじめとしたタイプ別人材）・環境・予算のどれについても、
調整が必要になってくるケースが少なくありません。

　「全社的な取り組み意識の醸成」という観点で継続的に発信を続け、
リソースの確保をしつつ、小さな成功体験をアピールし、教育やコミュ
ニティなどを通じて文化を変えていくことが大切です。

図表 2-㉟ 推進するためのポイント

| | 調査・企画 | 検証 開発 運用 | |
|---|---|---|---|
| | ビジネスモデル検討<br>ユースケース検討 | 社内経験価値の蓄積 | 成長性の高いビジネス<br>モデルに集中・浸透 |
| 戦略<br>プロセス | ● 全社的な取り組み意識の醸成<br>● 推進組織の創設とリソース配置<br>● 評価指標の強化<br>● 今後の予算の確保と<br>　投資対効果の明確化 | ● POC（実証実験）GO/STOP<br>　の判断ルールと意思決定<br>● 経験値を高めるプロセスの強化 | ● デジタル子会社の設立<br>● 自立自走ができる制度ルールの<br>　整備<br>● モデル劣化を評価する仕組み |
| 組織<br>人材 | ● 外部人材、新しい風の活用<br>● 専門人材像の定義、棚卸し<br>● 専門人材の調達、育成方針の<br>　検討 | ● 専門人材の調達・育成の開始<br>● 社員1人ひとりのリテラシーの<br>　向上施策の推進 | ● 事業規模、高度化拡大に応じた<br>　リソース最適配置<br>● 各種専門家の設置 |
| 風土 | ● コミュニケーション活性の<br>　場づくり<br>● 人的ネットワークの強化 | ● 成功イメージを持ち最後まで<br>　やり遂げる力を評価 | ● デジタルビジネスへの<br>　取り組み姿勢の伝承<br>● 通常事業転換への方向づけ |
| テクノロジー | ● 既存の仕組み、保有データの<br>　棚卸し<br>● 先進的事例調査<br>● 次フェーズへの提案<br>● 情報基盤の方向性の検討 | ● できるだけつくらず利用する<br>● デジタル技術やアジャイル開発<br>　などのスキルのある企業との<br>　連携 | ● 横展開可能な仕組みづくり<br>● 企業間の連携の仕組みづくり |
| | ガバナンス | | |

# AIディスカバリープログラム

NEC では、AI・アナリティクスのライフサイクルを支援するプロフェッショナルサービスを提供しています。これまで多くのお客様を支援するなかで培った知見を基に、高品質・効率的を狙いとしたサービス体系になっています（**図表２-㊱**）。

調査・企画段階では、AI 活用コンサルティングサービス「AI ディスカバリープログラム」を提供しており、さまざまな業種の顧客とともに、AI 適用の調査・企画を実施してきた実績があります。第２章本文のスーパーの事例も、このメソッドをカスタマイズして利用しています。

このプログラムでは、「Data（データ）を加工・分析し、Information（情報）とし、Value（価値）あるものとして施策に展開し、Achievement（成果）につなげる」というデータのバリューチェーン（頭文字をとって DIVA）を重要視しています。

AI ディスカバリープログラムは、**図表２-㊲**に示す３ステップと15 タスクで進めます。検討は、AI コーディネータ、AI コンサルタント、AI エキスパートが、それぞれのスキルを持ち寄って行います。推進にあたっては、複数の部門の調整合意と次フェーズ（検証）以降の品質・効率化を踏まえた体制づくりが重要です。対象領域の事業に関する業務（ドメイン）知識を増強する必要があれば、その知識を持つ人が加わります。また、業務で使用している情報システムや、そのシステムで保有しているデータを確認する必要がある場合には、情報システム部門の AI アーキテクトの参画を依頼したり、相談できるようにして進めます。

図表 2-㊱ | **AI・アナリティクスのライフサイクルを支援する NECのサービス**

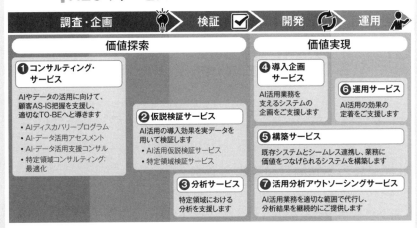

図表 2-㊲ | **AIディスカバリープログラムの検討の進め方**

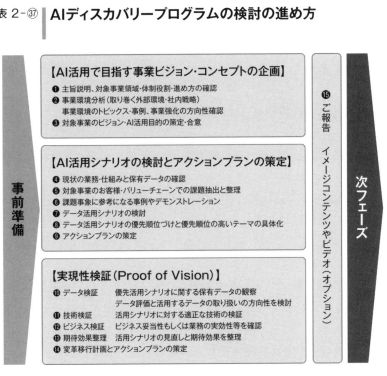

# 知財と契約

## AI にまつわる知的財産権の考え方

　日進月歩で性能が向上し機能拡張が行われている AI は、多くのデータから得られる知見によって支えられています。

　AI を活用し続けるうえで欠かせない、データや知的財産の蓄積・活用を行うためには、「知見とは一体どのようなものか」を知っておくことが重要です。

## 経済産業省ガイドラインにおける知的財産の定義

　そもそも、ここでいう「知的財産」とはなんでしょうか？　具体的に知的財産には、発明（特許）や著作物、ノウハウなどが存在します（**図表2-㊳**）。

　これらの権利には、もともと保有していた権利もあれば、事業者が AI を活用のために行ったトライアルやシステム構築において、新たに生み出される権利も存在します。

　特に知的財産権は、重要な無形資産のひとつです。効果的な AI 活用には、業務ノウハウと機械学習ノウハウを高度に融合することが求められることから、これらの権利関係は厳密に分けることは困難です。そのため、実情に合った権利関係の整理が重要となります。

　この権利関係の整理においては、経済産業省が 2018 年に策定、

図表 2-㊳ ▌ **データ分析案件関連契約の主な保護の対象**

| | | 内容 | 具体例 |
|---|---|---|---|
| 知的財産（知財） | 発明 | 自然法則を利用した技術的思想の創作のうち高度なもの（特許法） | ● エンジン性能を向上させる技術<br>● 特定のアルゴリズムを用いた分析システム など |
| | 著作物 | 思想または感情を創作的に表現したものであって、文芸、学術、美術または音楽の範囲に属するもの（著作権法） | ● 分析結果の中間／最終報告書<br>● コンピュータ・プログラム、データベース など |
| | ノウハウ<br>(≒営業秘密) | 一般的に、以下を満たすものと理解されている<br>①産業上利用可能、②秘密に保持 | ● データの前処理を効率的に行う方法<br>● データと分析結果に関する（過去の経験に基づいた）、おおよその因果関係と理由 など |
| | 秘密情報 | 相手方に書面／電子データ／口頭で開示した情報 など、相手方との契約により「秘密情報」と定義された範囲に含まれる情報 | ● 売上データ<br>● センサーから取得した情報 など |

＊一つの情報が複数のカテゴリに該当する可能性あり
＊ノウハウは一定の要件を満たすと、不正競争防止法上の「営業秘密」として保護の対象となり、差止請求を含めた法的救済が受けられる

2020 年に改定した「AI・データの利用に関する契約ガイドライン[*17]」が役に立ちます。データ編と AI 編に書き分けられた同ガイドラインには、データの取り扱いや AI 活用時における権利関係を解きほぐすための契約書の記載方法について具体的に記述されています。ただし、ここに記載されている内容は、日本の法律・商習慣に即した契約内容も存在することから、異なる国や地域においては、それぞれの法律・商習慣に沿って対応することが必要です。

　実際の活用に際しては、データの出所や生み出されたノウハウ・知見の影響程度など、個別事情の勘案が必要となります。そのため、関係者間での協議と合意が重要です。熟練事業者のノウハウを蓄積した更新済

[*17]　https://www.meti.go.jp/press/2019/12/20191209001/20191209001.html

みモデルを育てていくなど、その場その場の意思決定だけでなく、中長期的な知見の策定・蓄積・活用に向けた方針を明示的に示すことが肝要なのです。

　電子情報であるデータは、容易に事業者といった組織の枠や国境を超え得るものです。逆の視点から見れば、他のデータと混ぜ合わせることで、新たな知見やノウハウが生まれる可能性も非常に高くなります。

　そのため、知見の策定・蓄積・活用に向けた方針を保有しつつ、時代の趨勢や業界との関係性を加味した柔軟な運用を行うことで、AIの活用範囲を広げ、事業に役立てていくことが求められます。

## AI・データ利活用のプロセスおよびアウトプットに溶け込む知的財産

　こうした知的財産は、どのようなデータを用いて分析するのか？　特徴量をどのように抽出、生成するのか？　どのAIエンジンをどういうかたちで適用するのか？　生み出された学習モデルの特徴はなにか？　そして最終的に得られたアウトプットをどのように活用するのか？など、プロセスからアウトプットの活用まで多岐にわたります。前述したように、これらのプロセスと要素のなかに事業者やベンダーの知見やノウハウが溶け込んでいることが、AI活用の権利関係を複雑にしています。

　ここで特に押さえておきたいのは、「知的財産はアイデアを出した者に帰属するのが原則である」ことです。データ提供者が分析費用を投資した場合、「自らのデータと投資に基づいて生み出された成果物はすべて所有できる」と考えがちですが、それは誤解です。データ、費用の提供と知的財産の帰属は無関係ですし、工数の提供と知的財産の帰属についても無関係なのです。

　つまり、データ分析者が試行錯誤して新たに生み出した知的財産権は、データ分析者に帰属します。しかし、顧客はこの知的財産の考え方に不慣れなので、後でトラブルにならないよう、データ分析に入る前に説明し、関係者で合意しておくことが大切となります。

## AI 特有の契約形態

　従来の IT システムは構築が完了した時点でアウトプットが確定することから、一般的には業務の完成責任を負う「請負契約」が締結されます。一方で、AI やデータ分析で導き出される分析結果（予測値、推定値）は、新たに提供されるデータによって変化することから、精度は誰にも保証することができません。そのため、アウトプットとしての精度を担保した完成責任を負うことはできないため、「準委任型」の業務委託契約を締結することが適切です（**図表２−㊳**）。

　「検証」というプロセスには、過去データではありますが、期待される精度や効果が得られることを確認する意味があります。とはいえ、AI は時間経過とともに新たなデータを取り込むために、精度が大きく変化するものです。あらかじめ、最新データに基づく学習モデルの更新など、運用・活用における更新作業についても検討しておくことが望ましいです。

第**3**章

AIシステムの
検証と導入

# Introduction

—何か新しいものを初めて観察することではなく、古いもの、古くから知られていたもの、あるいは誰の目にもふれていたが見逃されていたものを、新しいもののように観察することが、真に独創的な頭脳の証拠である—

フリードリヒ・ニーチェ（哲学者）

---

　第 3 章では、第 2 章で解説した「調査・企画フェーズ」に続き、検討した課題解決と価値創出構想を実現化するための AI システムを実際に検証、導入するにあたり、必要となるフェーズとその留意すべきポイントをお伝えします。

　フェーズは大きく分けて、「検証フェーズ」「開発フェーズ」「運用フェーズ」の 3 段階になります。AI システムの導入においては、ともすると「検証疲れ」と揶揄されるような、検証（トライアル）だけを繰り返してしまう AI・データ利活用の壁が存在します。どのようにすれば、こうした壁を乗り越えることができるのか、そして AI システム導入後にも利用し続ける価値をどのようにして維持し高めていくかについて、事例を交えて解説します。

## 〈検証フェーズ〉

　調査・企画した段階では、「本当に課題を解決できるのか」「価値は創出されるのか」という点での確認が不足しています。時間と労力を最小限に抑えつつ、実際にシステム開発する前に必要な効果検証をするのが検証フェーズです。

　一部のデータを用いて本番の状況をできるだけ推測できるようにデータ分析を行います。また、「業務的に問題はないか」「システムアーキテクチャ的に問題はないか」など、多面的に検証を行い、システム化決定

の判断を行います。

## 〈開発フェーズ〉

　検証結果に基づき、実際にシステム開発を行うのが開発フェーズです。従来のITシステム開発と共通する部分も多いですが、AIシステム開発特有の点に注目して、開発部門がシステム導入後の運用も考慮することが重要です。

## 〈運用フェーズ〉

　開発したシステムを継続的に利用しAIの価値を出していくのが、運用フェーズです。運用も従来のITシステムと共通する部分も多いですが、AIの精度を継続的に維持していくためには、モニタリングやモデル再作成などの対応が必要になります。

　なお、本書においては、SaaSでよく見られる、特定の業務サービスに内包されるAIサービスや、ソリューションに組み込まれたAIシステムの運用、チューニングについては取り上げません。また、クラウドやオンプレといったシステムの「環境」に起因するシステム要件や開発、運用コストについても割愛します。時間の経過とともに増加するデータの管理や、これに伴う運用コストの変化（多くの場合、増加）については、通常のITシステムでも見受けられるため、それらの専門書に解説を譲ります。

　そのうえで、本書では、AIシステムを一からつくり上げるプロセスを軸に、AIシステムにおいて検討すべき事柄、事象について解説します。これは、AIシステムを一からつくり上げるプロセスが、こうしたAIサービス群のチューニングや運用にも通じるためであり、本書を読まれる多くの方々がITシステムには相応に通じていると想定しているためです。

　AI活用における基本をご理解いただき、自社の業務プロセスに合わせた個別のAIシステムの開発だけでなく、AIシステムを内包したSaaSやソリューションを導入していただければと思います。

## 3 − 1

# AI システム検証と導入の流れ

### 3-1-1

## AI システムとは

### はじめに

　本書では、一連の業務の流れを支援するシステムを業務システムとします。たとえば、人事システムや経理システム、在庫管理システムを指します。この在庫管理システムの中身を見ていくと、入荷してくる材料の検品システムや、在庫数量の計測システム、発注数量を決めるための需要予測システムなどが含まれていることがわかります。こうして細分化した機能のひとつである需要予測システムには、AI を用いた予測機能が含まれることになります（**図表３−①**）。

　本書では、こうした 1 つの AI を用いた機能が含まれたシステムを、「AI システム」とします。一方で、業務システムを考えると、「AI を含まないシステム」が多く含まれていることがわかります。たとえば、データを取り込んでデータベースに登録したり、データをグラフとして表示したりする機能などが、「AI を含まない IT システム」に相当します。業務システムとは、こうした「AI を含まない IT システム」と「複数の AI システム」が組み合わさって構成されていることが多いのです。

図表 3-①　**業務システムとAIシステムの例**

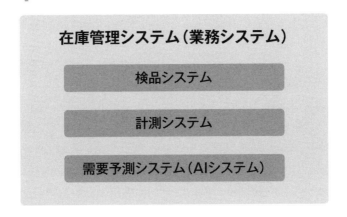

　本章では、個々の AI システムに着目し、AI システムだけに求められる事柄など、その検証・導入の流れを解説します。個別の AI システムに着目することで、なぜ検証が必要であるのか、効率的な AI システムの開発に求められる要素などを理解していただきます。もちろん、個々の AI システムだけに着目したために、業務システム全体もゴールを見失ってはなりません。こうしたバランス感覚も本章のテーマとなります。

　3-1-2

# AI システム導入の３フェーズ

## AI システム構築と従来の IT システム構築のフローの違い

　AI システム導入は、3つのフェーズからなります。第 2 章の「調査・企画フェーズ」において立てられた行動計画書の中に含まれる AI のユースケースに基づいて仮説検証を行う「検証フェーズ」、この検証結果を

基に「開発フェーズ」を行い、「運用フェーズ」へとつなげていきます(**図表3－②**)。

　AIシステムは、従来のITシステム構築の一般的な流れと比べると、大きく次の3点が異なります。

### 〈1. 調査・企画フェーズの後に、検証フェーズが続く〉

　調査・企画フェーズでは、ユースケースの検討を通じて、AIシステムを活用した業務システムの検討がなされます。これまでの類似事例からデータ利活用への課題が解消されていれば、検証フェーズを省くことも可能です。しかし、多くの場合、業務プロセスや活用できるデータが異なることから、検証フェーズにおいてさまざまな観点で検証した後に開発フェーズに移ることが一般的です。

### 〈2. 開発フェーズにおいて、要件定義のための分析やリリースのための分析を行う〉

　短期間で効率的にAIシステムの価値を検証するため、多くの場合、検証フェーズで取り扱うデータを必要最小限に絞って行います。

図表3-② | **AIシステム検証・導入の流れ**

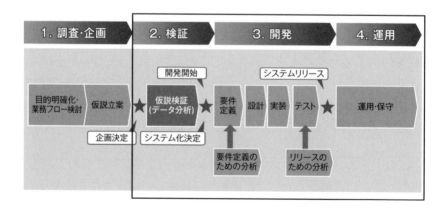

　そのため、業務システムに組み込むためには、AIシステムに入れるデータ量や学習モデルの更新方法、異常値処理方法など、あらためてAIシステムの詳細な要件定義を行う必要があります。

　また、AIシステムの要件定義段階においては、過去の分析と変わらず精度などに問題がないことを、最新データを用いて再確認します。各分析では、基本的に「分析タスク設計」「特徴量生成（データ加工）」「学習／予測」「予測精度の評価」というタスクを実施します。

## 〈3. 運用フェーズにて、AIシステム特有の運用（モニタリングやメンテナンス）を行う〉

　AIシステムは、運用中にデータは常に最新のものに変わっていきます。そのため、AIの分析精度が大幅に劣化していないか、異常な結果が出ていないかなどモニタリングを行います。問題がある場合は原因を分析して、モデル更新などの対策（メンテナンス）を実施します。

## 実現性判断

　ここで、AIシステムの特徴である、随所で行われる「実現性判断」について触れておきます。AI実現化に向けて、各フェーズにおいて次のフェーズに進めてよいかの判断を行う必要があります。この判断が曖昧だと、後戻りが発生したり、中断を余儀なくされる、スムーズなシステム化ができなくなるなど、大きな問題が発生します。

　AIシステム導入を行う前段である調査・企画フェーズでは、運用まで見越したうえで、ビジネス価値が出るかを「データ視点」「ビジネス視点」「組織・人材視点」から判断します（詳細は第2章参照）。AIシステム導入のステップに進んでいるということは、すでにこの3つの視点で実現性があると判断されていることが前提になります（**図表3－③**）。

　次の検証フェーズでは、実際にAIを使ってビジネスの価値が出るかどうかを「AI検証」「業務検証」「アーキテクチャ検証」「ビジネス価値

**実現性判断ポイント**

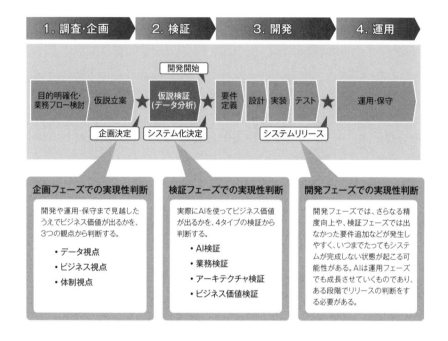

検証」の4つの観点から検証します。

　「AI検証」ではデータ分析を行い、AIシステムが十分な精度を出せ
そうかについて見当をつけます。続いて、実際の業務で利用できるかを
検証する「業務検証」、システム化できるかを検証する「アーキテクチャ
検証」、ビジネスで価値が出るかを検証する「ビジネス価値検証」を行
います。

　これらの各種検証を経てシステム化が決定すると、次の開発フェーズ
に進みますが、ここでも現場部門と擦り合わせながら検証を重ねつつプ
ロセスを進めていきます。

# AIシステム実現に向けたポイント

AIシステムを実現化させるためには、大きく3つの課題（**図表3－④**）があり、これらをどのように乗り越えるかがAI実現化における要となります。

以下に、各課題と解決策を併せて列挙します。

## 課題1　AIシステム検証を開始するデータとAI技術を用意できていない

データについては、調査・企画フェーズでもデータ視点による実現性判断をします。この段階でデータの量が十分かデータに品質は確保されているかを、可能な限りチェックすることが重要です。

これが不十分だと、検証フェーズになってからデータが不足していたり、必要なデータが存在していなかったりということが発覚し、検証

図表 3-④ **AIシステムを実現化させる3つの課題**

| 課題 | ❶AIシステム検証を開始するデータとAI技術を用意できていない | ❷分析できる人材が存在しない | ❸プロセスが一定せず計画したとおりに検証フェーズが推進しない |
|---|---|---|---|
| 解決策 | **データと技術**<br>データの収集・整備<br>さまざまな技術からの選択<br>最先端技術の開発 | **人材と体制**<br>データサイエンティスト人材<br>フェーズごとの体制構築 | **プロセスとノウハウ**<br>分析システム開発標準タスク<br>AI品質ガイドライン |

フェーズの活動が停止してしまいます。

　実際には、検証フェーズで学習・評価してみないと、十分なデータが揃っているかは確認できませんが、検証フェーズで中断する可能性を減らすためにも、調査・企画フェーズで十分チェックしておくことが肝要です。

　また、データが不足していたり、その品質が十分でないことがわかった場合には、データを収集・整備する対応が必要となります。業務において蓄積されるデータが根本的に不足している場合は、データ・マネジメントの観点でデータの蓄積方法から見直す対策が必要になります。軽微な場合は、組織内で使える他のデータベースのデータを持ってきたり、外部のオープンデータなどを使って補充することで対策を講じます。

　技術についても、調査・企画フェーズにおいてある程度目途をつけておくことが大事です。ユースケースごとに適用する機械学習などの技術はおおよそ決まっており、すでに事例があれば、それを実現できる技術は存在することが多いです。

　しかし、新しい価値を生み出すために AI 活用にチャレンジする場合には、それを実現する技術がまだ利用できる段階になっていないこともあります。その場合は、研究段階の技術適用や、最先端の技術を研究開発することが求められます。その目利きを得るために、早い段階で専門的な知識を持ったデータサイエンティストなどに相談することも役に立ちます。

## 課題2　分析できる人材が存在しない

　必要なデータと AI 技術を用意できても、AI システムを形づくることはできません。不十分なデータを補い、整備してデータを揃えたり、古典的な統計から最新 AI 技術まで理解し、そこから適切な技術を取捨選択して最適な AI モデルを作成できるデータサイエンティストなどの「人材」が不可欠です。

　また、各フェーズを進めるうえで、さまざまなタイプのデータサイエ

ンティストや業種知識を持ったエンジニアが必要となります。つまり、人材を組織化して進める「体制」も不可欠です。各フェーズにて必要なタイプの AI 人材を確保して、チーミングしていきます（**図表3-⑤**）。

## 課題3　プロセスが一定せず、計画したとおりに検証フェーズが推進しない

　「データと技術」と「人材と体制」が揃っていたとしても、無手勝流で検証作業を行ってしまうと、スケジュールどおりに作業できなかったり、実際の業務で使えないものができあがったりしてしまうことがよくあります。
　有用な AI システムを開発するためには、適切なプロセスやノウハウ

**図表 3-⑤　各フェーズで必要な人材タイプ**

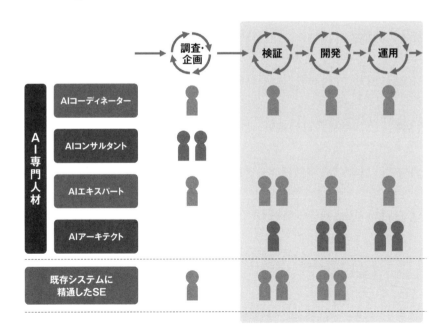

が伴わなければなりません。そこで、検証、開発、運用の基準となるプロセスを策定し、それに則ってシステマティックに進めていくことが必要です。

## NEC の事例

　以上をまとめると、「データと技術」「人材と体制」「プロセスとノウハウ」の3つの要素が必要であり、これらを手にするための効果的な取り組みが求められます。データは業務を行うユーザ側で基本的に揃えておく必要がありますが、その他は外部から調達することもできる。
　具体的な例として、NEC の事例を紹介しましょう。NEC では、以下のとおり、3つの要素を取り揃えて AI システム開発を行っています。

### 〈データと技術〉
　データに関しては、お客様に用意していただいたデータを増やす対処（後述）の他、外部のオープンデータも活用することで、分析に必要となるデータを確保します。
　技術に関しては、NEC の中央研究所が生み出した、多数の最先端 AI 技術群「NEC the WISE」を保有しています。これにより NEC ならではのホワイトボックス AI の「異種混合学習技術」などだけでなく、複数の AI 技術を提供しています。
　加えて、勾配ブースティングやランダムフォレストといったオープンソースのアルゴリズムとのアンサンブル学習（複数の機械学習を組み合わせた分析手法）など、複数アルゴリズムを試行し最適なものを選択し、システムに実装します。

### 〈人材と体制〉
　経験豊富な多数のデータサイエンティストがさまざまな案件に対応し、これまでに数値分析、テキスト分析、画像分析など多数のプロジェクトを経験してきました。

　また、「4種類の人材タイプ」を定義したうえで育成し、フェーズごとに適材適所で配置された人材が連携しながらプロジェクトを進めています。2021年9月に開始した「データサイエンティスト検定™リテラシーレベル（以下 DS検定™）（一般社団法人データサイエンティスト協会主催)」の、受験対策用テキストの共同開発にも参画し、データサイエンティストの育成の加速に貢献することも目指しています。

## 〈プロセスとノウハウ〉

　多数の案件対応経験から作成した各種ガイドラインを案件に適用し、高品質なデータ分析、システム構築を実現します。

　「分析標準プロセス」は、データ分析に関して、実施する作業内容と手順、成果物、実施メンバーの役割分担を定めたものです。分析担当者向けの作業内容・手順だけでなく、顧客とのコミュニケーションアプローチに始まり、検証および本格導入に向けた分析の企画・計画・提案・価値検証・価値実現への橋渡し、さらに導入・活用までを含む案件全般をサポートします。

　「分析システム開発標準タスク」は、ソフトウェアライフサイクルプロセス「共通フレーム2013（SCLP-JCF2013)」に準拠して、学習モデルを利用したシステム開発で、影響のあるタスクをフェーズごとに整理し、プロセスを策定したものです。

　「AI品質ガイドライン」は、QA4AI（コラム3-①参照）や産総研のガイドラインも参考にしながら、NECがこれまで手がけたAI案件で適用してきたルールをまとめ、社内で実プロジェクトでの実証を基に策定したものです。従来型のソフトウェア品質保証だけでは対応できないAIシステムの品質確保において、特に注意が必要な観点と、満たすべき基準を示しています。2019年4月に初版を策定して以来、定期更新を続けており、最新改訂版ではAIセキュリティやAIと人権に関する確認項目との連携を充実させるなど、高度化を図っています。

## 3 − 2

# AI システムの検証

## 3-2-1

## AI システム検証フェーズの流れ

### 検証フェーズの特徴

　検証フェーズ（**図表３−⑥**）では、人工知能の有効性の確認やアルゴリズム選定などに必要な検証を行います。データを AI に読み込ませて、想定する価値の実現可能性を確認します。「仮説検証」や「PoC（Proof of Concept）」と呼ぶこともあります。

　検証フェーズの目的は「仮説検証ができたかどうか」「システム化するだけの価値がありそうか」について、検討結果を得ることです。成果物として「検証計画書」と「検証結果報告書」を作成します。副次的にシステム化する際の設計案や要件リストなどが追加されることもあります。

　期間は、標準的なプロジェクトの場合で２〜３カ月ですが、大規模なプロジェクトの場合は約６カ月、あるいはそれ以上を要することもあります。なお、机上で精度を確認する「机上検証」と、一部のユーザに結果を提示して運用し課題の整理や効果について確認する「フィールド検証」の２つの検証を行うこともあり、その場合はフェーズの期間が長く

図表3-⑥ **AIシステム検証の流れ**

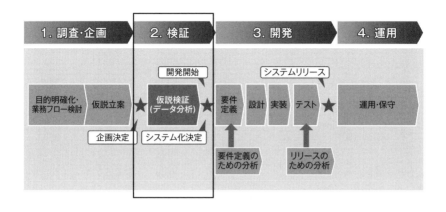

なります。

　検証フェーズでは、**図表3－⑦**のような順番で作業を行います。

### 〈①分析内容の定義〉

　AI システムの目的に鑑みて、この AI システムが解くべき内容とそのゴールを設定します。後述する仮説検証対象の選定と、その際の目標値を定めます。

### 〈②データの収集〉

　分析で活用するデータを収集します。仮説検証に合わせて必要なデータの範囲や期間が変わります。事業者が自ら保有するデータの他、天候や地図データ、為替やカレンダーデータといったオープンデータも必要に応じて収集します。

### 〈③データの観察〉

　得られたデータの大まかなデータの傾向を把握します。このステップ

**検証フェーズの流れ**

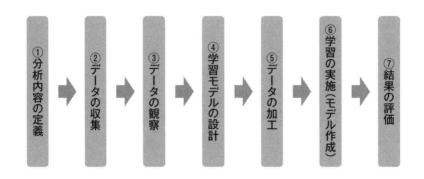

において、データの特徴に合わせた加工方法の選定と、必要に応じて追加のデータ収集を検討します。

### 〈④学習モデルの設計〉

　目的に即したアルゴリズムを選定して、どのように学習するのかを検討します。アルゴリズム選定においては、その時点で最善の精度を出すことを考慮するだけでなく、業務システムにおいて求められる要件（分析に当てられる時間や分析に活用できるシステムの仕様など）の考慮も必要です。

### 〈⑤特徴量抽出・生成（データの加工）〉

　AIの学習前に、データを加工し特徴量を作成する作業です。すべてのデータが漏れなく集められることは稀で、データが収集されていない期間の補正（欠損値の補正）や、センサー誤作動や異常気象などに基づく異質な値（異常値補正）に加え、AIに覚え込ませたい部分のデータをマーキング（アノテーション）するだけでなく、そのデータの特徴を

---

*18　機械学習アルゴリズムの挙動を設定するパラメータを指す。
*19　学習データの特殊な特徴をつかんで学習モデルを構築してしまい、運用中に大幅に精度が落ちてしまう現象。

わかりやすくするための加工などを行います。

　入力前にこれらの処理などを適切に行うことで、AIの代表的な構成要素である機械学習において、精度などが向上することが知られています。

### 〈⑥学習の実施（学習モデル作成）〉

　特徴量を用いて学習モデルを構築する作業です。作成した学習モデルに予測したいデータを入力することで、予測結果を得ることができます。各種機械学習には、モデルの挙動を設定する「ハイパーパラメータ[18]」と呼ばれる複数のパラメータが存在し、それらを特徴量に合わせて適切な値にチューニングすることで、モデルの精度を向上させることができます。

### 〈⑦結果の評価〉

　AIが出力した結果を評価します。精度の良し悪しを評価することが基本となりますが、モデルの適切性など他の評価を併せて行うことも多いです。また、機械学習においては過学習[19]が発生しづらいように注意することが重要となります。そのため、検証段階から過学習度合いを調べ、事前に問題点の洗い出しを行います。

　検証フェーズでは、システム化を決定する判断材料となる仮説検証を行いますが、実現性判断ポイント（検証ポイント）は以下の4つに大別されます。なお、**図表3－⑧**は、小売店での商品需要予測における仮説検証例です。

### （AI検証）

　AIのモデルを検証。精度やKPIの達成率を確認します。
《需要予測の精度と、在庫削減数や売上向上を机上で判断する》
　精度評価にはR2（決定係数）、MAE[20]（平均絶対誤差）、RMSE[21]（平均平方二乗誤差）、リフト曲線（Lift curve）など、複数の評価方法が存在します。また、KPIも複数の値を設定できます。

*20　Mean Absolute Errorの略。
*21　Root Mean Squared Errorの略。

## 図表 3-⑧ 小売店での商品需要予測における仮説検証例

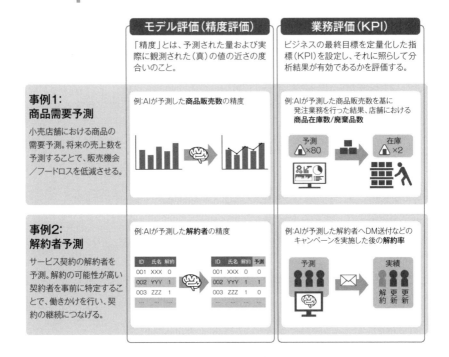

| | モデル評価（精度評価） | 業務評価（KPI） |
|---|---|---|
| | 「精度」とは、予測された量および実際に観測された（真）の値の近さの度合いのこと。 | ビジネスの最終目標を定量化した指標（KPI）を設定し、それに照らして分析結果が有効であるかを評価する。 |
| **事例1：商品需要予測**<br>小売店舗における商品の需要予測。将来の売上数を予測することで、販売機会／フードロスを低減させる。 | 例：AIが予測した**商品販売数**の精度 | 例：AIが予測した商品販売数を基に発注業務を行った結果、店舗における**商品在庫数／廃棄品数**<br>予測 △×80　在庫 △×2 |
| **事例2：解約者予測**<br>サービス契約の解約者を予測。解約の可能性が高い契約者を事前に特定することで、働きかけを行い、契約の継続につなげる。 | 例：AIが予測した**解約者**の精度 | 例：AIが予測した解約者へDM送付などのキャンペーンを実施した後の**解約率** |

### （業務検証）

　AIが出した結果を実際の業務現場で利用してもらえるかを検証します。

《店長が利用できるか、業務プロセスに組み込めるかなどを判断する》

　AIが出す結果を業務プロセスに組み込んで活用できるか、またAIが出す結果に納得感があるのかといった観点が、現場では求められることが多いです。どんなに精度が高くても、AIが示す結果の根拠に納得できない場合は業務に適用できないといったケースもあります。

## （アーキテクチャ検証）

　要求される機能要件に加えて、非機能要件に対しても、AI システムの性能が実現できるかどうかを検証します。

《学習時間や応答速度などの検証。小売店では 1 日 3 回発注するが、1日で 3 回予測可能か判断する》

　AI の実行速度やシステムに与える負荷が許容範囲なのか、また使用するアルゴリズムは現場の環境に適用できるのかといった観点で、AI 検証と並行して記録しておくことも可能です。

## （ビジネス価値検証）

　経営者目線で、ビジネス価値（ROI・投資判断）を検証します。

《需要予測システムの構築・運用の投資と、KPI・効果の価値を見積り、判断する》

　予測が正解すると、どれくらいのコストが削減されるのか、などの観点と AI モデルの精度から、複数年にわたってどの程度の利益が実現できるかといった数値を算出できます。AI モデルの構築・運用費用と合わせて、利益になる見込みがあるのかを判断をします。

　これらの検討事項は、すべてを検証しないと導入できないわけではありません。適宜、必要な検証を行えばよいのです。もちろん、1 回の検証において複数の検証を行うことも可能です。

3-2-2

# AI システム検証フェーズの課題と実行時のポイント

## ①分析内容の定義

　検証における分析内容を説明するにあたり、定義例を**図表３−⑨**に示

します。

　検証を開始する段階では、すでに目的やデータの種類はある程度決まっていることが多くありますが、あらためてここで対象とする目的の見直しやデータの種類を追加で決めます。検証フェーズは「AIがプロジェクトの目的を達成する可能性を確認するため」に行うものであり、主要なデータに限定して実施したほうが効率的です。実際の業務は複雑であり、大量のデータが行き交っています。必要十分な範囲に絞ることで、検証フェーズの期間と費用を削減できるなどの利点があります。

　分析対象を決めたら、データをAIが学習できるかたちに変換して「問題の定義」を行います。たとえば、「売上を予測する」が目的であれば、「"翌日"の売上を"商品単位"に"1時間単位"で予測する」という方針にすることで、機械学習で処理するための特徴量の抽出が可能になります。

　時系列の数値データの場合、問題定義の例は以下のようになります。


・予測先時間：翌日
・予測する対象の集計粒度：商品単位


図表 3-⑨ ┃ **分析内容定義（例）**

| 検証の目的 |
|---|
| AI技術を用いて需要予測・発注シミュレーション検証を行い、次のことが実現できることを確認する。また、実現のために必要なデータを検討する。<br>• さまざまな条件で変動する商品の需要量を**高精度で予測する**<br>• 高精度な予測結果を基に、**最適な発注量を自動決定できる** |

| 分析対象店舗 | **3店舗** ※欠品が少なく、売上数が多い、標準的な店舗を選定 |
|---|---|

| 分析対象商品 | **20商品** ※売上構成比が大きい、定番商品を選定 |
|---|---|

| データ期間 | **過去3年間** |
|---|---|

| 予測先 | **1日後～14日後** | 時間分解能 | **1時間** |
|---|---|---|---|

・予測する対象の時間集計粒度：1 時間単位

　このように予測先の時間や粒度を決めることは、目的変数（分析の結果として予測される値）の具体化に相当します。

　次に、説明変数（予測に用いる要因、特徴量）の具体化を行います。

　説明変数の具体化は、後続のプロセス「データ観察」の後に行うものですが、この段階で「運用中に説明変数として使えるデータを確認しておく」ことがポイントです。なぜなら、検証で実施した分析に基づいてAI システムを開発する際に、「運用で使えないデータを使って検証を実施したことでシステム化できない」という問題が発生するのを防ぐためです。

　運用で使えない説明変数の一例として、Leakage（リーケージ）があります。Leakage とは、予測の時点では利用できない情報を含めて学習モデルを作成することです。たとえば、「未来を予測する際に、未来でしか入手できない情報が学習モデル作成に利用されている場合」などがあります。これから始まるサッカーの試合を例にすると、「A チームのパス数」や「対戦相手のパス数」は、試合の勝敗（目的変数）が決まるまで入手できない未来のデータですから、学習モデル作成には不適当なのです。Leakage が起きると、検証時のデータでは高精度だったとしても、実運用では精度が大幅に低くなる事態が生じ得ます。

## ②データの収集

　分析内容の定義を決めたら、分析で活用するデータを収集します。目的変数に影響しそうなデータが候補になります。分析をする事業者が保有するデータや、パブリックに提供されているオープンデータ（e-Stat：各府省の統計データを提供している政府統計ポータルサイト、など）を対象に収集します。

　一般的に学習するデータが増えれば増えるほど、精度は良くなります。しかし、学習データ量が一定以上になると精度向上の伸びしろはな

くなってきます。一方で、学習データ量が多すぎると学習にかかる計算量が膨大になり、高水準なハードウェアリソースも必要になります。アルゴリズムによっては学習時間が1日以上かかることもあり、実行時間、費用、SDGs（エネルギーリソース削減）などの観点から、業務要件に合わせた適切なデータ量を使用したほうがよいでしょう。

　学習データ量が多すぎるときに精度が悪化する例としては、購買や人の動向などの時系列データがあります。データの背後にある社会現象やブームなどは、時々刻々と変化するためです。そのため、あまり過去に遡ってデータを収集すると、現在とは違う傾向を学習してしまい、結果として、「現在の推定精度が悪化する」という現象が生じることがあります。

　適切なデータ量の例を**図表３−⑩**で示します。4年分のデータがありますが、誤差率は2年分のところで収束傾向にあり、逆に長すぎると精度が悪くなっていることがわかります。また、年数が増えるにつれて学習時間は増えていきます。

　以上のことから、このケースにおいては、コストパフォーマンス的にも2年分のデータで十分と言えます。

**図表 3-⑩ 学習データ量と誤差率・学習時間の関係**

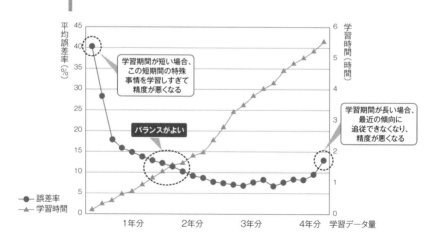

## ③データの観察

　集めたまま無加工のデータ（生データ）を、そのままなんの考慮もせず学習に用いるのは適切ではありません。学習させる前に、生のデータを観察して挙動を推定しておくと、データ加工を効率よくできたり、結果を評価する際に問題の原因推定がしやすくなったりします。
　データを観察する際の観点はさまざまで、次のようなチェックポイントがあります。

### 〈数値データ〉
1．分数・平均の計算分布がきれいかどうか
2．異常値（外れ値や存在し得ない値）がないか
3．欠損の割合が多すぎないか
4．説明変数間で高い相関がないか

### 〈ラベルデータ〉
1．名義尺度[*22] の場合、中分類化の必要があるか
2．名義尺度以外の場合、数値扱いにして入れるほうがよいかどうか
3．異常値（存在し得ないラベル）がないか
4．極端に件数の少ないラベルがあるか
5．欠損の割合が多すぎないか

### 〈画像データ〉
1．色合い、大きさなどが均一か
2．画像の中で注目したい場所や大きさは一定か
3．光の当たり具合、影などの影響はどうか
4．分析対象のバリエーションは十分か

---

*22　名前や電話番号など一般的なラベルデータのこと。数値としての意味を持たない。

## 〈テキストデータ〉

1. 構造的なテキストデータについては、表記のゆれが多いかどうか
2. 自由記述文など非構造的なテキストデータについては、文章の長さが均一かどうか

## 〈音声データ〉

1. ノイズの発生状況はどうか、発話者の音量は十分にあるか
2. 複数人の声が重なっていないか、専門用語などが含まれているか、発話をクリアに聞き取れるか
3. ファイル形式による音質の圧縮程度はどうか

　また、データの中身だけではなく、データの種類や量など以下のような観点についても検証しておく必要があります。

・データ種類、量……必要なデータが揃っているか
・データコスト……利用コスト、利用頻度などは現実的なものか
・運用データとの違い……開発や運用でも問題なく入手できるか

　検証フェーズでは、生データが重要ですので、生データを必ず見るようにしてください。単なるデータとして捉えるのではなく、ユーザ部門と一緒にデータ属性の意味を理解したうえで、データを観察することで、生データの特徴を捉えることができます。

## ④学習モデルの設計

　データを観察して良好なデータが揃っていることを確認したら、続いてどのアルゴリズムを選び、どのようにデータを入れるかを検討します。
　機械学習の種類を大きく分けると、教師あり学習（答えにあたる教師ラベルが与えられる学習方法）と教師なし学習（答えにあたる教師ラベルが与えられない学習方法）、強化学習（答えを与える代わりに、報酬

を基に最適行動を導き出す学習方法）などに分かれますが、ここではわかりやすい事例として、「教師あり学習」と「教師なし学習」を取り上げます（**図表3−⑪**）。「教師あり学習」はさらに、回帰（数値予測）と分類（判別予測）に分かれ、それぞれに複数のアルゴリズムがあります。

　アルゴリズムの検討では、業務プロセスに最適なアルゴリズムを選ぶことが重要です。たとえば、AIシステムが出した結果の根拠を人が理解することが求められるケースにおいては、解釈性の高いアルゴリズムである回帰分析や決定木[*23]（**図表3−⑫**）などを選びます。

　別の観点としては、データ数とアルゴリズムの相性があります。たとえば、深層学習の場合は求められるデータボリュームが比較的多くなることが知られています。説明変数（特徴量）の種類が少なく、データ量

**図表3-⑪ 機械学習の種類**

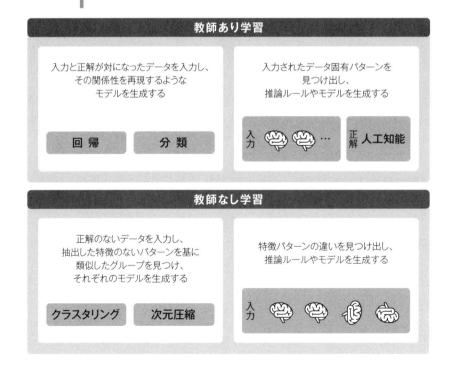

---

*23　目的変数の値を分ける条件を、説明変数(特徴量)のなかから見つけるアルゴリズム。

図表 3-⑫ 決定木（例）

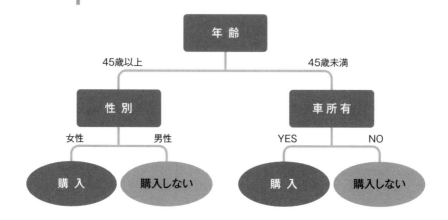

が十分に確保できないときには、深層学習ではなく、シンプルなアルゴ
リズムである回帰分析や決定木などを選ぶことも重要です。
　なお、どのような場合にどのアルゴリズムを使うべきかという判断基
準について、著名な Python のオープンソース機械学習ライブラリであ
る「scikit-learn」のウェブサイト[24] が参考になります。

## ⑤特徴量抽出・生成（データの加工）

　機械学習でデータを投入する前に、データの加工をします。データ加
工（特徴量の抽出）はとても手間のかかる作業であり、検証に要する時
間の多くを占めています。ここでのデータ加工の目的は、以下の3点で
す。

・フォーマットを合わせる
・精度を上げる
・予測結果が不安定になるのを防ぐ

*24　https://scikit-learn.org

　なお、この工程は学習よりも前に行うことから「前処理」とも呼ばれます。

### 〈目的変数の加工〉

　まずは目的変数を、本項冒頭の「分析内容定義」で説明したような集計粒度で集計します。本書では、よく行われる「グループ化」と「ラベル化」について説明します。

　グループ化とは、複数の目的変数を統合する処理のことです。商品需要予測の例では、商品点数が非常に多すぎるときに、商品タイプなどでグループ化して、合算した売上を目的変数にします。

　ラベル化とは、数値データを「1」「0」などのラベルデータに変換する処理です。目的変数が数値の場合、回帰として学習することが一般的ですが、システムの目的によってはラベルに変換して推定させたほうが良好な結果を得られることがあります。たとえば、電力消費量予測の場合、2,000kWh以上は「1」、それ未満は「0」のラベルに変換します。

### 〈説明変数の加工 ( 特徴量の抽出 )〉

　続いて、説明変数を加工します。特徴量の抽出ともいいます。データの量や種類、アルゴリズムによっては、説明変数を加工しないまま学習させると、精度が低くなりがちです。そこで、多くのケースでは適切な説明変数を人の手で作成します。なお、学習処理の過程で自動的に加工が行われるアルゴリズムも存在します（深層学習、AutoMLなど）。

　よく行われる加工方法を、以下に紹介します。

・自己回帰変数の作成……目的変数が時系列データの場合に、目的変数の過去の値を説明変数として追加します。
・平準化……説明変数が時系列の場合に、ノイズをあらかじめ除去します。
・ラベルデータのグループ化……説明変数がラベルデータであるとき、値の種類数が多すぎる場合にグループ化します。

・複数の説明変数の合成・次元圧縮……説明変数を合成して作成することがあります（例：体重と身長からBMIを作成）。また、説明変数の数が多すぎる場合に、説明変数を統合して説明変数の数（次元数）を減らすことがあります。

### 〈欠損値処理〉

説明変数に欠損値がある場合、そのままでは学習できないアルゴリズムも多くあり、その場合は欠損を補填しておく必要があります。

欠損補填の手段としては、「単純に平均値や中央値で埋める」「当該変数と相関の高い変数との単回帰モデルを作成して予測値で埋める」など、いくつかあります。

### 〈異常値処理〉

目的変数や説明変数に異常値が多くある場合、うまく学習されないことがよくあります。そこで、学習の前に異常値を削除、編集しておくようにします。

主な異常値には、「非常に大きい、または小さい数値」「あり得ないラベル」があります。対処方法としては、「異常があったデータを削除する」「異常値を別の正常な値に置換する」といったものがあります。

### 〈多重共線性の処理〉

説明変数のなかに相関の高い組み合わせが存在することを「多重共線性」といいます。この状態で学習してしまうと、学習するたびに異なる説明変数（特徴量）が選択されてしまうなど、学習モデルを安定して構築できなくなる可能性があるため、学習の前に処理をしておく必要があります。

処理の方法としては「相関が高い組み合わせのうち、どちらか一方を除外する」「主成分回帰（PCR）で合成変数にする」など、いくつかあります。

## 〈学習データのデータ数に関する加工〉

　学習データの傾向が不均衡（総数に対して対象となるケースが極端に少ない）のように普通ではないとき、違和感を覚える結果が出力される場合があります。たとえば、不正検知において、不正そのものが全体の0.1％と極端に少ないデータを学習すると、AIはすべての予測を正常としたほうが高精度を実現できる、と学習してしまうことがあります。

　このようなケースでは、リサンプリング処理を行います。リサンプリングには、学習データの一部だけを使って学習する「アンダーサンプリング」と、学習データの一部を複製して件数を増やして学習する「オーバーサンプリング」があります。

## （学習データが画像データの場合の加工）

　ここまでは、数値データとラベルデータについて説明しました。ここでは、学習データが画像データの場合の加工について説明します。

　画像データの場合の主な異常データのタイプには、次のようなものがあります。

・サイズが異常に小さい、または大きい
・解像度が異常に低い
・意味をなさない画像（例：写真データなのに全面黒一色）

　画像データの異常値は、数値やラベルのように置換することが難しいため、削除することが一般的です。

　画像データの場合のデータ増幅では、データオーグメンテーションがよく使われます。これは1つの画像からさまざまな別の画像を生成する方法で、次の処理を行います。

・反転・回転
・色の変更

・拡大・縮小
・別の画像との合成
・部分画像抽出

　深層学習の場合、データ数が豊富であれば精度がよくなるため、データオーグメンテーションで画像データ数を増やすことは王道だとされています（**図表３−⑬**）。


**（学習データがテキストデータの場合の加工）**
　自然言語データの主な異常データのタイプには、次のようなものがあ

図表 3-⑬ **データオーグメンテーションの例**

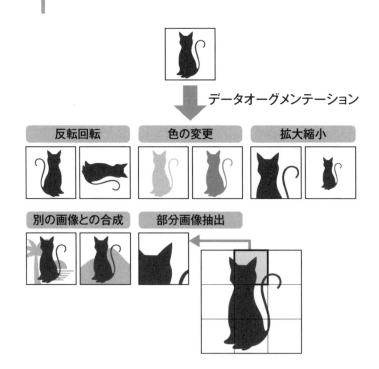

ります。

・文字数が非常に少ない
・誤字や脱字がある

　これらは機械的な判定が難しいため、異常データを完全に削除・修正できないと考えたうえで、方法の設計や評価を行うようにします。異常値が含まれていたとしても、出現頻度が低く、学習データ量が多ければ、学習はうまくいくと考えて構いません。つまり、データ量が重要になることが多いのです。

　自然言語処理の学習方法のひとつに、「リカレントニューラルネットワーク（RNN）」があります。これは深層学習アルゴリズムの一種で、文章内の単語の登場順序などを学習する際に用いられます。この他、よく利用されるアルゴリズムには、次のようなものがあります。

・TF-IDF（Term Frequency - Inverse Document Frequency）
文書群の中には多く含まれない（IDF 値）が特定の文章に多く含まれる（TF 値）単語を、その文章の特徴語として評価する方法

・LDA（Latent Dirichlet Allocation）
文章を構成しているトピックの確からしさを自動で作る方法。文章をグルーピングしたいときによく使う

・Word2vec
単語の関係性について、ニューラルネットワークを用いながら推定し、単語それぞれに「ベクトル」を与えるアルゴリズム

**（学習データが音声データの場合の加工）**
　音声データの主な異常データには、次のようなものがあります。

・録音されているノイズが大きく、発話を適切に聞き取れない
・複数人の声が同時に発話されるなど、適切に聞き取れない
・ファイル形式による圧縮により、音質が悪い

　自然言語データ同様に、これらは機械的な判定が難しいことが多いです。そのため、データの一部分だけが異常値となっている場合にはそのまま分析にかけることもあります。一方で、音声データ全体で録音されているノイズなどは、ノイズフィルターなどを用いることで、かなりの精度向上が期待できます。

　ここまで説明したように、データの加工はデータの種類や AI の目的によって多岐にわたるものです。そのため、実務に即した加工方法について詳しく調べながら、実際に手を動かして身につけるのがよいでしょう。

## ⑥学習の実施（学習モデル作成）

　学習モデル設計で決めたアルゴリズムの学習モデルを、特徴量を用いて作成していきます。学習モデルを作成するためにはまず、データを学習データ、検証データ、評価データに分ける必要があります。

・学習データ……このデータで学習して、学習モデルを作成します。
・検証データ……このデータの予測精度が上がるように学習モデルを
　チューニングします。
・評価データ……モデルの精度を測定します。

　振り分け比率に決まりはないですが、細分化することで学習データが少なくなり、十分に特徴を学習できなくなることを危惧して、学習データを多めに振り分けたりします。逆に十分にデータがある場合で評価を手厚くしたいというケースでは、学習データよりも評価データを多めに

するのもよいでしょう。

　データを振り分けることによって、特徴が偏ってしまう可能性があります。たとえば、幸福度アンケートのデータがあるとします。アンケートの回答結果を学習したモデルで、ある人が幸福なのかどうかを予測するときに、評価データの年齢が20代ばかりに偏っていると、全年代を対象にした学習モデルの精度測定はできません。学習データ、検証データ、評価データの偏りを完全に均一に振り分けることができれば問題はないのですが、層別サンプリングを行っても、少なからずいずれかの説明変数に偏りは発生してしまいます。その対策としては、k-分割交差検証があります（後述）。

　通常、検証の後半では学習モデルの精度を上げるためにチューニングを行っていきますが、ここで注意すべきポイントについて説明します。評価データの予測精度を直接上げようとするのではなく、検証データの予測精度が上がるように、学習モデルをチューニングすることが重要です。検証データの予測精度が上がるにつれて、自然と評価データの予測精度も上がることが理想です。評価データの予測精度を上げようとチューニングを行うと、過学習の原因にもなり、実際の実力よりも高い評価結果となってしまいます。

　そのようにして作成された学習モデルで運用フェーズに入れば、検証フェーズのときよりも精度が大分低いという状況になりかねません。

　学習モデルの精度を上げる手段のひとつとして、各種機械学習に用意されているハイパーパラメータのチューニングがあります。このパラメータを適切な値にして学習することで、より良いモデルへと近づきます。チューニング方法は色々ありますが、「検証データの予測精度が上がるようにチューニングを行う」という点は共通ですので、この点をしっかり意識して学習を実施していきましょう。

## ⑦結果の評価

　学習データで学習モデルを作成したら、次は評価データで結果を評価

します。検証の場合には、目的に合った適切な処理をつくるために、学習を実行する前に、「どの評価指標を優先するのか」を決めておいたほうがよいでしょう。

　よく用いられる評価指標には、次のようなものがあります。

### 〈精度〉

　ほとんどのケースで最重要とされる指標です。学習データ、評価データへのデータ振り分けが偏る可能性を考慮し、k-分割交差検証を実施することもあります。元データをいくつかに分割し、それぞれで学習／評価を行い、結果を平均にすることでデータの偏りをなるべく考慮した評価をすることができます。**図表３−⑭**は３分割の例になります。

図表 3-⑭ ▏ **データの３分割（例）**

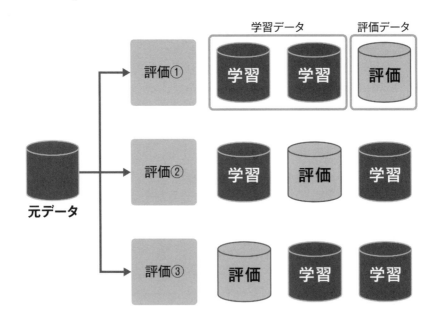

## 〈解釈性〉

　「分析された結果やその根拠が人にとって解釈しやすいか」という観点です。学習モデルそのものや、評価結果そのものに対して、解釈性を検証します。具体的な例を**図表3−⑮**で示します。

## 〈過学習度合い〉

　過学習とは、機械が学習データに合わせすぎることです。発生要因としては以下があります。

・学習データが少ない（件数）
・説明変数の数が多すぎる

図表 3-⑮ ┃ **解釈性**

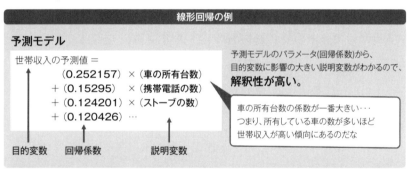

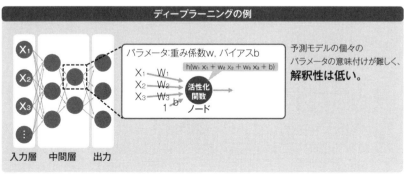

・機械学習のアルゴリズムが複雑すぎる

　過学習は機械学習において高頻度で起こることから、過学習していないかチェックします。「過学習が生じているかどうか」を判断するには、学習データの精度と評価データの精度の差を確認したり、学習結果のモデルを解釈して異常かどうかを確認したりします。

### 〈実行時間〉

　機械学習は処理に時間がかかることがあり、システム化において問題になる可能性があります。そこで検証段階でも実行時間を記録しておいて、システム化の際に問題になりそうかどうかを確認します。

　では、どの指標を優先的に見ればよいのでしょうか。解釈性が高い方法を選ぶと精度が下がるようなこともあり、評価指標の選択に悩むことがあるかもしれません。精度を取るか解釈性を取るかの判断では、AIを適用する業務内容や、最終的な KPI や ROI などを考慮して決めるとよいでしょう。

## 作業ミスを回避するための Tips

　最後に、検証フェーズにおける作業ミスの典型例と、回避するための観点を紹介します。
　人の手が加わる作業では、間違いを完全に排除することはできません。特に AI の分析においては、間違っているかどうかが非常にわかりにくいものです。できるだけ作業ミスを回避するための参考にしてください。

### 〈ミスに気づきやすくする方法・心がけ〉

・実行結果をレビューします。AI（機械学習）にデータを投入する前から、結果を想定しておき、その想定結果と実行結果が大幅に異なるかを確認します。

・データが大きすぎて目視確認がをしづらい場合も、少量のデータだけ
　で処理を行った結果を出力して、その範囲だけは目視確認するように
　します。
・複数人が別々の手順でデータ加工を行い、同じ結果になるかを確認し
　ます。

## 〈ミスがあってもプロジェクトへの影響が少なくなる方法・心がけ〉
・複数のデータ加工処理は一気に行わないようにして、中間的な結果を
　出力します。
・大量のモデルを作成する必要がある場合は、まず1モデルをつくり、
　ミスがないことを確認してから他のモデルをつくります。

## 3 – 3

# AI システムの開発

### 3-3-1

## AI システム開発フェーズの流れ

### AI システム開発の特徴

　本項では、従来のシステム開発（IT システム開発）とは異なる AI システムの特徴を中心に説明します（**図表３−⑯**）。

　では、AI システムの開発はなにが異なるのか。「データ変動に伴うモデルの精度劣化」と、「学習モデルを作成するアルゴリズムを変更することを前提に設計開発を行う」という２点が、IT システム開発と大きく異なります。そのため、設計や学習モデルの扱い（学習モデルの価値評価や劣化の抑制方法）を考慮したタスクが重要となります。

　学習モデルの扱いに関しては、ポイントが４つあります。

①学習モデルの業務価値検証：業務システムにおける活用を想定、あるいはそれ準じた環境での業務価値検証
②学習モデルの劣化予兆検知：モニタリング機能の設計・開発（データや学習モデル、業務価値の観察）
③学習モデル再学習：学習モデルや特徴量の変更を低負荷で実現する設

図表 3-⑯ ┃ **AIシステム開発の流れ**

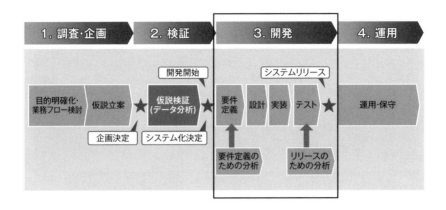

計・開発

④学習モデルの評価と更新：評価および学習モデルの精度、安全性、説
　明性などの評価と更新の設計・開発

## AIシステム開発の流れ

　AIシステム開発の大部分については、実はITシステム開発とほと
んど変わりません。たとえば、ウォーターフォール型開発の場合は「要
件定義」「設計」「実装」「テスト」とITシステム開発の場合と同様です。
ただし、要件定義やリリース前にデータ分析を行う可能性がある点に、
留意が必要です。

　開発フェーズのプロセス（ウォーターフォール型の場合）は、**図表
3－⑰**で示したとおりです。理想的には検証フェーズで業務適用にお
ける効果を検証した後に開発に進むべきですが、現実には利用できる
データの制限など、さまざまな理由から、検証フェーズでは業務適用検
証をやりきれないことが少なからずあります。そのような場合は要件定
義フェーズの範囲かその手前に業務価値検証を再実施することもありま

## 開発フェーズのプロセス（ウォーターフォール型の例）

- 要件定義工程を長めに確保し、人工知能にデータを入れた分析を行う
- テスト工程の期間を長めに確保し、テスト工程にリリースのための分析を行う

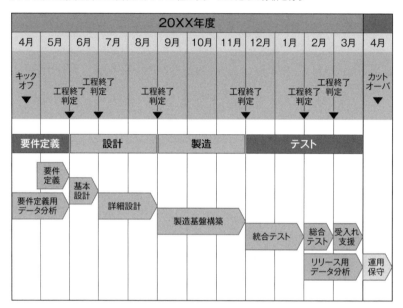

す。また、リリース前に最新のデータを用いて要件どおりに AI システムとして動作できるのかを確認します。

　AI システムの流れに関する説明の最後に、あらためて AI システムの標準的なユースケースを示します。教師あり学習を活用した AI システムは、予測・推定、モニタリング、学習・再学習、モデル評価、モデル更新などの機能が含まれています。

### 〈予測・推定〉

　日常的な業務フローで実行されるモデルの機能。売上予測、需要予測、感染予測など予測機能による業務フローの効率化・高度化を実現します。

### 〈モニタリング〉

　業務価値の変化、学習モデルの精度変化、データ傾向の変化を観測するための機能。最も重要なのは業務価値の劣化抑制ですが、多くの場合において業務価値はモデルの劣化と密接に関連しているため、学習モデルの予測機能劣化を観測することも基本かつ重要な作業となります。また、業務価値の劣化および学習モデルの精度劣化を回復するための再学習の判断は、業務観点によるさまざまな判断方針が求められます。

### 〈学習・再学習〉

　モニタリングにより学習モデルの予測精度が劣化した場合など、学習モデルを新しくする場合の機能。再学習には大きく分けて2通りあります。最新のデータ（説明変数／特徴量）で再学習を行うケースと、対象となるデータそのものを変更して学習するケースがあります。後者の場合はデータフローも変更するため影響が大きいと言えます。

### 〈学習モデル評価〉

　学習モデルの精度や解釈性、説明性、安全性（公平性）などについて評価やテストを実施する機能。モニタリングの結果、必ずしも新しい学習モデルに更新するとは限らず、そのための評価と判断を実施する必要があります。

### 〈モデル更新〉

　再学習した学習モデルをシステムに導入するための機能（デプロイ機能）。再学習が入力データ自体を変更するケースだとデータフローも変更されるため、学習モデルだけを更新するのではなくデータフローの更新も行う必要があります。

# AIシステム開発フェーズの課題と実行時のポイント

## AIシステム開発のポイント1　業務価値の再検証

　AIシステムの開発において、運用データを用いた業務価値の再検証を実施することが重要です。調査・企画フェーズは机上検討が主となり、検証フェーズでは一部のデータだけで実施することが多いことから、量、質ともに本番環境に近いより多くのデータで再度、詳細な検証を実施する必要があります。これまでのフェーズではクリアしていたが、本番環境のデータを使ってみると、思うような精度や導入効果が出なかったということは珍しくありません。

　ここで想定よりも低い業務価値しか出なかった場合は、AIシステムの設計を見直すか学習モデルを再生成するなど、前フェーズに立ち返る判断をすることも重要です。

## AIシステム開発のポイント2　モニタリング機能の実装

　モニタリング機能とは、「業務価値が期待どおりに出ているか」「学習モデルが設計時の分析結果を出力できているか」「入力されるデータの傾向に変化はないか」といったことを観測し、業務価値の劣化につながりそうな変化を発見するための機能です。

　モニタリングというと、学習モデルの精度を確認するイメージが強いかもしれませんが、精度だけに着目しては、AIシステムの本質的な価値を損なうことになりかねません。モニタリングにおいては業務システムの観点で業務価値の変化・劣化を観測することが重要なのです。

　たとえば、コンビニエンスストアにおける「在庫最適化サービス」を

例に考えてみましょう。これはAIの学習モデルで商品の売上予測を行い、その結果を基に在庫の最適化（商品の売行きと在庫状況を考慮した発注の意思決定支援）を行うものです。このサービスにおいては、学習モデルの精度だけを観測しても、十分ではありません。来週の商品の売上予測によって、最適な在庫状況と発注支援が実施できる状態かどうかの観測が必要なのです。

　技術的観点で補足すると、業務価値は多くの場合、学習モデルの出力による提供に加えて、最適化技術[25]により提供されます。

　在庫最適化サービスにおいては、たとえば在庫量を最小化する線型計画法を用いて業務KPIを表現するということになります。また、他にも業務上の制約や個別ケース対応などもあり、すなわち、業務価値の観測とは、最適化（の目的関数）まで含んだ業務システムの観測を意味します。

　また、モニタリングは、分析者の思考プロセス（劣化要因を探索する順序）と画面の操作や遷移が整合していることが重要です。ユーザビリティに大きく寄与することの重要性も強調しておきます。分析者の思考プロセスとは、たとえば「業務価値が劣化しそうな場合、学習モデルの精度はどうなっているのか」「学習モデルの精度に効いている特徴量、データはなにか」「そのデータはどう変わったのか」など、検討すべき事柄は変わっていくものです。モニタリングに求められるのは、「業務価値が劣化した」という発見に対して、その要因を探索することなのです。そのため、ユースケースと画面操作および遷移が連携しているということが重要になるのです。

## AIシステム開発のポイント3　拡張性のある設計

　学習モデルの更新は所与の機能として、データフローの見直しや業務適用方針の変更も視野に入れた拡張性のある設計が期待されます。

　先に挙げたように、学習モデルの再学習パターンは、大きく分けて2通りあります。

---

*25　ある条件下で目的関数を最大化もしくは最小化する解を見つける技術のこと。

1つは、もともとつくっているモデルに使う入力データの種類やデータ加工方法はまったく変えずに、期間だけを新しくする場合です。たとえば、当初は2019年のデータを使って学習モデルをつくったものの、その学習モデルの精度が劣化してきたので、今度は2020年のデータを適用した新たな学習モデルを作成、利用するといった具合です。

　もう1つは、これまで利用してこなかったデータを用いて学習モデルをつくる場合です。たとえば、コンビニエンスストアの売上を店内情報だけで予測していた学習モデルに対して、天候データや市町村の人口密度データを追加することで来客数の要因を反映させた学習モデルを生成するようなケースが、これにあたります。

　この2つ目のパターンでは、入力データ自体を変更することになります。これは学習モデルの変更だけにとどまらず、入力データのデータフローの変更、業務適用方針の変更、というように、さまざまな影響があり得ます。

　これらに関して意識すべきことを列挙すると、次のようになります。

### 〈学習モデルの変更〉

　更新した学習モデルのAIシステムへの反映は、定期的に実施される可能性が高いため、更新コストが極力低くなるように設計します。

### 〈データフローの変更〉

　データ取得先の追加・変更、変数の取捨選択などを想定した設計が必要となります。

### 〈業務適用方法（主に最適化機能）の変更〉

　業務適用方法および業務価値の検証において将来的な変更が見込まれる場合は意識しておく必要があります。

# AI システム開発のポイント４　学習モデルの評価・テスト

　モニタリングによって異変に気づき、新しく作成した学習モデルに入れ替える前に、そもそも「入れ替えたほうがよいか」の判断を行うことが肝要です。

　これは学習モデルの評価を通じて行いますが、この評価とは分析の精度だけを指していません。どちらかというと、業務価値を高めるための精度（単純な平均値に限らない）という観点で評価します。当然ながら、一般的な評価指標とは異なる、独自の指標が活用される場合もあります。

　一般的な精度評価では、全体をひとつずつ平等に見るものですが、現実の業務システムは「平等」とは乖離していることもままあります。

　たとえば、自動車を販売する AI システムでは、顧客の購買に寄与する要因を予測するとします。この場合、年に複数回自動車を購入するＡさんと、５年に１回しか購入しないＢさんでは、金額的にはＡさんのほうが影響度は高いため、Ａさんの当たりはずれを重要視する学習モデルをつくることが想定されます。しかし、お客様はＡさん、Ｂさんだけでなく、より多くのお客様が存在するはずです。「Ａさんに偏重した学習モデルは、業務システムとして適切であるのか」といった確認が必要になるでしょう。

　また、学習モデルの解釈性、説明性、安全性（公平性）は、サービス開始の際だけでなく、学習モデルの再学習のたびに確認する必要があります。「再学習した学習モデルのほうが精度は高いから更新する」と安易に判断してはいけないのです。特に顧客の業務に適用する際には、意思決定の支援になるかどうかを検証することが重要となるでしょう。

## 3-4

# AI システムの運用

## 3-4-1

## AI システム運用フェーズの流れ

### 運用の重要性

　検証や開発を経て、いよいよ AI システムの運用フェーズに入ります。従来の IT システムと同様に、AI システムもビジネスに活用されて価値を発揮します。AI システムの学習モデルが有効に機能するためには、運用フェーズにおける予測精度や学習モデルの維持管理が必要であり、状態の監視と問題の対応を行います。

　一般的に AI システムの運用においては、データマネジメントに関連するデータ保存やクラウド環境へのデータ移動に関するコストなども関連します。しかし、これらはデータマネジメントに関する専門書でもご理解いただけることから、本項では、AI システムの運用に特化して解説します。

　この、AI システムの運用には、MLOps の概念を理解するのが早道です。

　MLOps とは、機械学習（Machine Learning）と運用（Operations）を合わせた造語で、データサイエンティストや運用担当者が連携するこ

とにより、学習モデルを迅速かつ継続的に開発／実装／品質保証を行う
プロセスおよび実践を意味します。機械学習の学習モデルのビジネス適
用と、開発から運用に焦点を当てています。

　AIシステムの運用にあたっては、学習モデル開発やAIシステム開
発チームとの役割分担や、継続的なデータ・学習モデル精度監視、学習
モデル運用を検討する必要があります。

## 3-4-2

# AIシステム運用フェーズの課題と実行時のポイント

## AIシステム運用の課題

　AIシステムが運用される際には、フェーズごとにさまざまな課題と
向き合うことになります（**図表3-⑱**）。

　検証フェーズでは検証から先に進めない「検証疲れ」があり、開発

**図表3-⑱　AIシステムの課題**

フェーズでは「AI品質保証」の課題が顕在化しやすくなります。運用フェーズにおいては、開発したAIシステムがうまく利活用されていないケースが発生します。これは「検証フェーズやAIシステム開発フェーズにおける学習モデル精度が維持されない」といった課題が、起因することが多くあるためです。

### 〈学習モデル・入力データのモニタリングの考慮〉

・検証時の精度が維持されない
・急に精度が悪くなった

### 〈学習モデル更新の頻度、更新判断〉

・どれぐらいの頻度で行えばよいのか
・更新した結果、前のモデルよりも精度が悪化してしまった

### 〈学習モデルの継続的な改善〉

・データがたまってきたので、改善したい
・新しい種類のデータを導入したい

　MLOpsが提唱されている背景には、このようなAIシステム運用特有の難しさも関係しています。「運用フェーズに進むが、現場での活用が進まない」というAI特有の課題の具体例を記載します。
　商品の需要予測では、人の流動の変化や気候、人気商品のトレンドなどが変化したときに、その傾向がとらえられず、従来どおりの数を予測して精度が悪化してしまいます。

### 〈例1　検証フェーズの精度が維持されない、精度が急に悪化した〉

　アイスクリーム販売の需要予測を例にすると、真夏の通常の日のアイスクリーム販売数は気温の変化に伴う人の流動変化や気候により、大きく結果が変わってきます。

### 〈例2　精度向上のために学習モデルを更新しても、精度が改善しない〉

　トレンド変化の要因を表すデータを投入せずに商品需要予測を行っていた場合、これまでと同じデータ項目で学習モデルを作成しても、精度は改善しません。その場合には「トレンドを反映させたデータ」を追加する必要があるのです。

　影響力のあるインフルエンサーがSNSで競合他社のアイスクリームを宣伝した場合なども、トレンドを反映させるためのデータ追加を検討する必要があります。

　これらAIシステム運用の課題によって、収益の悪化やコストの増大を招く事態が発生する可能性があります。

## AIシステム運用における課題の要因と解決の方向性

　では、なぜ運用フェーズにおいて精度が維持されずに悪化したり、学習モデル更新後も精度が改善しなかったりするのでしょうか。以下の3つの要因が考えられます。

①従来のITシステムとAIシステムの違い
②予測精度の低下
③運用設計時のサービスレベルの合意不足

　それぞれ、解決の方向性と併せて詳しく見ていきます。

### 〈運用課題の要因①　従来のITシステムとAIシステムの違い〉

　従来のITシステムは「if then ルール」に基づき、条件XならA、そうでなければBなどの、事実を足し合わせた演繹的なアルゴリズムが適用されています。入力データにより結果（答え）が変わらないつくりになっているのがポイントです。

　一方、AIシステムでは、学習に利用する入力データから共通点を見

つけ、これらを統合して学習モデルを（帰納的に）作成しています。学習時に利用した入力データの分布変化により、当初想定していた結果（答え）と異なる事態が発生し得るのです。

　AIシステムの振る舞いが、従来のITシステムとは根本的に異なることを、よく理解したうえで運用にあたることが大切です（**図表3－⑲**）。

### 〈運用課題の要因②　予測精度の低下〉

#### （予測精度の劣化）

　業務やビジネスロジックが変わらない限り、従来のITシステムではソフトウェアの変更を実施することは、ほとんどありません。

図表 3-⑲ **運用課題の要因①**
**従来のソフトウェアとAIソフトウェアの違い**

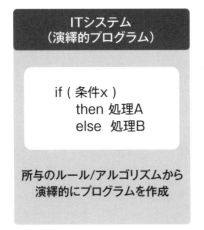

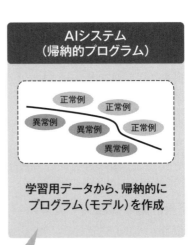

　一方、AI システムでは多くの場合において、経過時間とともに予測精度が劣化していきます。なぜなら、時間の経過に伴い、入力データの質（分布）が変わることがあるためです。そのため、運用時に予測精度のモニタリングや入力データのモニタリングを導入することが重要となります。

　モニタリングの実施により、精度劣化やデータドリフト*26 を検知し、再学習の必要性を判断し、必要なタイミングで再学習を行う必要があります。

**（再学習）**

　再学習は、半年に 1 回などの定期的な再学習と、予測精度が規定の閾値を下回った場合に実施する不定期の再学習に大別されます。

　これらに関しては、対象とする業務やデータの傾向、AI システムで取り扱う学習モデル数などを考慮し、要件定義や基本設計の時点で運用設計として計画する必要があります。

　なお、最新のデータを用いて再学習を実施しても、精度が改善されない場合もあります。理由はさまざまですが、その場合は学習モデルに利用する説明変数の選択や加工など、AI システムで利用する学習モデル自体の改修が必要になります（**図表3－⑳**）。

**〈運用課題の要因③　運用設計時のサービスレベルの合意不足〉**

　運用前にユーザ（現場部門）と AI システム運用担当者でサービスレベルを合意しても、運用開始後に認識齟齬が確認され、想定外の作業が見込まれることがあります。

　この状況は、ユーザ（現場部門）と AI システム運用担当者を含めた利害関係者の考えや思いが相反することが原因となって生じます。たとえば、ユーザ（現場部門）は「学習モデルの精度を常に保ちたい」と考え、一方の運用担当者は「決められた作業工数で対応したい」と考えることが多いものです。また、開発に関わったデータサイエンティストが運用メンバーに組み込まれていないことも多く、学習モデル更新の体制

*26　モデルの入力データに予期せぬ変化が発生し、学習モデルの予測性能が低下すること

図表 3-⑳ | 運用課題の要因②
予測精度の低下

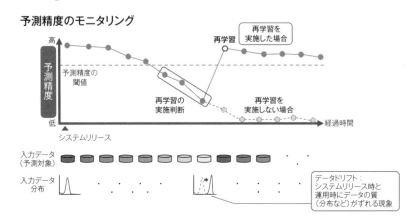

予測精度のモニタリング

が不十分であるケースも見受けられます。

　これらの課題を解決するためには、要件定義や設計フェーズの早期において運用設計を行い、運用サービスレベルを規定して、運用担当者のみならずユーザ（現場部門）と合意することが重要となります。

　また、**図表3－㉑**に示すように、リリース前に運用のサービスレベルを見直し、最終合意を行うことも大事なタスクとなるでしょう。

　なお、運用フェーズではサービスレベルの規定だけでなく、運用仕様書、モニタリング仕様書、モデル更新仕様書、運用報告書なども必要となります。

・運用仕様書……提供するサービスの内容・レベルを定義し、AIシステム運用の体制や会議体の規定など、MLOpsサービス全体の大枠を規定します。
・モニタリング仕様書……学習モデルの精度やデータモニタリングに関する詳細な仕様を定めます。学習モデル精度の閾値やモニタリング対象のデータ、モニタリングに必要なツールなどを記載します。
・学習モデル更新・管理仕様書……学習モデルの精度が劣化した際のデ

図表 3-㉑　**運用設計時のサービスレベルの合意タイミング**

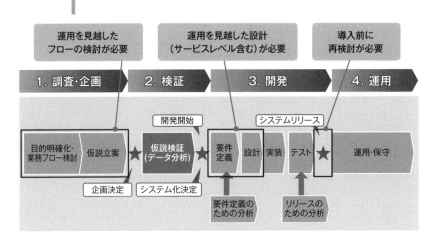

　プロイ方法や、ユーザ部門との学習モデルリリース規定などを記載しておきます。また、過去の学習モデルに戻すことも考慮し、過去の学習モデルの世代管理やその方法についても規定しておきます。
・運用報告書……月次など一定期間の運用報告をレポートに取りまとめ、ユーザ部門に報告します。その際に、学習モデル精度やモニタリング対象のデータ、報告書で取りまとめる内容について規定しておく必要があります。

　これらの仕様書を用いることにより、運用時のユーザ部門と運用担当者の齟齬をなくし、AIシステムを適正に運用することが可能となります。
　具体的に理解しやすいよう、ドキュメントのサンプルを掲載します（**図表３-㉒、３-㉓**）。
　ユーザ部門にAIシステムの運用経験が少ない場合には、AI運用ノウハウを持つベンダーのMLOpsサービスの利用を検討するのもよいでしょう。
　NECではMLOpsサービスを提供しており、モデル開発から運用までを支援しています（**図表３-㉔**）。

## 図表 3-㉒ 運用設計時のサービスレベルの規定例

| No. | 区分 | 作業項目<br>(大分類) | 説 明 | 頻度(時間想定) |
|---|---|---|---|---|
| 1 | 運用準備 | ユーザテスト<br>フェーズからの<br>参画 | 運用開始に向け、分析概要／環境を確認<br>し、以下の作業内容の検討と合意を行う。<br>・月次レポートの項目一覧<br>・モニタリング項目一覧<br>・簡易QA対応<br>・問合せ・障害発生時の作業フロー<br>・モデル再作成(規定手順でのフロー) | X回／月(お客様訪問、<br>X回×週×4回)<br><br>X回／月(弊社内作業、<br>X回×週×4回) |
| 2 | 運用統括<br>PJ管理 | 運用統括 | 複数のAIシステム運用を統括(PJ管理)<br>を実施する。1カ月に1回、月次レポート<br>内容を業務部門に報告する。レポート内<br>容に基づき、オーナ部門と今後の運用方<br>針を協議する。 | X回／月(1システム<br>ごとにXXHの報告) |
| 3 | 月次<br>レポート | 月次レポート<br>作成 | モニタリング結果、モデル・システムリソー<br>ス管理、課題管理、要望管理を月次で集約<br>し、レポートを作成する。 | X回／月(1システム<br>ごとにXXHの報告書作成) |
| 4 | ヘルプ<br>デスク | 問い合わせ<br>対応 | 日常運用に関する問い合わせ受付と回答<br>問い合わせ内容の1次切り分けを実施、適<br>正部署(業務部門、AP保守、インフラ保<br>守)への対応を実施する。問合せ対応は、<br>メールとする | リリース後:X件／月<br>(=X件／日×20日)<br><br>通 常 :X件／月<br>(=X件／日×20日) |
| | | リリース・<br>障害対応連絡 | システムリリースや障害対応に伴う、シス<br>テム停止通知を実施する。実施方法は、<br>貴社指定方法に従う(例:ダッシュボード表<br>示、メール通知) | リリース後:X件／月<br>(=X件／週×4週)<br><br>通 常 :X件／月 |
| 5 | モニタ<br>リング | 精度<br>モニタリング | 精度が低い対象のセグメントを確認し傾向<br>を検討する。(例:70歳以上の男性の判<br>別が苦手) | |
| | | 入出力<br>モニタリング | 異常値が増えていないかなど、データの分<br>布傾向を検討する。 | |
| | | データ入力状<br>況モニタリング | 各フェーズでのデータ入力状況を取りまと<br>める。 | X回／日(XYH) |
| | | モデルリソース<br>管理 | 実行時の処理時間やリソース消費(メモ<br>リ)消費量が適正かをモニタリングする。 | |
| | | モニタリング<br>レポート作成 | モニタリング状況を週次でレポートにまと<br>める。<br>(異常値、分布、精度、データ入力状況) | X回／週(XYH) |
| | | モニタリング<br>検討 | 現状のモニタリング状況から、対象データ<br>やモニタリング手法の修正を実施する。 | X回／週(XYH) |
| | | モニタリング<br>修正 | モニタリング状況から、対象データやモニ<br>タリング手法の修正を実施する。 | X回／週(XYH) |
| 6 | モデル<br>管理 | モデル再作成 | 貴社指定の実施手順を用いて、モデルを<br>再作成する。 | X回／月(XYH) |
| | | モデル管理<br>(世代管理) | 貴社指定の管理ツールを用いて、モデル<br>のリリース管理を実施する。 | X回／月(XYH) |
| | | モデルの<br>バージョン比較 | 最新モデルリリース前に前バージョンとの<br>違いを検討する。(例:データ期間、前処<br>理方法、説明変数、寄与度) | X回／月(XYH) |
| | | 要因特定、<br>原因究明 | スコアに寄与する要因の違いを検討する。<br>精度劣化の原因解析を検討する。 | X回／月(XYH) |

**月次レポート**
要件定義時にレポートイ
メージを合意する。運
用開始前の最終確認と
必要があれば運用中に
見直しを実施する。

**学習モデル再作成**
アルゴリズムやパラメータ
を変えない単純なモデル更
新とするのか、変数設計か
ら見直す大規模な修正とす
るのかを明確にする。

**原因特定**
スコアに起因するデータの
特定など、AIモデルの知見
が必要となるため、モデル開
発時のデータサイエンティス
トの対応工数も検討する。

## 図表 3-㉓ 運用時に必要な仕様書（テンプレートサンプル）

### テンプレートの種類と位置づけ

AIシステムの運用で必要となるドキュメント（仕様書・報告書）の
テンプレートを作成

成果物

テンプレート全体説明
…… 各テンプレートの位置付け説明
…… 共通事項（用語、前提など）

① 運用仕様書テンプレート
…… 提供するサービスの内容・レベル、
…… 運用体制、会議体など、MLOpsサービス
…… 全体の大枠を定めるドキュメント

② モニタリング仕様書テンプレート
…… モデルやデータのモニタリングに関する
…… 詳細な仕様を定めるドキュメント

③ モデル更新・管理仕様書テンプレート
…… モデルの更新と管理に関する
…… 詳細な仕様を定めるドキュメント

④ 運用報告書テンプレート
…… 顧客に向けた定期的な報告を
…… 行うためのドキュメント

### テンプレートのサンプル

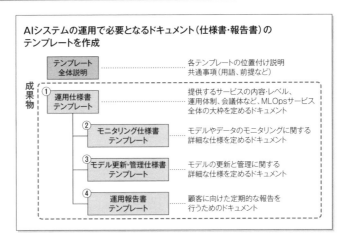

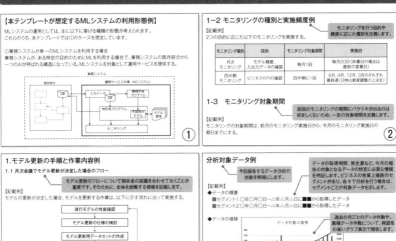

## 図表 3-㉔ NECのMLOpsサービス

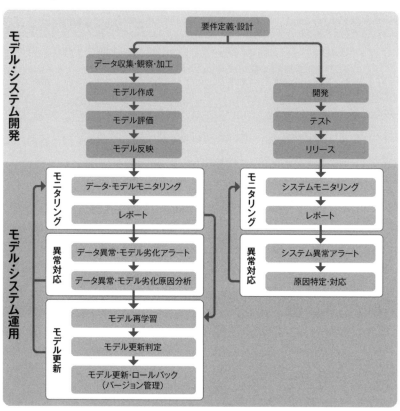

### 課題と解決案

#### モデルのモニタリング

**課題**
- 検証時の精度が維持されない
- 急に精度が悪くなってしまった

**改善案**
- データ・モデルをモニタリングし、異常時をアラート・原因分析・施策を提言

#### モデルの更新

**課題**
- どれくらいの頻度で行えばいいか
- 更新した結果、前のモデルより精度が悪化

**改善案**
- モデル再学習を行い、モデル更新を実施するか判定

#### モデルの継続的な改善

**課題**
- データがたまってきたので改善したい
- 新しい種類のデータを導入したい

**改善案**
- 応用改善の実施（分析内容や使用するデータの変更等）や、その他課題への解決策を提言

コラム 3-①

# AI品質ガイドライン

## AI システムの品質保証の考え方

　我が国では AI ガバナンスのガイドライン、欧州は AI 法規制案、米国は NIST AI リスクマネジメントフレームワークと、各国における方向性が見えつつあります。AI システムを活用したサービス提供には、どのようなリスクが潜んでいるかを洗い出し、解決に向けた対応が求められています。

　AI システムと従来の IT システムでは、品質保証についていくつかの相違点があります。学習モデルが学習データの影響を受けること踏まえて、安全性などを考慮したシステム設計が求められるのです。

　また、AI を組み込んだ業務システム、製品やサービスなどが置かれる環境、使用される状況を把握したうえで、AI を含むシステムが環境に働きかけたときのリスクアセスメントも必要となるでしょう。

## AI 活用に向けたガイドライン策定の動向

　AI システムの品質に関してさまざまな検討を推進している複数の団体が最新情報の提供と成果の紹介を行うとともに、今後の AI システムの品質保証のあり方について議論してきました。たとえば、「機械学習品質マネジメントガイドライン」を産業技術総合研究所（以下、産総研）などのチームが取りまとめ、これと相互補完的な関係にある「AI プロ

ダクト品質保証ガイドライン」については AI プロダクト品質保証コンソシーアム（QA4AI）が作成し、公開しています。

　NEC もそれぞれの活動に参画しており、AI 品質における取り組みを積極的に進めています。NEC では「AI 品質ガイドライン」を策定し、主要な AI システムの開発に適用しています。このガイドラインは、QA4AI や産総研のガイドラインも参考にしながら、蓄積されたノウハウを形式知化したものです。2019 年 4 月に初版を策定した後、定期的に更新を続けており、最新改訂版では AI セキュリティや AI と人権に関する確認項目との連携を充実させるなど、高度化を図っています。

## NEC「AI 品質ガイドライン」の概要

　NEC が策定した「AI 品質ガイドライン」では、AI システム開発の主なフェーズごとに確認事項を整理しています。従来のソフトウェア開発で使用してきた判定ツールの考え方も活かしながら、AI システムに適した指針を定め、属人性を排除した品質の担保を目指しています。

　ガイドラインが対象とするフェーズは、①検証、②要件定義、③開発で、次のフェーズへ移行可能かを判定するチェックツールとして活用します（図表3－㉕）。

　AI 品質ガイドラインの具体的な構造を、図表3－㉖に例示します。ガイドラインはカテゴリ、観点、合格基準、達成状況記入欄で構成されています。

　カテゴリは以下の5区分からなり、カテゴリごとの詳細な合格基準項目を策定しています。

①データの品質：データの件数やデータの質についての合格基準です。
②学習モデルの品質：汎化性能の評価や業務知見に照らした妥当性を評価します。
③システムの品質：システムの安全性、運用時の考慮ポイントを示しています。

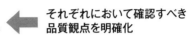

図表 3-㉕ 「AI品質ガイドライン」の利活用

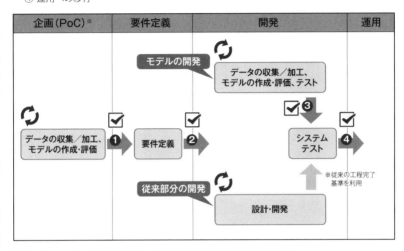

AIシステム開発の主なフェーズごとに確認事項を整理

① 企画(PoC)から要件定義への移行
② 要件定義から開発への移行
③ AIモデルの開発からシステムテストへの移行
④ 運用への移行

それぞれにおいて確認すべき
品質観点を明確化

※「企画(PoC)」フェーズでは、顧客の課題確認やサンプルデータに基づくAI導入判断なども行うことを想定。

④提供価値・目的への適合：業務への定量的、定性的な価値について、お客様と合意するための基準を提示しています。

⑤倫理的な配慮：データの利用やプライバシー、個人情報や権利についての合格基準です。

　具体的な観点と合格基準の一例として、①データ品質のひとつである「データリーケージが考慮されているか」を紹介します。

　データリーケージとは、運用時には利用不可能なデータを学習データに誤って含めることを指します。これにより「学習時には非常に良い精度が出るが、運用時に精度が悪い」という事象が発生し得ます。

　この項目では合格基準を「運用時に手に入れることができない情報を

## 図表 3-㉖ 「AI品質ガイドライン」の構造イメージ

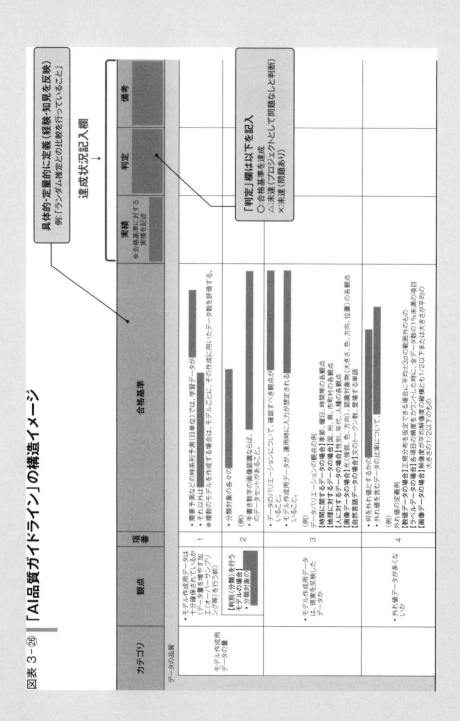

**達成状況記入欄**

具体的・定量的に定義(経験・知見を反映)例:「ランダム推定との比較を行っていること」

「判定」欄は以下を記入
○:合格基準を達成
△:未達(プロジェクトとして問題なしと判断)
×:未達(問題あり)

| カテゴリ | 観点 | 項番 | 合格基準 | 実績<br>※合格基準に対する実績を記述 | 判定 | 備考 |
|---|---|---|---|---|---|---|
| モデル作成用<br>データの量 | ・モデル作成用データは十分確保されているか(データ量を増やすためのエ(オーバーサンプリング等)を行う前) | 1 | ・需要予測などの時系列予測(日単位)では、学習データが<br>・それ以外は<br>※複数のモデルを作成する場合は、モデルごとに、その作成に用いたデータ数を評価する。 | | | |
| | 【判別(分類)を行うモデルの場合】<br>・分類対象の○ | 2 | (例)<br>・分類対象の各々の<br>・手書き数字の画像認識ならば、のデータセットがあること。 | | | |
| | ・モデル作成用データは現実を反映したデータか | 3 | ・データのバリエーションについて、確認すべき観点があること。<br>・モデル作成用データが、運用時に入力が想定されるものであること。<br>(例)データバリエーションの観点の例:<br>[時刻に関するデータの場合]季節、曜日、時間帯の各観点<br>[地理に対するデータの場合]国、州、県、市町村の各観点<br>[人に対するデータの場合]性別、年代、人種の各観点<br>[画像データの場合]光(強弱、色、方向)、認識対象物(大きさ、色、方向、位置)の各観点<br>[自然言語データの場合]次のトークン数、登場する単語 | | | |
| | ・外れ値データが多くないか | 4 | ・何を外れ値とするかの定義<br>・外れ値を含むデータの比率について、<br>(例)<br>外れ値の定義例<br>[数値データの場合]各項目の頻度分布が正規分布を仮定できる場合、平均±3σの範囲外のもの<br>[ラベルデータの場合]各項目の頻度がカウントされた時に、全データ数の1%未満のもの<br>[画像データの場合]解像度の縦横とも1/2以下または平均の大きさの1/2以下のもの | | | |

データの品質

学習モデル作成用データに含めていないこと」と定め、データリーケージの例として次の2つを挙げています。

〈データリーケージの例〉
・天候に左右される売上予測を行う学習モデル作成用データに「未来の天候情報」を含めてしまう。
・不良品検知を行う学習モデル作成用の画像データに「OK」「NG」などの判定結果の情報が映っている。

　NECでは多くの経験と実績から策定した「AI品質ガイドライン」を活用し、AIシステムの品質向上に取り組んでいます。

第**4**章

組織としてのAI・データ利活用の
推進、浸透

# Introduction

　─最終ユーザーが自分で簡単に AI をプログラミングできること
が多様な社会には重要だ─

　　　　　　　　落合陽一（メディアアーティスト、筑波大学准教授）

---

　第 4 章では、企業のなかで AI 活用をどのように浸透させていけばよ
いのかについて解説します。

　第 3 章では AI システムの導入について解説しましたが、業務システ
ムに実装しただけでは、AI の業務活用は進みません。業務担当者やエ
ンドユーザに AI を活用してもらうためには、人材育成と環境整備の両
方をバランスよく実施する必要があります。

　組織のなかで AI 活用を定着させるためには、「どのようなポイントに
注意すればよいのか？」ということに焦点を当ててお話ししたいと思い
ます。またコラムでは、昨今耳にすることが多くなった「データサイエ
ンティストの民主化」についても紹介します。

## 〈AI を活用する組織〉

　まず、組織のなかで AI 活用を浸透させていくために必要となる考え
方について解説します。私たちが生きる時代は「VUCA（ブーカ）の時代」
と言われます。この予測不可能な時代のなかで AI を活用していくため
には、組織としてアジャイル型のアプローチを取り入れ、「実験」と「学
習」をマインドの中心に置いて活動する必要があります。

　また、AI 活用に関する取り組みを成功＆拡大させるためには、マネ
ジメント層（トップマネジメント、ミドルマネジメント）の意識や行動
が重要となります。本節では、AI を活用していくうえで知っておくべ
き考え方やマインドについて解説します。

## 〈人材育成〉

　続いて、昨今注目を集めている AI 人材育成について解説します。新たなデジタル社会の実現に向けて必要不可欠な AI 人材ですが、その絶対数は依然として不足しており、産業界では優秀な人材の争奪戦が始まっています。しかし、社外から獲得できる AI 人材の数には限りがあるため、既存社員の再教育にも力を入れる必要があります。

　企業のなかで AI を活用できる人材を増やすためには、「学びの場」「実践の場」「交流の場」の 3 つの場を戦略的につくる必要があります。これら 3 つの場が必要な理由とそれぞれに求められる機能を、NEC における事例を交えながら解説します。

　また、AI 活用を定着させるためには、AI を活用していくための組織文化を醸成することが重要となります。AI 活用の段階によって対応すべきポイントが異なるため、「黎明期」「発展期」「成熟期」の 3 段階に分けて取り組むべき内容を解説します。

## 〈環境整備〉

　最後に、AI 活用を浸透させるための環境整備（現場適用、データマネジメント、モニタリング／改善）について解説します。業務担当者やエンドユーザに AI を活用してもらうためには、AI 活用方法のレクチャーや情報共有を適切に実施する必要があります。また、スピーディな意思決定でビジネスチャンスを逃さないためには、しっかりとデータマネジメントに取り組むことが求められます。そして、実際に AI 活用を進めていくうえでは、当初の想定どおりビジネス効果が出ているかを定期的に確認することも大切になります。本項では、これらの施策が必要な理由とそれぞれに求められる機能について解説します。

　業務プロセスのなかに AI を組み込み、業務担当者が日々の業務のなかで AI を使える状態になってはじめて、AI 活用がスタートします。AI 活用を進めるうえでのポイントを押さえ、企業のなかに AI 活用を浸透させていきましょう。

## 4 − 1

# AI を活用する組織、企業

4-1-1

## AI を活用するためのアジャイル型アプローチ

### VUCA の時代

　私たちが生きる現代は、「VUCA の時代」と言われています。VUCA とは、次の4つの特徴を意味する英単語の頭文字を取ったもので、予測不可能な時代であることを意味します。

・Volatility（変動性）……将来にわたり今の状況が継続するわけではありません。将来は変動するものです。
・Uncertainty（不確実性）……将来は確実に予測できるわけではありません。確実な予測は不可能なのです。
・Complexity（複雑性）……世の中の事象はシンプルなモデルで表現できるわけではありません。世の中の事象は複雑なのです。
・Ambiguity（曖昧性）……物事は0または1に明確に切り分けられるわけではありません。物事は曖昧なのです。

　このような VUCA の時代において、AI 活用を浸透させていくために

228

は、どのようにアプローチすればよいのでしょか。

　AI 活用を浸透させていくためには、「組織文化」の醸成が重要となります。優れた組織文化を醸成するためには、「AI 活用を促進する基本的な考え方／方法論」と「組織文化の醸成に大きな影響をもたらすトップマネジメント／ミドルマネジメントの役割」の 2 点を押さえておくことが重要です。

## ウォーターフォール型のアプローチとその課題

　従来、AI プロジェクトは、ウォーターフォール型のアプローチで取り組むことが一般的でした。最初にビジネス上の課題を定義し、次に準備すべきデータを網羅的に洗い出します。すべてのデータの準備を完了した後、AI モデル作成に取りかかるという進め方です。

　このような進め方が採られていた理由は、AI プロジェクトにかかるコストが大きく、結果が出るまでに長い時間を要することが多かったためです。ウォーターフォール型のアプローチによる取り組みは、次の 2 つの問題を抱えます。

### 〈「失敗は許されない」というマインドのまん延により、不確実性の高い新たな取り組みへのチャレンジが阻害される〉

　AI 活用に関する取り組みは、必ずしも成功するものではありません。データの質や量が十分でなければ、よい成果を得ることができません。

　一方で、データの質や量が十分であるか否かを事前に判断することは極めて難しく、実際に AI 活用に関する取り組みを進めてみなければわかりません。組織の一大プロジェクトとして大きなコストをかけた取り組みが失敗に終わると、新たな取り組みに対する視線は厳しいものとなり、取り組みの数は減少していきます。

　新たな取り組みの数が少なくなると、取り組みの成功件数も減少、ノウハウの蓄積も進まず、成功率も高まらないという悪循環が発生します。失敗による金銭的、精神的な負担も大きくなります。取り組みの数が少

なくなり、現状維持の風潮が強まると、社会や市場の変化に追随できず、組織は現状維持どころか衰退の一途を辿ることになります。

## 〈1回のチャレンジで失敗すると、「そのテーマで成功することは不可能である」という思い込みが発生する〉

　ウォーターフォール型のアプローチは「市場や顧客のニーズ、データは常に変化する」という事実を前提としないアプローチであるため、1回のチャレンジで失敗すると、「そのテーマで成功することは不可能である」との思い込みが発生し、将来の成功のチャンスを潰してしまうというリスクをはらみます。

　AI活用に関する取り組みの成否には、使用するデータの質や量が大きく影響します。データの質に問題がある場合、データの収集方法を見直すことで蓄積されるデータの質を改善することが可能です。逆に、データの収集方法を見直さなければ、いつまでたっても質の高いデータは手に入りません。

　また、データの量は時間の経過に伴い増えていくことが一般的です。市場や顧客のニーズが変化することで、AI活用に関する取り組みの価値が向上することもあります。国際情勢や疫病のまん延で顧客のライフスタイルや価値観、ニーズが変化、それによりAIを活用することの価値が高まるケースは少なくありません。

　前述の2つの問題を解消する方法のひとつに、AIプロジェクトをウォーターフォール型のアプローチからアジャイル型に転換するという方法があります。成功を確実に予測できないVUCAの時代において、ウォーターフォール型のアプローチは必ずしも適切とは言えません。VUCAの時代に合わせた新たなAIプロジェクトの進め方がアジャイル型のアプローチです。

　アジャイル型のアプローチを採用する際には、併せて「実験」と「学習」をマインドの中心に置くことが重要です。

## アジャイル型アプローチへの転換

　アジャイルとは、ソフトウェア開発の分野で使われる用語です。短い反復を繰り返すことによって最適解を求めていくアプローチであり、適応型のアプローチとも言われます。

　ウォーターフォール型のアプローチでは、プロセスの手戻りなしに、最高品質の AI モデルの成果を最初から引き出すべく、使用するデータを網羅的に収集し、加工していきます。さらに、AI モデルの品質を高めるためのあらゆる種類の試行錯誤を長い時間をかけて実行します。

　これに対して、アジャイル型のアプローチでは、データの収集から AI モデルの開発、ビジネスへの適用までを、小さなコストと短い期間の範囲で実行します。ビジネスに適用することで得られるフィードバックに基づいて、AI モデルの品質を高めるための試行錯誤の実施の要否を判断していきます。

　アジャイル型のアプローチを採用するためには、データの収集からビジネスへの適用までを、小さなコストかつ短期間で実行できることが前提となります。

　従来、AI 活用に関する取り組みは、熟練の専門家が数カ月という長い時間をかけて実施することが通常であったため、アジャイル型のアプローチを採用することはできませんでした。最近では、AI モデルの開発期間を短縮できる自動化テクノロジーなどが世の中に登場しています。最新のテクノロジーを有効活用することで、ビジネスへの適用を含めた 1 回あたりの取り組みのコストとそれにかかる期間を大幅に削減できるようになりました。

　このような技術の進歩により、アジャイル型のアプローチを採用しやすくなっています（**図表４－①**）。

ウォーターフォール型アプローチと
アジャイル型アプローチ

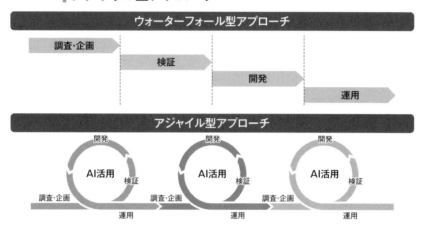

4-1-2

# AIを活用するためのマインド

## 「実験」と「学習」をマインドの中心に

アジャイル型のアプローチを取り入れ、「実験」をマインドの中心に
置くことで、AI活用に関する取り組みは組織の一大プロジェクトから
日常的な「実験」という意味合いに変わります。実験は成功を前提とす
る行為ではなく、あくまで仮説が真または偽のどちらであるかを検証す
るための活動です。

AI活用に関する取り組みを「実験」として扱うためには、取り組み
にかかるコストを小さくする必要があります。アジャイル型アプローチ
の採用や自動化テクノロジーの導入などを組み合わせることで、コス
トを小さくできます。また、実験の数(AI活用に関する取り組みの数)

を増やすことで、成功件数も増加し、AI 活用に関するノウハウが蓄積することで成功率も高まっていきます。

　さらに「学習」をマインドの中心に置くことで、「失敗」は「学習」という意味合いに変化し、将来の成功のチャンスを潰してしまう可能性を下げることにつながります。

　AI 活用に関する取り組みに失敗した結果、思うような成果が得られないというケースは多く発生します。このようなケースを「失敗」というラベルをつけて終わらせるのではなく、「なぜそのような結果となったのか」「その結果をどうしたら変えることができるのか」といった考察を実施することで、取り組みの結果は「失敗」ではなく「取り組みの遂行中に新たな学びが得られた状態」という意味合いとなります。

　アジャイル型のアプローチを取り入れ、「実験」と「学習」をマインドの中心に据えることで、AI 活用に関する取り組みは、「1 回の挑戦で必ず成功させなければならない」という意識が薄れていきます。すると、失敗を恐れず新たな取り組みにチャレンジすることができます。

　チャレンジの数（＝実験の数）が増えると、取り組みの成功件数が増えていきます。成功体験が積み重なり、失敗の負の影響が軽減されることで、新たな取り組みにチャレンジする文化が醸成されます。また、失敗の金銭的、精神的な負担も軽減されます。

　さらに、初期段階の失敗は、見込みのある選択肢への注力につながります。ウォーターフォール型のように、1 つの取り組みに注力し、時間とお金を大量に投入したにもかかわらず失敗に終わる、という事態を避けることができます。

　また、学習する組織文化をつくることも重要です。成長のためには学習が不可欠であり、学習を効率的に進めるためには「知らない」という事実を恐れずに受け入れる姿勢が必要です。

　社会やテクノロジー、顧客のニーズや競合他社が提供するサービスなどのトレンドは日々変化しています。すなわち、自らが成長しなければ「知らない」ことは時間が経過するにつれて増えていきます。世の中の変化のスピードは今後さらに加速していくため、「実験」と「学習」の

マインドを組織の中心に置く必要があります。

## トップマネジメントとミドルマネジメントの役割

　マネジメント層（トップマネジメント、ミドルマネジメント）の意識や行動は、AI活用に関する取り組みを成功、拡大させる組織文化の醸成に大きな影響をもたらします。

　たとえば、前述の「実験」と「学習」に対するミドルマネジメントの理解が乏しいと、どうなるでしょうか。AI活用に関する取り組みは、必ず成功するものではありません。成功に至らないものの、将来の成功につながる「学び」が得られるケースは頻繁に発生します。そのような事実をミドルマネジメントが理解せず、AI活用に関する取り組みに対し頻繁にネガティブなフィードバックを与えると、担当者は新たな取り組みに対して消極的になってしまいます。

　AI活用に関する取り組みを全社規模で成功させている企業では、トップマネジメントが取り組みを進める強い意志を宣言し、必要な投資を積極的に実施しています。トップマネジメントがこのような姿勢、行動を見せると、役員、部長や課長などのミドルマネジメント層は、自分たちが評価されるためにも、「AI活用に積極的に取り組まなければならない」という覚悟を持つようになります。そして、ミドルマネジメント層も、AI活用に関する理解を深め、積極的に行動するようになります。

　その結果、会社全体としてAI活用に関する新しい取り組み（「実験」と「学習」）を進める文化が醸成されます。トップマネジメントの働きかけは、AI活用を進めるうえで非常に重要です。さらに、AIに関連するシステム投資や、人材育成施策への投資についての理解も深まるため、文化だけではなくシステム・基盤や人に対する投資も円滑に行われるようになります。

　AI活用に関する取り組みを拡大するためには時間がかかります。しかし、「取り組まない」という選択肢は考えられません。蓄積可能なデータが爆発的に拡大している今、データ自体やAIの価値が現在よりも低

下する未来を想像することは難しいでしょう。

　業界や事業、業務ごとに、データとデジタルを活用しないことによる競争力低下のスピードは異なります。アメリカのレンタルビデオチェーン大手のブロックバスターは、ネットフリックスの DX に追随することができず、衰退の道をたどりました。フィルムカメラの世界最大手であったコダックも、デジタル化の取り組みが遅れた結果、倒産に至りました。このように劇的なケースもあれば、徐々に衰退するケースもあります。

　AI 活用に関する取り組みを日常の事業活動のなかに浸透させることで、競合他社に先行して市場や業界を変革できるチャンスが生じます。準備に時間がかかるからこそ、「明日かもしれない」と考え、速やかに備えを始めるべきでしょう。

## AI 活用を浸透させるための施策

　それではアジャイル型のアプローチを取り入れ、「実験」と「学習」をマインドの中心に据えた企業になるためには、どのような施策を実行すればよいのでしょうか？　AI を活用できる企業になるためには、次の 2 つの施策を実施することが重要となります。

・AI を活用するための人材育成／組織文化醸成
・AI を活用するための環境整備

　この人材育成と環境整備は両輪で実施する必要があり、片方だけに取り組んでも限定的な効果しか得ることができません。AI を活用するためのシステムだけあっても、それを活用する人材がいなければ AI の価値を発揮することができません。

　また、AI 活用できる人材をたくさん揃えても、肝心の AI システムが構築されていなければ、活躍のチャンスを与えることができません。企業のなかで AI 活用を浸透させるためには、人材育成と環境整備の両方に取り組む必要があります。

## 4 − 2

# AIを活用するための人材育成、
# 組織文化醸成

## 4-2-1

## AIを活用するための人材育成

### AI人材を育成するための3つの場

　企業のなかでAIを活用できる人材を増やすためには、戦略的に次の3つの場をつくる必要があります。

　　①学びの場
　　②実践の場
　　③交流の場

　これら3つの場が必要な理由と、それぞれの場に求められる機能について、NECの事例を交えながら解説します。

### ①学びの場

　AIを活用していくためには、第2章および第3章で見てきたとおり、さまざまな知識／スキルが必要となります。AI活用の企画を立てるた

めには、ビジネス力が必要になりますし、AI モデルを開発するためには、データサイエンス力が必要になります。また、AI システムを構築するためには、データエンジニアリング力が必要となります。

　「調査・企画」「検証」「開発」「運用」のどのフェーズを担当するかによって、必要となる知識／スキルは異なるため、担当するフェーズに応じて適切な知識／スキルを身につけることが求められます。また、日々の業務のなかで AI を活用する業務担当者／エンドユーザも、AI ができることを理解し、正しく AI を活用する力（AI リテラシー）を身につけておく必要があります。

　AI 技術に関する知識／スキルの習得には、4 段階のレベルがあります（**図表４−②**）。

　まず 1 段階目は AI に関する技術を「知る」というレベルです。しかし、AI に関する技術を知っているだけでは、AI 活用の現場で役に立ちません。AI 技術に関する特徴や用途、使い方について理解する必要があります。この AI 技術について理解している状態が 2 段階目の「わかる」というレベルです。

　次に、実際に AI 技術を活用するためには、3 段階目の「使える」と

図表 4-②　**AI技術の習得**

| 知る | わかる | 使える | 応用できる |
|---|---|---|---|
| AI技術に関する概要を知っている | AI技術の特徴や用途、使い方を理解している | AI技術を自律的に使うことができる | AI技術を活用し課題解決できる |

いうレベルに到達する必要があります。

　最後に、AI技術を自らの業務の課題解決につなげることができる状態が、4段階目の「応用できる」というレベルです。この「応用できる」というレベルまで到達すれば、新たなAIプロジェクトを自律的に進めることができるようになります。

　それでは、この「知る」「わかる」「使える」「応用できる」というAI技術の習得レベルを上げていくためには、どうすればよいのでしょうか？

### 〈INPUT型の研修〉

　まず、AI技術に関する概要を知るために、座学研修のような知識INPUT型の研修を行います。座学研修は、短期間で大量の知識を教える場合に向いている研修形態です。普段の業務のなかでAIを活用してくためには、AIに関する幅広い知識を学ぶ必要があります。デジタルやAIの世界では、新しい技術やトレンドが続々と誕生します。そのため、一通り座学研修を受講したから終わりというわけではなく、継続的に学び続けることが求められます。デジタル社会における学びは、まさに「終わりなき旅（Journey）」なのです。

　近年、新型コロナウイルス感染症の影響を受け、対面研修で実施されていた座学研修の大半が、オンライン研修に置き換わっています。座学研修がオンライン化（eラーニング教材化）することによって、受講者がいつでも好きなタイミングで必要な知識を学ぶことのできる状態になりました。

　このAI技術に関する研修を、すべて自前主義で準備しようとするのは効率的ではありません。多くの企業では、AI技術に関する学びを効率的に進めるために、外部パートナーの活用を進めています。特に先端的なAI活用を行っている企業では、大学と連携しAI技術に関する研修を行っています。

　AIを活用できる人材を育成するためには、理論と実践の両方の知識／スキルを身につける必要があります。理論とは、基礎理論の学び直し

です。AI を活用していくためには、背景にある数理・統計などの理論について理解しておくことが重要です。大学は AI 技術に関する理論を学ぶための最適な場所であるため、餅は餅屋ということで企業と大学の連携が進んでいます。

## 〈OUTPUT 型の研修〉

　次に、AI 技術の特徴や用途、使い方を理解するために、グループワークやマシン演習のような知識 OUTPUT 型の研修を行います。

　AI 技術に関する概要を座学研修で聞いただけでは、理解したことにはなりません。座学研修で INPUT された知識を頭のなかで整理し使ってみることによって、「わかる」というレベルに到達することができます。

　グループワークでは、チームでアウトプットを取りまとめる作業を通して、座学研修で学んだ知識の活用方法や、自身が理解できていない箇所を確認します。またマシン演習では、実機や仮想環境を使って AI モデル開発や AI システム開発を体験します。実際に手を動かしてアウトプットを作成することによって、座学研修で学んだ知識に対する理解を深めます。

　AI 技術の特徴や用途、使い方を理解したら、次は実際に AI プロジェクトで必要になる実行力を身につけます。AI 技術を理解しているだけでは、実際の AI プロジェクトを遂行することはできません。AI 技術に関する特徴や用途を理解していても、実際に使ってみようとするとうまく進められないことに気づきます。

　この「わかる」と「使える」の間にある、大きな壁を超える教育プログラムが、課題解決型学習（PBL：Project Based Learning）です。ケーススタディなどの模擬演習を通して、自ら問題を発見し解決する能力を養います。AI プロジェクトの流れをロールプレイ形式で体験することで、研修で学んだ知識を実際に使えるスキルとして定着させます。

　また、AI 技術を実際に使ってみるために、分析精度を競うコンペに参加することもおすすめです。データ分析コンペは、ある決まったテー

**著名なデータ分析コンペ**

| コンペ名 | 特色 |
|---|---|
| Kaggle | 世界最大規模のデータ分析コンペサイト<br>参加者のレベルも高く、難易度は高め |
| SIGNATE | 国内最大規模のデータ分析サイト（日本語） |
| Nishika | 実践的テーマ設定の傾向が強い分析コンペ |
| atmaCup | 2週間ほどのコンペを不定期開催<br>初心者向け講座やディスカッションが豊富 |
| NRIデータコンペ | データ分析のビジネス応用に、より重きを置いたコンペ |

マと用意されたデータを用いて、自ら試行錯誤することで分析結果を導出し、分析精度を競います。自分で手を動かすことで、より実践的に学ぶことができ、また他者と競い合うことで、気づきや学びも得られます。

**図表4－③**で、本書執筆時点で著名なデータ分析コンペを紹介します。ハッカソン形式で短期間に成果を出すタイプのものや、夏休みの宿題のように、長い期間をかけて特定の分析に取り組むテーマなど、ユニークなものも数多くあります。

最後に、身につけた AI 技術に関するスキルを実践の場で活用することによって、応用力を習得します。実際の AI プロジェクトでは、単独の技術だけで課題解決につなげることは難しく、さまざまな知識と技術を総動員して実課題に立ち向かう必要があります。

この実課題を解くサバイバルスキルを身につけるための場が、次で紹介する「実践の場」となります。

## 〈NEC における学びの場：ブートキャンプ〉

AI をビジネスに適用するためには、さまざまなスキルが必要となります。ドキュメンテーション、プレゼンテーション、論理思考といった

ベーススキルから、ビジネス、データサイエンス、データエンジニアリングといった専門スキルまで、幅広いスキルが求められます。

　NEC では、AI 人材に必要なスキルを、短期集中型（連続 20 日間）で身につけるための「ブートキャンプ」を実施しています（**図表4－④**）。ブートキャンプに参加している期間中、社員は通常業務を一旦休止し、AI スキルの習得に専念します。

　ブートキャンプでは、AI に関する基礎知識を学んだ後、2〜3日ごとに AI モデルをつくる課題が与えられ、予測精度を競い合いながら分析結果報告書の作成を行います。そして、最後の5日間は、最終実技試験として分析データだけが与えられ、受講者自らが分析テーマの設定、分析手法の選択、業務施策の立案を行います（**図表4－⑤**）。

　NEC では、AI 人材を促成栽培するための専念環境をつくることによって、AI 人材の短期育成を実現しました。従来は、通常業務の合間をぬって数日間ずつ研修を受講していたため、AI プロジェクトに参画できるようになるまで、数カ月の期間が必要でした。一方で、ブートキャンプを始めてからは、1カ月間という短い期間で即戦力化が可能となり、慢性的な AI 人材不足の解消に役立っています。

図表 4-④ ┃ **ブートキャンプ**

# 図表 4-⑤ ブートキャンプ スケジュール

| | Day 1 | Day 2 | Day 3 | Day 4 | Day 5 | Day 6 | Day 7 | Day 8 | Day 9 | Day 10 | Day 11 | Day 12 | Day 13 | Day 14 | Day 15 | Day 16 | Day 17 | Day 18 | Day 19 | Day 20 |
|---|---|---|---|---|---|---|---|---|---|---|---|---|---|---|---|---|---|---|---|---|
| **最初に** | | | | | | | | | | | | | | | | | | | | |
| イントロダクション | ■ | | | | | | | | | | | | | | | | | | | |
| **基礎知識の習得** | | | | | | | | | | | | | | | | | | | | |
| 統計基礎 | ■ | | | | | | | | | | | | | | | | | | | |
| Python基礎 | | ■ | | | | | | | | | | | | | | | | | | |
| 報告書作成 | | ■ | | | | | | | | | | | | | | | | | | |
| **データ可視化** | | | | | | | | | | | | | | | | | | | | |
| 性質・関係性の把握 | | ■ | ■ | ■ | | | | | | | | | | | | | | | | |
| グルーピング | | | | ■ | ■ | | | | | | | | | | | | | | | |
| **予測モデルの構築** | | | | | | | | | | | | | | | | | | | | |
| 予測 | | | | | | | ■ | ■ | ■ | | | | | | | | | | | |
| 判別 | | | | | | | | | | ■ | ■ | ■ | | | | | | | | |
| 時系列 | | | | | | | | | | | | | ■ | ■ | ■ | | | | | |
| **最後に** | | | | | | | | | | | | | | | | | | | | |
| 最終実技演習 | | | | | | | | | | | | | | | | ■ | ■ | ■ | ■ | ■ |

## ②実践の場

　実際の AI プロジェクトでは、自らの知識とスキルを総動員して実課題を解くサバイバルスキルが求められます。

　このサバイバルスキルは、研修プログラム（座学、グループワーク、マシン演習）や課題解決型学習（PBL）だけで身につけることはできません。多くの研修プログラムは、短い日程で研修を完了させる必要があるため、事前に解くべき課題や適用する技術があらかじめ設定されています。つまり、あらかじめ決められた課題を解くスキルしか身につけることができません。

　一方で、ビジネスの現場で求められるのは、答えや解き方が定まっていない実課題を解くサバイバルスキルです。そのようなスキルを身につけるためには、現場部門と一緒に課題を探りながら、どの技術を適用するのか試行錯誤を重ねる必要があります。

　多くの AI プロジェクトでは、Quality（品質）、Cost（コスト）、Delivery（納期）の 3 つのバランスをとることが求められます。

　一般的に、この QCD はトレードオフの関係にあることが多く、アウトプットの Quality（品質）を高めようとすると、Cost（コスト）や Delivery（納期）が課題になります。また、短い Delivery（納期）で対応しようとすると、Quality（品質）や Cost（コスト）が課題になります。この QCD のトレードオフを解消しながら AI プロジェクトを進めるスキルは、研修プログラムだけで身につけることは難しく、実際の AI プロジェクトを経験するなかで身につけることになります。

　このように、AI を活用できる人材を育成していくためには、AI 技術の「学ぶ場」を用意するだけでなく、AI を用いて実課題を解く「実践の場」もつくる必要があります。「AI 技術を理解した人材をたくさん育成すれば、なんとかなるのでは……」と考える経営者も少なくありませんが、それは正しい認識ではありません。

　AI 技術を学んだ人材は、AI プロジェクトで活躍してこそ、価値を発揮します。せっかく AI に関するスキルを身につけても、試す場がなければ、他の組織で力を試したいと思うものです。AI 教育を受けても、社内に AI 関連のプロジェクトがないために、転職してしまうことも珍しくありません。しっかりと社内に「実践の場」を用意し、学んだ知識／スキルを発揮できる状態をつくることが重要です。

　この「実践の場」では、経験豊富な熟練者の指導の下、OJT（On-the-Job Training）を通してサバイバルスキルを獲得します。通常、OJT は数カ月〜数年間という長い期間で実施されます。AI プロジェクトにおけるタスクを一通り体験しようとすると、少なくとも 3 カ月程度の期間が必要になります。実際の AI プロジェクトでは、プロジェクトごとに対象とするテーマや課題が異なるため、1 つのプロジェクトを経験した

だけでは不十分です。AI を自律的に活用できる独り立ちの人材になるためには、2 ～ 3 つ程度の AI プロジェクトを経験することが推奨されます。

　もし、「実践の場」を自部門で準備できない場合は、他流試合として他の部署の AI プロジェクトに参画したり、他社の AI プロジェクトに参画させてもらったりすることも考えてみましょう。


### 〈NEC における実践の場：道場〉

　AI 人材には、自らの知識と技術を総動員して実課題を解く「実践力」が求められます。この実践力は、研修プログラムだけで身につけることは難しく、時間をかけて実際の AI プロジェクトのなかで身につけるしかありません。

　NEC では、AI 専門組織のメンター指導の下、実際の AI プロジェクトを通した OJT を行う枠組みを「道場」と呼び、標準期間を 1 年間（12 カ月間）と設定しています（**図表 4 − ⑥、4 − ⑦**）。社員によって、目指すべき人材タイプや、データ分析に関する経験値が異なるため、道場では画一的なカリキュラムは準備しておらず、参加者の保有スキルに応

図表 4-⑥ **NECアカデミー for AI　道場**

| 研修 1カ月目～2カ月目 | 道場 3カ月目～4カ月目 | 道場 5カ月目～12カ月目 |
|---|---|---|
| **スキル習得** | **AI案件疑似体験** | **AI案件実践** |
| ブートキャンプ受講（20日間の短期集中講座） | ケーススタディ（個人演習／グループワーク） | 実践プロジェクト決定（スキルレベルに応じたPJ選定） |
| AI専門研修受講（メンターが必要な研修を選択） | テーマ別勉強会（ビジネス／データサイエンス） | AIプロジェクト実践（通常1～2プロジェクト実践） |
| 砂場での自己学習（レベル別の自己学習動画） | 分析コンテスト（NEC Analytics Challenge Cup） | ラップアップ（メンターからのフィードバック） |

図表 4-⑦ ┃ **道場スケジュール**

| 活動スケジュール | | 1カ月 | 2カ月 | 3カ月 | 4カ月 | 5カ月 | 6カ月 | 7カ月 | 8カ月 | 9カ月 | 10カ月 | 11カ月 | 12カ月 |
|---|---|---|---|---|---|---|---|---|---|---|---|---|---|
| 入学 | NECアカデミー入学 | ★ | | | | | | | | | | | |
| 研修 | ブートキャンプ受講 | ←→ | | | | | | | | | | | |
| | AI専門研修受講 | | ←———→ | | | | | | | | | | |
| | 砂場での自己学習 | ←———————————————————————————→ | | | | | | | | | | | |
| 道場 | ケーススタディ | | | ←→ | | | | | | | | | |
| | テーマ別勉強会 | | | | ←→ | | | | | | | | |
| | 実践プロジェクト決定 | | | | | ★ | | | | | | | |
| | AIプロジェクト実践 | | | | | ←———→ | | ←———→ | | | | | |
| | ラップアップ | | | | | | | | ★ | | | | ★ |

※上記期間は目安であり、入学者の習熟レベルおよびAIプロジェクトの案件状況によって変動します

じて、メンターが個別に指導内容を組み立てています。

## ③交流の場

　これまで説明してきたように、企業のなかで AI を活用できる人材を増やすためには、「学びの場」と「実践の場」の両方を用意する必要があります。さらに、これら2つの場に加えて、「交流の場」も用意することをおすすめします。ある程度、AI を活用できる人材の数が増えてくると、「他部門で実施している AI 活用の情報を共有してほしい」あるいは「AI 活用に関する悩みを他部門の人に相談したい」などの要望が出てきます。そのような要望に応えるために、AI を活用する人材同

士がコミュニケーションできる「交流の場（コミュニティ）」を用意します。

　一部の組織や専門家だけがAIを活用している状況であれば、特にコミュニティをつくる必要はありません。複数の部門でAIを活用するようになったら、AIコミュニティを設置しましょう。AIコミュニティを設置することで、会社としてのAI活用力を高めることができます。

　会社のAI活用力を高めていくためには、どのようなAIコミュニティをつくればいいのでしょうか？　一般的にコミュニティは、「クローズドなコミュニティ」と「オープンなコミュニティ」の2つに分けることができます。「クローズドなコミュニティ」は参加者が限定されたコミュニティで、部門内限定や招待制で集まるため、濃厚な情報交換が可能です。一方で「オープンなコミュニティ」は組織を超えたコミュニティで、他部門や異業種での活用事例を共有することができます。しかし、参加者が増えてくるとだんだん顔が見えづらくなるので、踏み込んだ情報交換が難しくなります。

　最終的に目指したいコミュニティは、会社全体でAI活用に関するナレッジを共有できる場になることです。しかし、いきなりそのようなコミュニティをつくることは難しいので、段階を踏むことになります。まずは、少人数のクローズドなコミュニティから始め、AI活用に関するナレッジを少しずつためておきます。複数の部門でのAI活用が進んできた段階で、お互いの部門におけるAI活用ナレッジを出し合い、オープンなコミュニティに拡張します。

　このオープンなコミュニティに拡張する際、会社のなかにAI活用を専門とする部隊（AI活用専門組織）があれば、そこに主導権を握ってもらい、体系的にAI活用に関するナレッジを整理します。

### 〈NECにおける交流の場〉

　NECでは、AIを学ぶ者同士が交流するための「コミュニティ」を用意しています。コミュニティでは、AI事業におけるベストプラクティスの共有や、最新のAI動向の配信などを行っています。コミュニティ

を通して、事業部門、AI 専門組織、研究所といった組織間での情報共有を加速し、変化の激しい AI 領域に追従できるようにしています（**図表４−⑧**）。

　現在、さまざまな業種で AI 活用への取り組みが行われています。同業種だけではなく、異業種での活用事例が参考になることも多いため、業種を超えて最新のベストプラクティスを共有しています。AI に関する情報がワンストップで集まるコミュニティとして、2022 年現在、6,800人以上の社員が本コミュニティに参加しています。

　また NEC では、社員の AI スキルを底上げするために、AI を自由にさわれる環境「砂場」を用意しています。砂場には、NEC の AI 技術ブランドである「NEC the WISE」をはじめ、OSS（Open Source Software）

**図表 4-⑧　NEC Data Analyst Community**

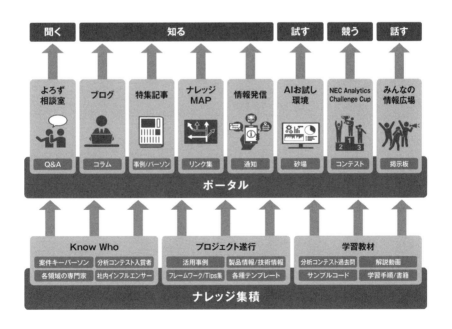

の機械学習ライブラリーやディープラーニングフレームワークを配置し、AIについて学習できるようにしています。また、この砂場上にNECの研究所などで開発された新しいAIアルゴリズムを配置することで、継続的に最新技術をキャッチアップできる仕組みを構築しています。

研修に参加する時間を割くことはできないが、AIについて学びたいという社員が数多く存在していたため、1～2時間程度で自己学習ができるWeb動画を砂場上に配置し、時間と場所を選ばずに知識習得ができるようにしています。

この砂場上で、毎年「NEC Analytics Challenge Cup」という分析コンテストを開催しています。参加者同士で予測精度を競い合う「予測精度コンテスト」や、AIのビジネス活用アイデアを競い合う「アイデアコンテスト」を開催しています。「予測精度コンテスト」では、自ら最新のアルゴリズムを調べたり、他の参加者に負けまいと特徴量設計やパラメータチューニングに工夫を凝らしたりするため、通常の研修プログラムよりも学習効果が高いと考えられます。

また、コンテスト上位入賞者の分析内容をNEC内で共有することによって、NEC全体のAIスキル向上につなげています。毎回、新しい工夫を行った参加者が上位入賞を果たしますが、その内容はNEC全体で共有されるため、次回のコンテストでは、さらなる工夫を行わないと入賞できなくなっています。このように入賞者のナレッジを全体で共有することによって、社員のAIスキルの底上げを行っています。

さらに、コンテストの副次的効果として、「隠れたAI人材の発掘」が挙げられます。普段はAI事業に携わっていない社員が、いきなりコンテストで上位に入賞することがあります。そのような隠れた人材が見つかった場合は、本人の希望を踏まえて業務の見直しを行い、AI人材としてのポジションを準備することも考えます。

4-2-2

# AI を活用するための組織文化醸成

## AI 活用への取り組み

　次に、AI 活用を定着化させるための組織文化の醸成について、解説します。AI 活用への取り組みは、「黎明期」「発展期」「成熟期」の３段階に分けることができます（**図表４－⑨**）。

　AI 活用に取り組みはじめて最初の１～２年目が「黎明期」で、AI 活用を牽引する人材（オールラウンダーな人材）の育成に取り組みながら、新たなチャレンジを推奨する文化を構築します。複数の部門での AI 活用が進んでくると「発展期」に入ります。

　発展期では、AI をビジネスに実装する人材（スペシャリスト）の育成に取り組みながら、一定の育成期間を許容する文化を浸透させます。

図表 4-⑨ **AI活用への取り組み**

| | 黎明期 | 発展期 | 成熟期 |
|---|---|---|---|
| **人材育成** | AIの活用を牽引する人材の育成（オールラウンダーを中心に育成） | AIをビジネスに実装する人材の育成（スペシャリストを中心に育成） | AIを業務に活用する人材の育成（ユーザを中心に育成） |
| **育成テーマ** | 即戦力人材の短期育成 | 事業拡大に応じた人材の確保 | 人材の持続的な育成 |
| **組織文化** | 新たなチャレンジを推奨する文化の構築 | 一定の育成期間を許容する文化の浸透 | 継続学習を習慣化する文化の醸成 |

全社規模でAIの活用が実施されるようになると、最後の「成熟期」です。成熟期では、AIを業務に活用する人材の育成を進めながら、継続学習を習慣化する文化を醸成します。

## AI活用「黎明期」における取り組み

　黎明期では、AIに関する取り組みを始めたばかりということもあり、AIを活用することで本当に課題解決につながるのか、懐疑的な社員が多いなかでAIプロジェクトを進めることになります。

　そのため、AI活用プロジェクトに参画する社員がうまく活動できるように、新たな取り組みにチャレンジしやすい雰囲気をつくることが重要になります。

　また、AIプロジェクトの実施には、一定の投資（ヒト・モノ・カネ）が必要となるため、経営層からは目に見える成果を出すことが期待されます。AI活用による成果を素早く出すために、即戦力となる人材を短期育成し、AIへの取り組みに弾みをつけることが大切です。

　黎明期では、少人数でAIプロジェクトに対応するため、オールラウンダーな人材を育成することになります。黎明期の大多数のプロジェクトは、企画立案や検証（PoC）で終了するため、AIを活用した企画やPoC用のAIモデルを検討できる人材を中心に育成します。

　AIプロジェクトを円滑に進めるためには、AIプロジェクトに関するナレッジを共有することが重要になります。黎明期では、AI活用のプロジェクトに関わる人数が限られているため、Webブラウザ上で情報を検索できるナレッジマネジメントシステムのような大がかりな仕組みをつくる必要はありません。AIプロジェクトに関わるナレッジは多岐にわたるため、知識集約の仕組みをつくるだけで、かなりの時間と工数が必要になってしまいます。黎明期では、無理に知識集約の仕組みをつくらず、Know Who情報を管理することに注力します。

　Know Who情報とは、「その知識領域に詳しい人は誰か」といった情報です。詳しく知りたい情報があった場合、Know Who情報を基に、

その知識領域に詳しい人にコンタクトします。詳しい人に教えてもらうことによって、迅速に課題解決につなげることができます。

　AI プロジェクトに関わる人数が少ない場合は、ナレッジそのものをドキュメント化してまとめるよりも、誰がその情報を知っているか、整理したほうが効率的です。また、Know Who 情報として、自分の専門領域が登録されると、他のメンバーから質問された際に詳しく説明できるように、より深く専門知識を学ぼうとするモチベーションが生まれます。それぞれの社員の専門領域を増やしていくことで、会社としてのAI 活用領域の幅を広げることができます。

## AI 活用「発展期」における取り組み

　発展期では、取り組む AI プロジェクトの数も増えてくるので、黎明期では属人的だった AI プロジェクトの進め方を組織的な取り組みに変える必要があります。

　多くの企業では、この発展期のタイミングで AI 活用を推進する組織横断型の専門組織／チームを設置します。新たな部門で AI 活用にチャレンジしようとすると、「どのような課題を AI で解決すればよいのかわからない」「どのように AI 活用を進めればよいのかわからない」といった声が上がってきます。組織的に AI 活用を進めるためには、AI 活用に関する課題やナレッジを 1 カ所に集めておくことが重要になります。

　最初から大がかりな AI 専門組織をつくる必要はありません。まずは、少人数の選任チームづくりから始めて、そこに課題やナレッジが寄せられる状態をつくりましょう。

　発展期では、複数の組織で AI 活用に取り組むようになるため、事業拡大に応じた AI 人材の確保が重要になります。これまで AI 活用に関わっていなかった社員を育成することになるため、ある程度の育成期間が必要です。

　新入社員や若手社員を育成する場合は、数週間に及ぶ新入社員研修や定期的に開催される階層別研修（入社 3 年目研修や昇格後研修など）と

いった比較的拘束時間の長い育成プログラムが検討されます。

　一方で、中堅社員に関しては、既存の業務との兼ね合いもあり、なかなか育成の時間を確保することができません。しかし、中堅社員はさまざまな業務を経験し、多くのドメイン知識を保有しているため、しっかりと育成を行えば、AIを活用できる人材として活躍することが期待できます。

　このようなドメイン知識とAI知識の両方を兼ね備えた中堅社員を増やしていくためには、組織のなかで一定の育成期間を許容する文化を浸透させていく必要があります。一定の育成期間を許与できない組織だと、本来AI活用の中心として活躍すべき中堅社員にAIを学ぶチャンスが巡ってこず、会社としてAI活用が進まなくなります。

　発展期では、AI活用に携わる社員の数も増えてくるので、AI活用に関するナレッジを集約し、共有するための仕組みを構築します。黎明期ではAI活用に関わる人数が少なかったため、Know Who 情報を整理すれば事足りましたが、発展期ではある程度ドキュメントを整理する作業が必要になります。それぞれの組織でチャレンジしたAI活用に関するノウハウをドキュメント化し、共有するようにしましょう。

## AI活用「成熟期」における取り組み

　成熟期では、企業内のAI活用が進み、業務を進めるうえでAIを活用することが当たり前になってきます。AIを活用した業務を遂行する部門や部署が増えてくるため、会社全体で人材育成に取り組む必要があります。その際、社員のAI技術に関する知識を最新の状態に保つための教育を重点的に実施します。

　AI技術は日進月歩で進化しており、AIを活用し成果を上げていくためには、常に最新の動向を理解しておく必要があります。教育プログラムを一通り受講した社員であったとしても、継続的にAIの最新動向を学び続けることが求められます。この「継続的に学習する」という文化を醸成することができれば、最新技術を活用した新たな取り組みも生ま

れやすくなります。

　AI 技術の進歩は日々目覚ましいものがあり、その最先端技術を知るためには、やはり「学会」という場は欠かせません。**図表4－⑩**に主だった国際的なトップ学会を列挙しました。それぞれに、たとえば CVPR のような画像系や ACL のような言語系など、取り扱うデータ形式に特色を強く持つ学会や、理論寄りの学会、実問題応用を幅広く取り扱う学会などそれぞれに特徴があります。

　成熟期では、全社的に AI 活用が進むため、組織を超えたナレッジ共有の仕組みが必要となります。さまざまな部門で AI 活用に関する取り組みが行われるため、AI 活用に関するナレッジを中心に整理し、広くオープンに共有できる仕組みを構築します。成熟期では、さまざまな部

図表 4-⑩ **国際的なAI学会**

| 学会名 | 特色 |
|---|---|
| AAAI | AI系全般 |
| ACL | 言語系トップ学会の一つ |
| AISTATS | やや理論寄りの機械学習系 |
| CVPR | 画像系トップ学会の一つ |
| COLT | 機械学習理論のトップ学会の一つ |
| EMNLP | ACLと並ぶ自然言語系トップ学会 |
| ICCV | 画像系トップ学会の一つ |
| ICLR | 機械学習のなかでも深層学習に特化 |
| ICML | 機械学習系トップの一角 |
| KDD | データマイニング機械学習応用のトップ学会 |
| NeurIPS | 機械学習系トップ学会の一つ |
| RecSys | 推薦系トップ学会 |
| SIGIR | 情報検索系(+推薦系など)トップ学会 |
| SIGMOD | データベース系トップ学会 |
| VLDB | SIGMODと並ぶデータベース・DM系トップ学会 |
| WSDM | 推薦系トップ学会 |

門／部署で AI 活用に取り組むため、類似したテーマや課題に直面することが増えてきます。すでに他の部門で取り組んだことのあるテーマであれば、その内容を参考にして AI プロジェクトを進めるほうが効率的です。また、他のプロジェクトで同じような課題に直面した実績があるのであれば、どのように課題を乗り越えたのか、参考にすべきです。

このように、社内で対応した AI プロジェクトのナレッジを集約し、他の AI プロジェクトでも活かせるようにしておきます。必要に応じて、集約したナレッジのなかからベストプラクティスを抽出し、ガイドラインやテンプレートとしてまとめておきましょう。

## AI を活用する組織構成

限りある AI 人材をどの組織に所属させるのかは、頭を悩ませる問題です。「黎明期」「発展期」「成熟期」の各段階において推奨される組織構成について解説します（**図表4-⑪**）。

「黎明期」では、特定の部門や部署で実験的に AI プロジェクトを進めるため、AI 人材はそれぞれの部門に点在することになります。この黎明期では属人的に AI プロジェクトを進めることが多いため、無理に AI 人材を集めることはせず、それぞれの部門で活躍してもらうことに注力します。

一方で、「発展期」では、AI 活用を組織的に進める必要があるため、専門性の高いメンバーを専門組織に集め、AI プロジェクトを遂行します。AI 活用を推進する専門組織に AI 人材を集めることによって、効率的に AI プロジェクトを遂行できるようになります。また、社内における AI プロジェクトが1カ所に集まることで、実践指導を通した人材育成（OJT）が実施しやすくなるとともに、AI プロジェクトを遂行するためのナレッジも集積しやすくなります。

「成熟期」では、AI 活用を全社的な取り組みに変えていくために、専門組織に集めていた AI 人材を各部門に戻します。それぞれの部門に専門性の高いメンバーが所属することになるため、各部門で自律的に AI

## 図表 4-⑪ AIを活用する組織構成

**黎明期**

AIプロジェクト AIプロジェクト

部門 部門 部門

AI人材 AI人材 AI人材

- 特定の部門/部署で実験的に
  AIプロジェクトを実施
- AI人材は各部門に点在

**発展期**

AI活用を推進する専門組織

専門性の高いメンバーを
専門組織に集結

部門 部門 部門

- 専門性の高いメンバーを
  専門組織に集め、組織的に
  AIプロジェクトを遂行
- 専門組織で構築した
  AIを各部門で活用

**成熟期**

AI活用を推進する専門組織

各部署に専門性の高い
メンバーを配置

部門 部門 部門

- それぞれの部門でAI活用が
  進むように専門性の高い
  メンバーを各部門に配置
- 専門組織は技術フォローや
  アドバイザーとして機能

活用が進むことになります。発展期では AI 活用の中核を担っていた専門組織の役割も変化します。成熟期では、専門組織はそれぞれの部門を全社的にサポートする役割を担い、専門技術に関するフォローや AI 活用を実施する部門へのアドバイスを中心に実施します。

　このように「黎明期」「発展期」「成熟期」で、AI を活用する組織構成は変化します。AI 活用の発展度合いに応じて、柔軟に組織構成を変化させていきましょう。

# NECアカデミー for AI

　近年、AI の社会実装・活用が急速に進み経済がデジタル化するなか、世界的に AI 人材の不足が大きな社会課題となっています。

　日本においても、内閣府が AI 社会原則のひとつとして、「教育・リテラシーの原則」を掲げており、産学官連携で AI 人材育成に取り組むことが求められています。また、内閣府の統合イノベーション戦略推進会議「AI 戦略」のなかでも、デジタル社会の基礎知識として「数理・データサイエンス・AI」の 3 つがあげられており、AI 人材育成に対するニーズが高まっています。

　NEC グループでは、2013 年 10 月から AI 人材育成に関する取り組みをはじめ、数多くの AI 人材を育成してきました。そんな中、大学・大学院や産業界からの要望を受け、これまで NEC グループで培ってきた育成メソドロジーを社会に還元するために「NEC アカデミー for AI」を 2019 年 4 月に開講しました。文理の境界を超えて数理、データサイエンス、AI の素養を身につけるための実践的教育の場を設置するとともに、年齢や業種を超えて学ぶ者同士が連携し、オープンイノベーションが実現できる場を目指しています（**図表 4 −⑫**）。

　NEC アカデミー for AI では、9 つの施策を組み合わせて AI 人材育成に取り組んでいます（**図表 4 −⑬**）。AI 人材の育成においては、継続的に学び続けるための仕組みを構築することが重要となります。AI 領域では、日々、新しいテクノロジーが生み出されるため、常に最新技術へのキャッチアップが求められます。つまり、ある時点で一通りの育成

図表 4-⑫ NECアカデミー for AI が目指す姿

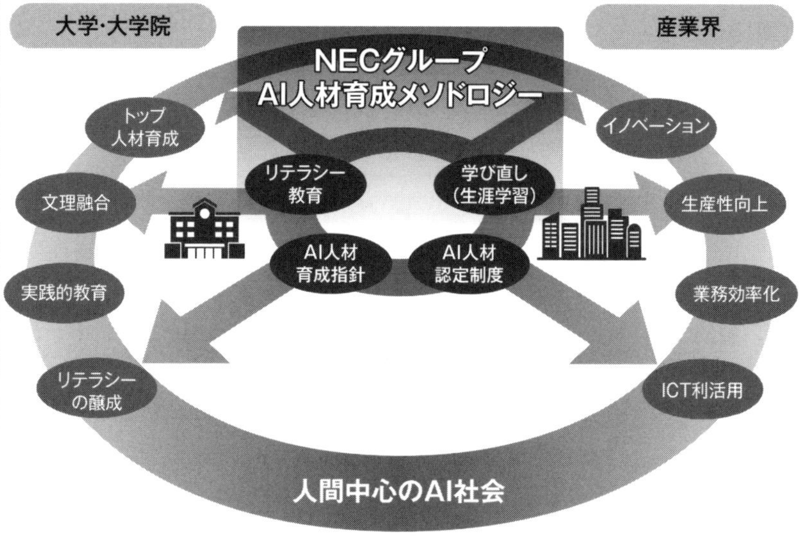

プログラムが終了していたとしても、新たな AI 技術の登場に追随して、最新技術の学び直しが必要となります。

　NEC アカデミーではベースとなる育成施策として、「ブートキャンプ」「研修」「道場」を実施しています。この３つの施策を通して、AI 人材として必要な一通りのスキルを習得します。また、継続学習のための施策として、「砂場」「コンテスト」「コミュニティ」を用意しています。

　その他の施策として、大学生に AI 実践経験の場を提供する「インターンシップ」、数理統計の基礎を学び直すための「リカレント教育」、AI 人材としての到達度を測定するための「スキルチェック」があります。

図表 4-⑬ NECアカデミー for AI

**NECアカデミー for AI**

研究機関 — 最新アルゴリズム

砂 場　自己学習環境
コンテスト　NEC Analytics Challenge Cup
コミュニティ　AI人材コミュニティ

最新技術学び直し

社会人

ブートキャンプ　ベーススキル習得
研 修　専門スキル習得
道 場　メンターによる指導

AI人材

大学生

インターンシップ　業務体験
リカレント教育　大学連携
スキルチェック　スキルレベルチェック

外部機関

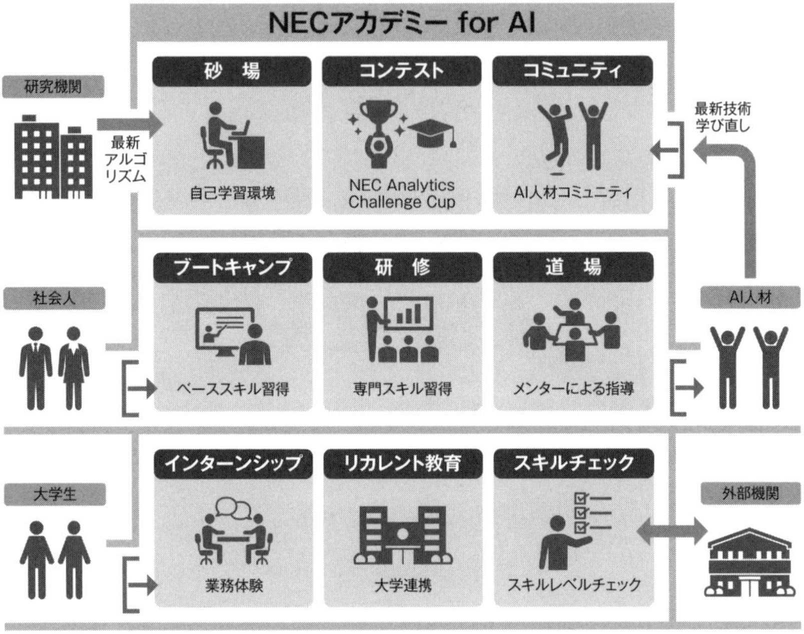

〈ブートキャンプ〉

　AI 人材として必要なベーススキルを短期集中型（20 日間）で身につけるためのブートキャンププログラム。

〈研修〉

　AI 人材に必要な専門スキル（ビジネス力、データサイエンス力、データエンジニアリング力）を習得するための研修プログラム。スキル別×レベル別に研修プログラムを用意。

〈道場〉

　第一線で活躍するメンターの下、実際の AI プロジェクトを通した

OJT（On-the-Job Training）を実施。実務経験を積むことで、ビジネスにAIを活用するためのスキルを習得。

### 〈砂場〉

　思い立ったときに、AIについて学習できる自己学習環境。学習動画を用いた知識習得や研修の予習／復習、新しいAIアルゴリズムの体験の場として活用。

### 〈コンテスト〉

　参加者同士で予測精度を競い合う予測精度コンテストや、AIのビジネス活用アイデアを考えるアイデアコンテストなどを開催。

### 〈コミュニティ〉

　知識習得や実習体験、情報共有や人材交流を行うためのAI人材コミュニティを開設。情報共有するためのポータルサイトを設置するとともに、ワークショップや事例発表会、AI人材交流会などを開催。

### 〈インターンシップ〉

　大学・大学院の学生を対象としたインターンシップを開催。実務者と一緒に、AIプロジェクトを体験。

### 〈リカレント教育〉

　大学・大学院と連携することで、数理・統計・情報に関する学び直しの場を提供。

### 〈スキルチェック〉

　定期的なスキルチェックを通して、現時点でのスキル習熟レベルの把握やAI人材としての到達度を確認。

## 4 - 3

# AI を活用するための環境整備

## 4-3-1

## AI 活用を浸透させるための環境整備

### 環境整備 3 つの施策

　企業のなかで AI 活用を浸透させるためには、「AI を活用するための人材育成／組織文化醸成」と「AI を活用するための環境整備」を両輪で実施する必要があります。ここでは、AI を活用するための環境整備について解説します。

　AI 活用の企画を立て、PoC を実施し、AI システムが完成すると、そこがゴールのような気持ちになるかもしれませんが、AI を活用するためのスタートラインに立ったにすぎません。業務プロセスのなかに AI を組み込み、業務担当者が日々の業務のなかで AI を使える状態になってはじめて、AI の活用がスタートします。AI 活用を浸透させるための環境整備として、次の 3 つの施策を継続的に実施します。

　①現場適用
　②データマネジメント
　③モニタリング / 改善

　これら３つの施策が必要な理由と、それぞれの施策で押さえておくべきポイントについて解説します。

## ①現場適用

　AI をシステムに実装しただけでは、AI の業務活用は進みません。業務担当者やエンドユーザに AI を活用してもらうためには、AI 活用に関するドキュメントやマニュアルを整備し、しっかりと活用方法をレクチャーする必要があります。多くの場合、業務プロセスのなかに AI を組み込むことによって、業務の進め方や利用するシステムが変わります。そのため、新たなシステムの操作方法や活用方法をレクチャーする講習会を開く必要があります。

　また、AI を活用する際は、AI も間違った結果を出力する可能性があることを念頭に置きながら、業務を進める必要があります。AI の出力結果に違和感がある場合は、一旦手を止め、ビジネス／業務的な観点で出力結果の妥当性を判断します。業務のなかで見つけた不備や指摘事項を集めることによって、AI システムはより使いやすいものになっていきます。AI システムの活用方法をレクチャーする際は、AI システムへのフィードバック方法についても伝えるようにしましょう。

　普段から AI を使い慣れていない現場では、AI の活用はなかなか進みません。場合によっては、トップダウンで AI 活用の号令をかけたり、AI 活用の旗振り役をアサインしたりして AI 活用を促進します。また、AI 活用を浸透させるためには、AI を活用しているメンバー同士で活用ナレッジを共有することも有効です。AI 活用に不安を抱いている社員も、他の社員がどのように AI を活用しているのかを知ることができれば、AI を利用してみようという気持ちになります。

　前節の「AI 活用を定着化させる組織文化の醸成」で紹介した情報共有の仕組みをつくることによって、AI 活用に関するナレッジの共有を進めましょう。

## ②データマネジメント

　AI活用を浸透させるためには、「現場適用」に加えて「データマネジメント」を適切に実施する必要があります。質の悪いデータでAIが学習してしまうと、質の悪いAIモデルが作成され、精度の悪い予測結果が出力されてしまいます。それを基に業務を進めると、間違った判断につながりかねません。良くも悪くもAIモデルは、データの量と質に影響されます。AIに適切なデータで学習させるためにも、継続的にデータマネジメントに取り組む必要があります。

　一般社団法人日本データマネジメント・コンソーシアムでは、データマネジメントを次のように定義しています。

　「ビジネスの成長と成果のために『データをビジネスに活かすことができる状態を継続的に維持、さらに進化させていくための組織的な営み』によりデータを利活用すること」

　この定義を基に、データマネジメントを成功させるためのポイントについて解説します。

### 〈データをビジネスに活かす〉

　データを物理的に管理するだけでは意味がなく、「ビジネスに活かすためにどう管理すればいいか」を考える必要があります。

　AIの世界では、"Garbage In Garbage Out（ゴミを入れるとゴミが出る）"という格言があります。すなわち、品質の悪いデータで学習すると、品質の悪いモデルが作成されてしまうということです。

　品質の悪いデータのひとつが、最新ではないデータです。たとえば、金融業の営業パーソン向けに、顧客に推薦する商品予測をするシステムがあったとします。もし2年前の販売実績をAIに学習させると、現在の商品のトレンドや顧客の投資傾向を捉えられないモデルが作成されて

しまい、現在の傾向に即していない予測をしてしまいます。

　営業パーソンがその結果を基に顧客に商品の推薦を行っても、顧客の関心を引くことはできず、営業成績が悪化してしまうでしょう。目的に合った適切なデータ管理（分析に必要なデータの取捨選択、品質の維持）を行う必要があります。

### 〈データを継続的に維持、さらに進化〉

　データは、収集し格納して終わりではありません。最新のデータを管理し、データ活用で課題が発生したら修正する必要があります。また、さらなるビジネスの成長に向け、新しいデータ活用のためのデータを管理することも必要です。たとえば、金融業においては、商品購入履歴だけでなく、顧客の資産情報、ローン審査、マネーロンダリングのチェック、マネープランの作成など、幅広い用途でデータを活用することで、売上向上や顧客の満足度向上を目指すことが可能になります。

### 〈組織的な営み〉

　データマネジメントは、システム部門のみならず、実際にデータを使う業務部門の関与が不可欠です。データに最も詳しい、データを保有している業務部門の人も参加し、業務活用に即したかたちでデータの管理方針を決め、業務での活用結果を管理方針にフィードバックしていきます。これにより、質の良いデータが活用され、売上向上などのビジネス価値創出につながります。

　一方、データを提供・活用する業務部門が異なる場合や、1つのデータを複数の業務部門が異なるテーマで活用する場合には、複数の業務部門がデータの収集・管理・活用に関わることになり、組織間連携や部門調整が発生します。

　そこで有効なのが、データマネジメント標準化や専門組織（DMO：Data Management Office）の組成・運営です。データ活用支援をミッションとした専門組織の下、「全社」視点で「長期目標」を見据え、データマネジメントに関する業務の標準化、分析用データの提供やデータ活用

ナレッジの蓄積・展開をしていきます。こうした活動により、組織の壁を乗り越えて、業務へのデータ活用の定着化を行っていきます。

　データマネジメントによって得られる最大のメリットは、「スピーディな意思決定でビジネスチャンスを逃さない」ことです。データ活用に即したかたちで適切にデータが管理されていなければ、データ取得だけで数週間以上かかってしまうことがあります。

　したがって、データマネジメントを適切に行うことで、必要なデータを最新かつ整理された状態に保ちます。そうすれば必要なときに素早く活用できるため、タイミングよく、かつ迅速に商品を推薦したり、解約の予兆を検知して未然に防いだりすることが期待できます。また、経験に頼らず現状に即した意思決定を行い、価値創出・収益拡大につながることや、俗人性を防ぐことも期待できます。

　では、データマネジメントでは、どのような活動を行えばいいのでしょうか。ベースとなるのは、データガバナンスとデータアーキテクチャです。必要な活動の内容と関係性については、**図表４-⑭**のとおりです。

　各活動の概略は、次のとおりです。

図表 4-⑭ **データマネジメントの活動**

- **データガバナンス**……データマネジメントの取り組みの目的を明確化し、施策を策定
- **メタデータ管理**……データの意味定義や属性情報を可視化し、関係者間で認識共有
- **マスターデータ管理**……業務やシステムを横断して使用するマスターデータを統合管理
- **データ品質管理**……データ品質を定義し、データの正確性や網羅性を担保
- **アナリティクス・レポーティング**……データをビジネスに活用
- **データのライフサイクル管理**……データが生成されてから廃棄されるまで、種類や品質が適切なデータを維持するための、一連の管理
- **セキュリティ管理**……システムとデータの安全性確保のために、暗号化やバックアップなどのセキュリティ対策を実施
- **データアーキテクチャ**……システム全体を俯瞰したあるべきデータの配置やフローを定義し、システムを構築

　こうした活動の推進にあたって参考になるのが、アメリカの DAMA（Data Management Association）インターナショナルが策定した、データマネジメント知識体系（Data Management Body Of Knowledge）の「DMBOK」です。最新の「DMBOK 2」は全 17 章で構成されています。知識体系は「DMBOK ホイール図」としてまとめられており、データガバナンスを中心に、その周りをデータマネジメントに必要な機能が取り囲んでいます。この「DMBOK」についての詳細を知りたい場合は、DAMA 日本支部のウェブサイト[27] を参照してください。

## ③モニタリング／改善

　AI 活用を浸透させるためには、「現場適用」「データマネジメント」に加えて、「モニタリング／改善」を実施する必要があります。AI 活用を進めるうえで、当初の想定どおりビジネス効果が出ているかを定期的

*27　https://www.dama-japan.org/

に確認することが大切です。もし効果が出ていない場合は、原因を分析して対策を講じる必要があります。

　AIを活用していくなかで、モニタリングすべき指標は大きく分けて「業務評価指標」と「精度評価指標」の2つがあります。

　業務評価指標とは、AI導入時に期待していたビジネス効果を測る指標です。たとえば、売上増加やコスト削減など、AIを導入することによって効果を期待していたものを業務評価指標として測ります。

　精度評価指標は、AIモデルの劣化状況を測るための指標です。AIモデルの予測結果と実際の結果を比較することによって、AIモデルが劣化していないか確認します。

　多くの場合、AIを導入することによって業務評価指標は良くなります。ただし、AIを導入してある程度時間が経過すると業務評価指標の伸び率も悪くなってくるため、定期的に確認し、伸びが落ちてきた場合は改善策を検討する必要があります。

　業務評価指標が落ちてくるのは、当初想定していた市場環境から状況が大きく変化したり、AIの導入によって社内のボトルネックとなる箇所が変化したり、さまざまな要因が考えられます。業務評価指標の伸び率が悪くなってきたら、次の改善に向けて検討をスタートさせます。場合によっては、AIの活用自体を見直す可能性もあります。

　第3章でも説明したとおり、AIの学習モデルは時間の経過とともに劣化していきます。AI活用を進めていくなかで、精度評価指標が落ちてきた場合は、学習モデルの見直しを行います。AIモデルの見直しは、新しいデータを使って再学習する場合と、学習モデル自体を新しくつくり変える場合があります。詳しくは第3章を確認してください。

　また、AI活用の効果が如実に表れてくると、AIシステムを利用するユーザの数がどんどん増えていきます。AIシステムは利用状況に応じて、システムを強化していく必要があります。AI活用領域の広がりや増加するデータ量に対応するためにAIシステムのハードウェア／ソフトウェア／通信環境を適宜、強化していきます。

　AIに関連する技術領域の進展は目覚ましく、AIシステム構築時には

一般的でなかった技術も広く使われる技術に変わっているかもしれません。新しい技術を取り入れたほうがよいと判断できる場合は、積極的に新しい技術を取り入れるようにしましょう。

# データサイエンスの民主化

## データサイエンスの民主化

　昨今、「市民データサイエンティスト」という言葉に注目が集まっています。IT 調査会社ガートナーは、市民データサイエンティストを「統計や分析の専属担当ではないものの、高度なデータ分析や予測・意思決定機能を用いた機械学習モデルを構築できる人材」と定義しています。

　熟練データサイエンティストの数は依然不足しています。データサイエンスを最大限活用し、組織に競争上の優位性を実現するには、熟練データサイエンティストの確保以外の手段、すなわち、「市民データサイエンティストの育成」という手段を組み合わせて、組織のデータサイエンス遂行能力を高めることが有効です。

## データサイエンスの民主化がもたらす３つの効果

　「データサイエンスの民主化」とは、LoB（Line of Business：ライン部門）が市民データサイエンティスト化し、LoB が主導するデータサイエンスの内製化を実現できている状態を指します。データサイエンスの民主化を実現することで、組織は３つの効果を得られます。

### 〈データサイエンスの取り組み件数が増加する〉

　単なる数字や文字の羅列であるデータを、ビジネス上の成果につなが

る価値ある情報に変換するには、**図表 4-⑮**に示す分析プロセスを遂行する必要があります。

　分析プロセスのうち、その多くは専門職であるデータサイエンティストが実施するプロセスです。そのため、データサイエンティストの数が少ないと、データサイエンティストのリソースがボトルネックとなり、取り組み可能なプロジェクトの数も少なくなります。また、多くのプロジェクトがデータサイエンティストの作業待ちの状態となり、ビジネス上有益な情報をタイムリーに活用できなくなります。

　このデータサイエンスの民主化は、「データサイエンティストのリソース不足」というボトルネックを解消します。LoB が市民データサイエンティスト化し、熟練データサイエンティストに頼らずとも、データサ

図表 4-⑮ **データサイエンスの分析プロセスと役割分担**

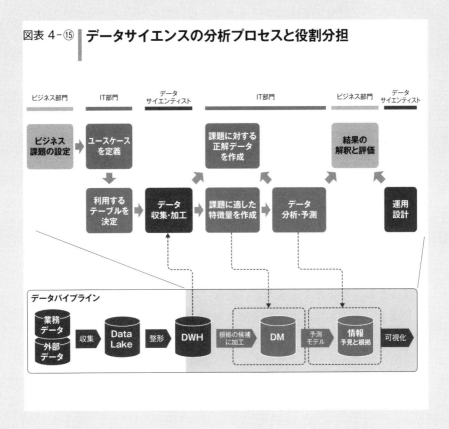

イエンスの取り組みを進められる。先進的な組織は、すでにそのような状況をつくり上げ、ビジネスにおけるあらゆるシーンで競争上の優位性を実現、成果を享受しています。

## 〈データサイエンスの取り組みの成功率が高まる〉

　データサイエンスの分析プロセスでは、最初にビジネス課題を設定し、それを基にデータサイエンスで扱える問題への落とし込み（ユースケース定義）を行います。ユースケース定義は「データサイエンスの得意／不得意」や「データサイエンスの適用事例」などの知識が必要となるため、データサイエンティストが主導し進めるかたちが一般的です。

　しかしながら、ビジネスや業務の専門家ではないデータサイエンティストがこのプロセスを主導することで、真に解くべきビジネス課題から逸脱したユースケースが定義されてしまうケースは後を絶ちません。結果、期待したような分析結果を得られず、大きな手戻りやプロジェクトの中止という事態が発生します。

　データサイエンスの民主化は、「ユースケース定義」のプロセスをLoB が作業主体者となり遂行できる状態を実現します。ビジネス上の課題を深く理解する LoB がユースケース定義のプロセスを実施すると、ビジネス課題から逸脱したユースケースが定義されるリスクは大幅に下がります。

## 〈従業員エンゲージメントの向上〉

　データサイエンスは、業界や業種、業務によらず広く活用できるものです。そのため、近い将来、すべてのビジネスパーソンにとって必須の知識スキルになると考えられています。このような未来を見据え、データサイエンスの民主化を促す施策、すなわち組織として積極的にデータサイエンスの取り組みと従業員の成長を促す施策を実施することは、従業員エンゲージメントを高めるという効果をもたらします。

　次に、「データサイエンスの民主化」を実現するために重要となる「データ整備」「データサイエンス自動化テクノロジー」「人材育成」について

解説します。

## データサイエンス民主化とデータ整備

　「データ整備」は、データサイエンスの取り組みを成功、拡大するためのポイントのひとつです。データを適切な形式で整備できると、データサイエンスの取り組みにかかるコストは低減され、取り組みを完了するまでの期間は短縮されます。データサイエンスの取り組みにかかるコストの低減は、前述のとおり、優れた組織文化の醸成につながる重要な課題のひとつです。

　また、データを適切な形式で整備できると、データサイエンスの遂行に必要となる知識やスキルの範囲を限定できるため、データサイエンスの取り組みにチャレンジするハードルを下げることができます。「データサイエンスの民主化」の実現を目指すうえで、チャレンジのハードルを下げることは必須となります。

　適切な形式でデータを整備できた状態とは、「分析用環境（AIやBIなどの実行環境）に、分析ですぐに使用可能な形式のデータを、簡単かつ短時間で読み込むことができる状態」です。

　このような状態を実現するひとつの方法は、分析用のデータマート（組織が保有するデータのうち、分析用の一部のデータを格納するデータベース）を準備し、分析で使用する可能性のあるデータを、すぐに使用可能な形式で蓄積しておくというものです。

　**図表4-⑯**は、分析用データマートを配置したデータ管理基盤アーキテクチャの一例です。この例では、組織内においてさまざまな目的で利用されるDWHと、分析ツールの間に分析用データマートを配置しています。

　分析用データマートを構築、運用する際には、以下の問題に対処する必要があります。

・事業活動を通して発生するすべての生データを収集、蓄積することは

**分析用データマートの配置例**

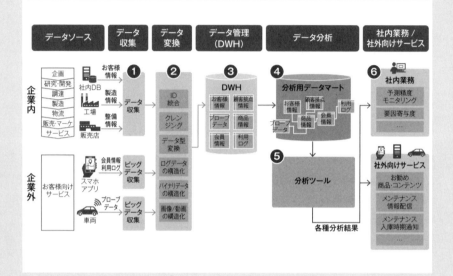

現実的ではありません。各データのフォーマットは統一されておらず、収集先のシステムも複数存在するため、データ収集の仕組みの構築には莫大なコストがかかります。膨大な容量のデータを蓄積するためのハードウェア（クラウドサービスを含む）にかかるコストも巨額となります。

・ビジネス成果につながる有益なデータについては投資してでもデータ収集、蓄積の仕組みを整備するべきですが、本当に有益なデータか否かの判断は困難を極めます。
・事業活動を通じて発生するデータのフォーマットはばらばらであり、そのままの形式でデータを蓄積した場合、分析実行時に必要となる

ID の名寄せなどのクレンジング処理にかかる負担が重くなります。

　これらの問題に対し、先進的な企業では、業務部門とデータマネジメント組織（IT 部門）のそれぞれの役割を定義、両者が共同で問題の解決にあたるという仕組みを構築、実践しています。業務部門の役割は、ビジネス上の課題を定義し、それをデータサイエンスの問題に変換すること、そしてそのデータサイエンスの問題を解くために必要な最低限のデータ（目的変数など）を準備、分析ツールを活用し得られた分析結果を業務に適用するという役割です。

　一方、データマネジメント組織は、業務部門が分析ツールに投入するデータを整備する役割を担います。データの整備は、アジャイル型のアプローチで実施することが重要です。業務部門からの要望などの情報を活用しながら、さまざまな分析テーマを横断して利用可能な汎用的かつ重要なデータを特定、優先順位をつけて順番に分析用データマートへの蓄積を進めます（**図表４－⑰**）。

　データマートにデータを蓄積する際、ID の名寄せなど分析時に必ず必要となるクレンジング処理はあらかじめ実施しておきます。分析ツールがそのまま読み込み使用可能なデータを、分析用データマート上に拡充していくことで、業務部門の担当者が得られるデータサイエンスの成果、すなわち分析品質は向上します。データサイエンスの取り組みにかかるコストと期間も低下していきます。データサイエンスの取り組みにチャレンジするハードルは低くなり、取り組みの成功率も高まります。結果、新たな取り組みにチャレンジする文化の醸成も促進されていきます。

## データサイエンス自動化テクノロジー

　データサイエンス自動化テクノロジーの活用は、データサイエンスの民主化を実現するためのポイントのひとつです。データサイエンス自動化テクノロジーを活用することで、データサイエンスにチャレンジする

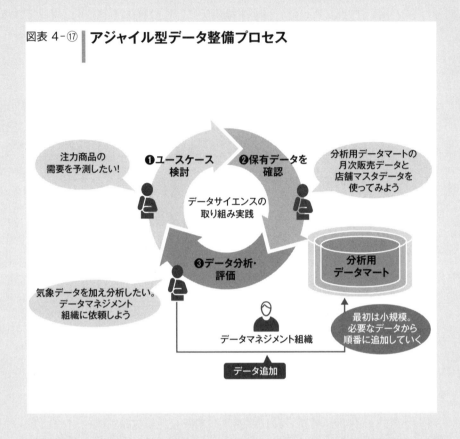

図表 4-⑰ アジャイル型データ整備プロセス

注力商品の需要を予測したい!

❶ユースケース検討

❷保有データを確認

分析用データマートの月次販売データと店舗マスタデータを使ってみよう

データサイエンスの取り組み実践

❸データ分析・評価

分析用データマート

気象データを加え分析したい。データマネジメント組織に依頼しよう

データマネジメント組織

最初は小規模。必要なデータから順番に追加していく

データ追加

ハードルは下がります。取り組みにかかるコストを低減し、期間は短縮されます。なお、データサイエンス自動化テクノロジーは、ツールごとに利用者に求めるデータサイエンスの知識やスキルレベル、自動化の範囲が異なるため、組織の状況や目的に応じて適切に選ぶ必要があります。

## データサイエンスの分析プロセス

　データサイエンスの分析プロセスの最初のステップは、ビジネス課題の設定です。たとえば、銀行業における個人の口座解約の抑止、流通業における在庫適正化などがビジネス課題に該当します。

　ビジネス課題を設定した後、「ユースケース定義」と呼ばれるデータサイエンスで扱える問題への落とし込みを行います。たとえば、「口座解約の抑止」というビジネス課題に対しては、「翌月、口座解約をしそうなお客様の予測」というユースケースを定義できます。在庫適正化に対しては、「翌日の商品の売上個数の予測」というユースケースを定義できます。

　ユースケース定義以降のプロセスは、データサイエンティストが主体となり進めるプロセスです。ユースケースを定義した後、問題を解くために必要と思われるデータを収集、収集したデータの加工を実施します。このプロセスは、「データクレンジング」とも呼ばれます。

　データの収集と加工の完了後、課題に対する正解データの作成、課題に適した特徴量を作成するプロセス、データ分析・予測プロセスと作業は続いていきます。データ分析・予測プロセスが完了したのち、予測結果や関係するデータを可視化しながら、結果を解釈、評価するプロセスへと移ります。結果の解釈と評価は、LoBが主体となり実施します。データサイエンティストは、分析結果をビジネス部門にフィードバックし、ビジネスで成果を出し得る結果となっているか否かをディスカッションします。分析結果に価値があると判断されたら、運用設計のプロセスへと進みます。

　一連のプロセスは、一般的にはデータサイエンティストを中心に、ビジネスの専門家やデータを扱うエンジニア、ソフトウェアアーキテクトなどがチームを組んで、数カ月という期間をかけて遂行します（**図表4 −⑱**）。

## データサイエンス自動化テクノロジー「AutoML」

　近年、データサイエンスを自動化するテクノロジーである「AutoML」機能を有するツールが登場、注目されています。AutoMLは、Automated Machine Learningの略で、一般的にデータサイエンスの分析プロセスのなかの機械学習プロセスを自動化する機能を有するツール

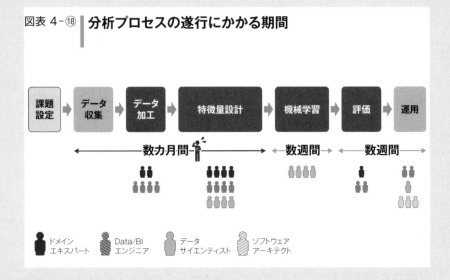

図表 4-⑱ 分析プロセスの遂行にかかる期間

を指します。

　現在、さまざまな AutoML ツールが登場しており、DataRobot、H2O.ai、Prediction One などの専門ベンダーが製品を提供しています。auto-sklearn や AutoGluon などのオープンソースのツールも知られています。また、グーグルやマイクロソフトなどのクラウドベンダーは、クラウド上で動作する AutoML ツールを提供しています。セールスフォースや SAP は、tableau などの自社製品に AutoML 機能を組み込むことで、自社製品の既存ユーザに対し付加価値を提供しています。

　一方で、AutoML ツールが自動化するのは、主に「機械学習」や「評価」「運用」のプロセスであり（**図表4-⑲**）、「データ加工」や「特徴量設計」のプロセスについては、多くのツールがツール外での手動対応を前提としています。そのため、データ加工や特徴量設計のプロセスは、これまでと変わらず、スキルの高い熟練データサイエンティストが多くの時間とコストをかけて対応しているのが現状です。

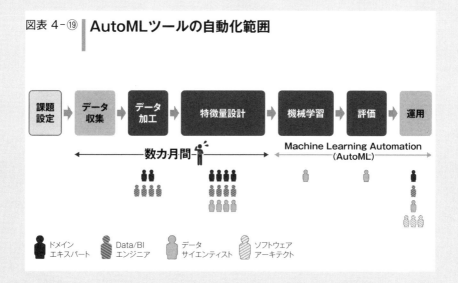

図表 4-⑲ | AutoMLツールの自動化範囲

## 特徴量とは

　データサイエンスのプロセスのなかで特に難易度が高く、大きなコストがかかるプロセスは、「特徴量設計プロセス」です。そもそも「特徴量」とはなんなのか、なぜ難易度が高く大きなコストがかかるのかについて解説します。

　特徴量とは、予測しようとする対象に影響しそうな「要因」と読み替えることもできます。たとえば、銀行業の営業担当者が「お客様が投資商品Xを契約するか否か」を予測するケースで考えます。「お客様の年齢」「直近3カ月間の預金残高の平均値」「証券会社への振り込み回数」などの数値は、投資商品の契約に影響しそうな要因であると想像できるのではないでしょうか。これらは特徴量の一例です。

　では、なぜ特徴量を作成する必要があるのでしょうか。それは、機械学習エンジンにデータを入力する際には、データを1つのテーブル（表）に変換しなければならないためです。**図表4-⑳**に示すように、予測対

**特徴量を作成する理由**

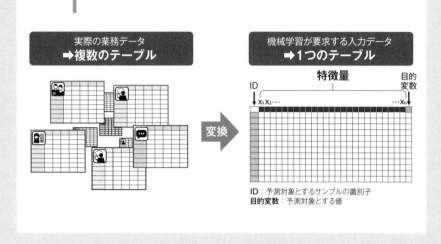

実際の業務データ
**➡複数のテーブル**

機械学習が要求する入力データ
**➡1つのテーブル**

変換

**特徴量**

ID：予測対象とするサンプルの識別子
**目的変数**：予測対象とする値

象 1 サンプル（たとえば、銀行業における投資商品 X の契約予測の場合、お客様 1 人が 1 サンプルとなる）あたり、1 レコード（行）の構造に変換する必要があります。

　実際の業務で使用されているテーブルは、一般的には複数のテーブルにまたがっており、予測対象 1 サンプルに紐づくデータは、複数行のデータとなります。このようなデータは、そのままの形式では機械学習に入力できません。そのため、特徴量に変換する作業が必要になるのです。

## 特徴量設計プロセス

　特徴量の抽出、作成を行うプロセスである「特徴量設計プロセス」は、次の 5 つのステップからなります（**図表 4 -㉑**）。

### 〈①データ理解〉

　特徴量の元となる、業務データの中身を理解します。たとえば、ウェブサイトのアクセスログデータについて、ユーザの滞在時間の分布を

## 図表 4-㉑ 特徴量設計プロセス

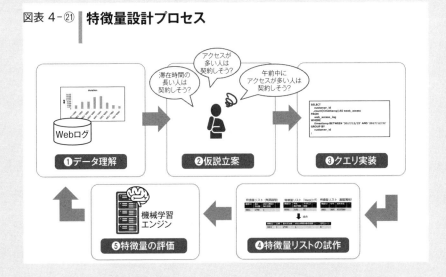

BIツールで可視化するなどしてデータの理解を進めます。また、テーブルの各項目の意味や、レコードが発生するタイミングなどもあらかじめ理解しておく必要があります。

### 〈②仮説立案〉

特徴量を作成する際には、予測しようとする対象に影響しそうな「要因」の仮説を、人間が立てる必要があります。予測対象銀行業において、投資信託商品を契約する可能性の高いお客様を予測するというテーマを例にとり説明します。

このテーマでは、たとえば、「ウェブサイトの滞在時間が長いユーザは、投資信託を契約する可能性が高い」「ウェブサイトへのアクセス回数が多いユーザは、投資信託を契約する可能性が高い」といった仮説が考えられます。なお、仮説は保有する業務データを加工することで数値として表現できるものでなければなりません。そのため、仮説を立案する際には①のデータ理解が必須となります。

## 〈③クエリ実装〉

②で立案した仮説（要因）を表す数値を、保有する業務データより計算するプログラムを開発します。プログラムは、PythonやSQLなどのプログラミング言語を用いて開発します。プログラムにバグが混入するリスクがあるため、通常のシステム開発と同じようにテストを実施する必要があります。

## 〈④特徴量リストの試作〉

③で開発したクエリを実行して、機械学習に入力可能なデータセットを生成します。保有する業務データ量が大きい場合、クエリの実行に長い時間がかかる場合があります。

## 〈⑤特徴量の評価〉

④で試作した特徴量リストを機械学習エンジンに投入し、その結果を基に各特徴量の評価を行います。特徴量リストを機械学習エンジンに投入することで、予測しようとする対象への影響がない、もしくは軽微である特徴量を判別することが可能となります。

作成する特徴量リストの品質は、アウトプットの質、すなわち予測精度に直結します。複数のテーブルにまたがる大量のデータを、機械学習に入力可能な1枚の表に変換（＝大量のデータを特徴量リスト化）する過程で、データの容量とともにデータに含まれる情報量は減少します。このとき、予測に影響をもたらす重要な情報を特徴量化できず、欠落が発生すると、機械学習のアウトプットの品質、すなわち予測精度は悪いものとなります。

②で立案する仮説の抜け漏れは、重要な情報の欠落に直結するため避ける必要があります。しかしながら、重要な情報の抜け漏れがないことを証明することは困難です。そのため、データサイエンティストは、重要な仮説の抜け漏れを防ぐために、①から⑤のステップを何度も繰り返

図表 4-㉒ **特徴量の作成に必要な知識・スキル**

| 作業 | 内容 | 必要な知識・スキル | | | |
|---|---|---|---|---|---|
| | | 業務知識 | データ知識 | データエンジニアリング | データサイエンス |
| ①データ理解 | ・データの意味を理解する<br>・データを可視化し、その品質を確認する | ◎ | ◎ | ○ | ◎ |
| ②仮説立案 | ・予測に寄与しそうな特徴を想像、仮説を立てる | ◎ | ◎ | | ◎ |
| ③クエリ実装 | ・特徴量を生成するクエリを作成する | | ○ | ◎ | ○ |
| ④特徴量リストの試作 | ・③のクエリを実行、生成した特徴量を1つのテーブルに結合する | | | ◎ | |
| ⑤特徴量の評価 | ・作成した特徴量を機械学習エンジンに投入し、効果を評価する。精度等に問題がある場合、①データ理解に戻る | ◎ | ◎ | ◎ | ◎ |

し実施します。これが、特徴量設計プロセスに多くの時間を要する理由です。

　特徴量設計プロセスの一連のステップを高いレベルで遂行するには、業務知識、データの知識、データエンジニアリングスキル、データサイエンススキルを有する必要があります（**図表4-㉒**）。一般的に特徴量の作成が難しいとされているゆえんは、ここにあります。

## 特徴量設計プロセスを完全自動化する「dotData」

　近年、この特徴量設計プロセスすらも自動化するデータサイエンス自動化テクノロジーが登場しています。そのひとつがdotDataです。dotDataは、特徴設計プロセスを世界で初めて完全自動化したデータサイエンス自動化テクノロジーです。dotDataを使用することで、データサイエンスの取り組みにかかる期間を数カ月から数日へと大幅に短縮し、データサイエンティストの工数も大幅に削減することが可能です（**図表4-㉓**）。

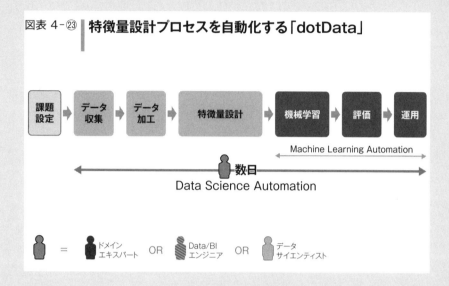

図表 4-㉓ 特徴量設計プロセスを自動化する「dotData」

また、dotData が有する特徴量自動設計機能は、数千万にも及ぶ特徴量の候補を自動探索するため、重要な情報の欠落が発生しにくく、機械学習のアウトプットの品質を高めることができます。人間の仮説を超えた、人間が想像し得なかった特徴量を発見できるケースもあります。そして、特徴量設計プロセスの実行時に求められる高度なスキル群が不要となるため、熟練データサイエンティスト以外であってもデータサイエンスの恩恵を受けることが可能となります。

## データサイエンスの民主化と人材育成

データサイエンスの民主化を実現するうえで、人材育成は重要なポイントのひとつです。熟練データサイエンティストの有する知識やスキルの範囲は非常に広く、業務の専門家である LoB の方々が熟練データサイエンティストと同等の知識とスキルを身につけるために同等の時間と労力を割くことは、現実的ではありません。

データサイエンスは、目的ではなく手段です。データサイエンス自動

化テクノロジーを活用する前提で、必要最小限の知識とスキルを定義し、最小のコストと期間でそれを身につけることを目指すという考え方が、データサイエンスの民主化を実現するための人材育成の基本的な考え方です。

## 市民データサイエンティストを育成するための人材育成アプローチ

データサイエンスの専門家であるデータサイエンティストを育成するための研修は、SQLやPythonなどのプログラミング、統計学、機械学習の知識、可視化ツールの使い方といった、習得に時間がかかる複数の内容を広範に学ぶものです。市民データサイエンティストを目指すのは、ビジネスを専門とするLoBの方々です。現業を抱えるLoBの方々に、長期間にわたる一般的なデータサイエンティスト教育を網羅的に受講していただくことは現実的ではありません。そのため、市民データサイエンティストを育成するうえでは、データサイエンス自動化テクノロジーの活用を前提に、必要最小限の知識とスキルを定義することが重要となります。

前述のとおり、データサイエンス自動化テクノロジーは、自動化できる範囲や、ユーザに要求される知識やスキルに違いがあります。市民データサイエンティストとして育成しようとするメンバーの現状の知識量やスキルレベルに適合する、適切なツールを選択できるか否かはデータサイエンス民主化の成否を分ける重要なポイントです。

必要最小限の知識とスキルを定義できれば、育成にかかるコストと期間を最小化できます。コストを最小化することでより多くの市民データサイエンティストを育成することが可能となり、期間を最小化することで研修対象者の負担を軽減、育成途中の脱落を減らすことができます。

# 第5章

## さらなる
## AIの活用に向けて

# Introduction

　—テクノロジーは孤立を招くものではなく、人をつなぐルールである—

　　　　　　　　　ジョン・ファヴロー（米国の俳優・映画監督）

---

　ここまでの章で、私たちは AI について多くのことを学んできました。現在の AI の特徴を知り、現在の AI ができることとできないことを理解し、現在の社会で AI を活用するために必要となる技術、人／組織、プロセス／ノウハウ、データ、システムの流れを見てきました。

　多くの AI に関わる企業は、人間社会の利便性を追求し、あるときはユーザが使いやすいインタフェースの一部として、またあるときはさまざまな産業の課題解決の切り口として、AI を活用することを提案し、より良い社会づくりに向けた協創を進めています。このような活動が進んだ結果、AI は社会のなかで、より多くのインフラで当たり前のように活用される時代が到来すると、私たちは考えています。

　では、その時代の AI は、私たちにどのような利便性をもたらしてくれるのでしょうか？　本章では、人の生活に寄り添う「技術の観点」、そして、その技術が実装されるときに私たちが考えなければならない倫理、ガバナンスなどの「倫理・制度の観点」の二部構成で編纂しました。

## 〈技術の観点〉

　「未来のインフラ」として、AI が当たり前のように社会のなかでインフラとして溶け込み、システム・オブ・システムズとして連なる世界にタイムスリップして、そこに生きる多くの登場人物と一緒に、その社会をのぞいてみたいと思います。

　ともすれば、AI は単独の存在として認識されがちですが、種々の AI は連なり合うことで社会インフラやスマートシティといった社会価値

創造の広がりを形成することができるものです。自然言語、AI 間交渉、最適化、連合学習、秘密計算、メタバース……こういった AI に関わる新進気鋭の研究者たちが考える、私たちの生活をより良くする社会システムとはどのようなものなのか、その世界をご案内いたします。

　読み進める際に、一点留意していただきたいことがあります。それは、テクノロジーの議論としてよく議題にあがるキーワード「インクルージョン（包括性）」、すなわち、「その技術・サービスは『誰も取り残さない』という視点の下に成り立つものなのか？」という考え方です。ともすれば高齢者や障がい者のためと捉えられがちですが、過疎地域における教育機会の確保、フリーランスの入居審査など、私たちの身近にも社会的な隔絶に苦しむ方々が存在します。こういった隔絶の解消に寄与することがテクノロジーの価値であり、AI に期待されている役割です。

### 〈倫理・制度の観点〉

　AI が社会のなかでインフラとして稼働する社会において、あるいは、その実装に向けて意識しなければならない観点に目を向けました。それが AI 倫理や制度、AI ガバナンス、そして標準化です。

　ここで意識していただきたいキーワードは、「人間中心」です。私たちは AI を活用したユーザへの貢献や利便性を追求しながらも、イデオロギーやテクノロジーを起点とした社会づくりではなく、人を社会的、経済的、文化的な存在として包括的に理解し、人の立場に立って物事を考えた社会づくりをデザインすることが重要であると信じています。

　この観点に立ったとき、人間のプライバシー保護や AI の責任のあり方など、守らなければならない価値観を醸成し、標準化を通じて社会のなかで AI が共存するコンセンサスをひとつずつ形成することが必要となります。世界を通じても、まだまだ道半ばのプロセスですが、このような複座的な論点を読者の方々にご紹介し、ひとつずつ向き合って議論を重ねることが、安全安心な AI の社会実装に寄与するものと考えます。

　それでは、未来の社会での AI の姿を一緒に見ていきましょう。

# 未来のインフラ

## 5-1-1

## 自然言語の発展が実現するスマートワーク

---

### 未来ストーリー

　専門商社でマネジャーを務めている小川さんは、日課である朝のジョギングを終え、学校へ向かう子どもたちを見送ってから仕事を始めます。

　リビングのコンピュータに、部下の石井さんから「すぐに相談したいトラブルが発生しました」という書き出しのメッセージが届きました。海外にある仕入先Ａ社の拠点が想定外の水害に遭い、その影響で生産設備が大きなダメージを受けたため、納期どおりに製品を輸入できない可能性が高まったというのです。

　さっそく小川さんは現地の担当者も交えたウェブミーティングを開催しました。討議の内容は各参加者の母国語へリアルタイムで翻訳され、逐次通訳で聞けるため、言語が異なる者同士でも意思疎通はスムーズに行うことができます。

　今回のトラブルは「自然災害」という不可抗力によるものですが、天気予報に注意していれば、ある程度は予見できたはずでした。「大雨に

なることは AI のアラートで知っていたのですが、まさかここまで被害が出るとは思わなかったので……日本ならあり得ないですし、普通なら……」と話す石井さんの言葉を 遮 って、小川さんは思わず強い口調で叱責してしまいました。

　すると、システムから「落ち着いて。今の発言はハラスメントにつながるリスクがあります。深呼吸してみましょう」と注意を促す音声が流れてきました。

　小川さんは「悪かったね、感情的になってしまったよ」と謝り、石井さんも「こちらこそ、つい保身的な言い訳ばかりしてしまいました」と応じます。

　ミーティングでは、この緊急事態からリカバリーするためにどうすべきか、ブレインストーミングでアイデアを出すことになりました。

　小川さんは、代替生産が可能な仕入先が他にないか、その場で生産余力などをまとめた情報収集を AI アシスタントに依頼します。すると AI は単に数字を集めるだけでなく、端的に結論を文章化して提示してくれました。それを参加者全員が見ながら、さらにディスカッションを続けた結果、小川さんの案に沿って、別の仕入先 B 社に生産を依頼することが決まりました。

　すぐに B 社の担当者にメッセージを送り、ミーティングへ合流してもらいます。B 社との交渉はスムーズに進み、生産に関する問題は解決の目処が立ちました。

　その後、小川さんたちは輸送手段の確保や、新たに発生する可能性があるリスクなどについて話し合い、ウェブミーティングを終えました。

　参加者の手元には、AI が自動生成した議事録がすでに届いています。また、アクションリストを基にタスクがメンバーに割り振られます。

　石井さんのタスクリストには、「B 社との契約書作成」が追加されていました。石井さんは法務に関する経験が少ないのですが、小川さんは経験を積ませるためにあえて担当させようと、ミーティングで指示していたのです。

　とはいえ、石井さんには「AI」という心強い味方がついています。AI

は過去の類似する契約書を収集してくれるので、それを参考に章の作成を進めればいいのです。今ではもう、通常の契約書作成において、法務部門は基本的に関与しません。多くの業務がAIに任せられるようになっており、法務担当者は複雑な契約事項の整理や訴訟対応、新たな法律への対応や社内ルール策定など、人間にしかできない業務に専念しています。

　石井さんが作成した契約書は、AIによってレビューが行われ、「項目の過不足がないか」「文言に問題がないか」といった点をチェックされ、修正候補が提示されます。このときチェックされるのは、表面的な事柄だけでなく、国内法はもちろん、国際法や取引先がある国の商習慣などにも照らして精査されます。

　石井さんが作成した契約書はおおむね問題がなかったのですが、コンプライアンス面で指摘がありました。B社が生産拠点のひとつを持っているC国は、政情が不安定で、そこでは劣悪な環境下に置かれる労働者が多数いることが国際的に問題視されていたのでした。しかし、B社はコンプライアンスを重んじる企業であり、C国においても法令を遵守して事業を営んでいる優良企業であることは確認済みです。この指摘は、AIの杞憂に終わりました。

　小川さんは、石井さんから契約書作成完了の報告を受けて、とても満足した表情をしています。そして、議事録とは別に送られてきたハラスメントに関する注意通知を振り返ります。「このところ忙しくて、気が立っていたからな。今日の仕事は早めに切り上げて、子どもたちと過ごす時間を増やそう」と、夜の過ごし方に思いをめぐらせるのでした。

## 自然言語処理技術「NLP」について

　企業活動において、AIによる自動化や最適化が進んでいますが、今後はさらに、人間の知的業務についてもAIが適用され、効率化・生産性向上に貢献していくものと考えられます。

　そのために有望だと考えられているのが、自然言語処理技術（NLP：Natural Language Processing）です。大規模なテキストデータの蓄積、深層学習分野での新たな発明と競争、GPU などの計算資源の増強を背景に、ここ数年で飛躍的な進化を遂げています。

　NLP を利用している身近な例としてよく知られているのは、グーグルが提供する検索サービスです。また、グーグルの機械翻訳や質問応答システムも NLP によるものです。クイズ大会で人間に勝って有名になった IBM の Watson や、近年普及が進むチャットボットも、質問応答が可能な AI であり、人の「知りたい」に対応して、適切な情報を提供します。さらに近年では、要約文などの文章作成も可能になっています。

　この NLP の発展には、「情報の発見」「情報の理解」「意思決定」といった機能が期待されます。これらは企業の業務プロセス効率化や高度化に大きく貢献することでしょう。

　これまで、人による「情報の発見」では、「探したいものがなんであるかわからない」「キーワードを入れられないから見つからない」といった課題がありました。そのような場面においても、AI がユーザとその状況に合わせた候補を提示して求める情報を示唆することで、目的に辿り着く可能性が高まります。ここでは、従来の構文解析や文書検索に加え、「意図理解」という技術が活躍します。

　「情報の理解」については、たとえば「カーボンニュートラルについて知りたい」「5G について知りたい」と思ったとき、社内にある膨大なドキュメントのすべてに目を通すことは現実的でありません。このとき AI が、「これさえ読めば大体理解できる」という優先度の高いドキュメントを 5 つ絞り込んでくれたなら、最短距離で必要な知識を獲得することができるでしょう。ここで必要になるのが、文書の構造化や要約といった技術です。

　大量の情報を基に「意思決定」をすることが求められる企業の経営層は、以前から「ビジネスインテリジェンス」や「経営コクピット」と呼ばれるかたちに整理された情報を基に判断を下すこともありました。大量の情報から判断に必要な情報が得られるようナビゲートするのにも

NLP が効果的です。このとき、業務遂行に必要な情報をためる知識構築、そのなかから結果を導き出す論理推論、さらにユーザである経営者に結果を納得してもらうためにはその根拠を示すファクト抽出や説明性付与の技術が重要です。

　もう少し具体的な適用例を挙げます。契約書の作成業務においては、過去の似たような契約書を探すことができ、さらに契約書文面の項目の過不足を指摘することも可能になります。また、カスタマーサポートや競合分析においても、大量の過去事例から情報を正確かつ高速に探し出すことで、業務を効率化することができるでしょう。

　このとき、従来のように大規模なデータと計算資源に頼るだけでなく、人の知をうまく利用するアプローチが重要になってきます。ナレッジワーカーが有している業務や業界に関する知識を AI と組み合わせるのです。

　このようなアプローチが必要となる背景は、全自動で AI が処理できる領域は限られており、人間が間に入らなければならない領域がまだ多く残されているからです。

　具体的な理由は、大きく3つあります。1つ目は、AI は必ずしも完全ではないため、人間の助けが必要であること。2つ目は、自動運転に代表されるように責任を人間が負わなければ成り立たない領域があること。そして3つ目に、介護や医療サービスなど人間が介在していなければ利用者が受容しがたい領域が存在していることです。

　人間の知を AI 技術といかにしてうまく組み合わせるのかについては、「human in the loop」というキーワードで研究が進められています。

　AI と人間とのコラボレーションと、AI を受け入れる社会の成熟、そして NLP の技術進化によって、将来的には人間の働き方が変革していくことになるのです。

　以下に、NLP を使った先端技術を3つ、ユースケース視点で紹介します（**図表5－①**）。

図表 5-①　**自然言語処理技術の発展により期待できる機能**

## 〈NLP の先端技術の例①：質疑応答〉

　AI に質問して知りたい情報を得るという質問応答の技術は、近年も進化しています。最近主流となっているのは、入力される質問文に対して関係する文書を抽出し（Retriever）、抽出された上位の文書を詳細に読んで回答を生成する（Reader）というアプローチです（**図表 5 -②**）。

図表 5-②　**Retriever-Readerアプローチによる質問応答**

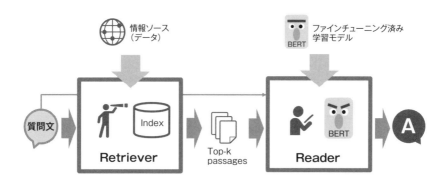

NECでも、同様の技術に取り組んでいます。入力される質問に対して、単語の一致や意味的類似性など、複数の基準で文書を抽出することで、取りこぼしが少なくなります。

次に、その抽出結果を、質問とともにAIに読ませて、質問に回答できる内容かどうかを順位づけします。

最後に、順位づけされた上位の結果すべてを考慮しながら、質問に対する回答を生成します。このような仕組みにすることで、精度の高い質問応答が可能になり、国内で開催されたAIによる質問応答コンペティションでもトップの成績をおさめました。

### 〈NLPの先端技術の例②：文書構造化〉

大量・複雑な文書を一般の人が理解するのは、必ずしも容易ではありません。文書を構造化してわかりやすくする機能が重要です。文書構造化としてよく用いられている技術にグラフ構造があります。グラフ構造とは、対象（ノード）と対象の関係（エッジ）で表現されるデータ形式です。

NECではグラフによる文書の構造化やその分析技術に力を入れています。たとえば、文章から主語・述語・目的語をグラフのかたちで抽出し、人が理解しやすい形で表示します（**図表5-③**）。もちろん、多言語に対応可能です。これにより、大量の文書から人物や出来事の関係性を見出すことが容易になり、企業における人的リソースの配置や、新たな知見の発見などに役立てることができます。

### 〈NLPの先端技術の例③：ファクト抽出〉

AIが人の判断・意思決定を支援するためには、判断の根拠を示して、その人に納得してもらうことが重要です。根拠を提示するアプローチとしては、「なぜその結果を出すに至ったか」の経緯や、用いた数式、参照した事実関係を示すなどのアプローチがあります。NLPの場合、膨大なテキストデータから判断の理由に当たるものを絞って抽出することは、スムーズに納得してもらうために不可欠です。

図表 5-③ グラフ解析による文書の構造化

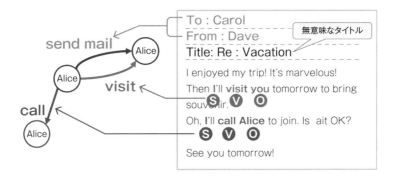

　たとえば、マーケティングの分野において、商品の改良方針や販売戦略に活かすために、現状の評価を知りたい場合を考えます。ファクト抽出を活用することで、ネットの書き込みや評判情報から、マーケターの仮説に対する賛成・反対意見を抽出、定量的な評価を分析することができます（**図表 5 -④**）。

図表 5-④ ファクト抽出を活用した自社製品の市場分析

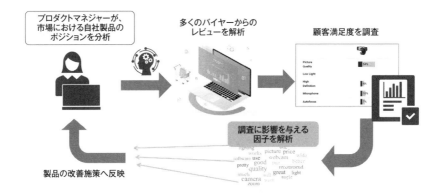

このとき、単語や表現が異なっていても、また文章構造が複雑であっても、それが賛成であるか・反対であるかを解析可能にするところに技術の強さが効いてきます。こうした、結果に対して、その根拠となる書き込みを提示することにより、納得性を高めることができるのです。

この解析に共通するファクト抽出の技術は、国際コンペティションにおいても注目されています。NEC も参加しており、常にトップレベルの成績をおさめています。上述のマーケティング分野では、コンペティション参加メンバーがスタートアップ企業を立ち上げるなど、事業化も進んでいます。

# AI 間交渉と最適化技術が推進する
# 次世代のサプライチェーン

## 未来ストーリー

日用品メーカー A 社は、各地に工場と販社を持ち、生産から販売までを一貫して手がけています。このほど新商品を開発し、いよいよ量産化に向けて体制を整えているところです。

工場では、生産計画の見直しを迫られています。新商品の発売を前提に年間の生産計画を立てていましたが、発売を前にあらためて市場調査を行ったところ、想定を大きく上回る需要が見込まれたためです。どうやら有名タレントが SNS 上で新製品に言及したことで、ターゲットとしていなかった層にまで認知が広がったようです。そのうえ、想定以上に製造ラインの熟練者の退職が続いてしまい、従業員の生産効率が下がる見込みであることが判明しました。考えられる対策は、「売れ筋の既

存製品を前倒しして生産し、新製品を製造するための余力を生み出す」
というものです。

　このような計画の変更には、社内外の多くの関係者と、複雑な調整を
緻密かつ整合的に行う必要があります。たとえば、すでにサプライヤー
には、以前の生産計画に基づいて、「どの部品が、いつ、どれくらい必
要になるか」を通知して納入計画をいただいていたのですが、これらの
前倒しや増産にどれくらい応じていただけるのか、場合によっては追加
費用も含めて合意しないといけません。また逆に、特定の部品の前倒し
納入や増産に関して、当方の希望どおりには合意できないサプライヤー
がいる場合には、他の部品が妙に早く納入されたり無駄にたくさん納入
されたりしないように、他のサプライヤーとも上手に調整しつつ、自社
の生産計画の再修正を関連部門と調整して合意をとる必要があります。

　一方で販社は、在庫ロスを減らすために、極力在庫を持ちたくありま
せん。計画に沿ってリードタイムを設定し、倉庫や流通網の確保も最小
限に抑えています。そのため、生産計画の変更といっても、サプライヤー
や社内生産関連部門との再調整にとどまらず、倉庫なども含めた物流手
配の再調整やお客様への出荷計画の再調整などを、協力会社や取引先、
社内の諸部門と執り行う必要があります。この場合も、必ずしも当方の
希望が満額かなうような合意を相手がしてくれる保証はなく、どこかが
うまくいかない場合には、ムリ・ムダ・ムラを避けるように、他の調整
先とも上手にやり取りを進める必要があります。

　以前であれば、こうした状況においては、各部署や関係会社の計画策
定および対外調整に長けた人々が、大変な労力と知見をかけ、自社や自
部門の利益を代表して内部計画の最適化と、必要な相手とのやり取りを
行ってきました。これには多大なコストがかかる一方、最適計画の立案
問題があまりに複雑であることや、調整が必要な関係者が多数かつ連鎖
していることなどから、本当であれば実現可能な WIN-WIN 条件の落と
しどころに到達できず、結果として自社や自部門の利益を逸してしまっ
たり、ムリ・ムダ・ムラが生じたりしていました。

　しかし、今の A 社には、内部計画の最適化を図る AI や、必要な先と

自動調整するAIが導入されています。

　AIは、工場側が考えていたように売れ筋製品の前倒し生産が妥当だと判断します。同時に、これからの季節にはあまり需要が見込まれない製品の在庫に目をつけました。この製品の価格を一時的に下げて販売量を増やし、倉庫に余力を持たせれば、新たな倉庫を借りずに工場の増産計画を受け入れられます。しかも、価格を下げたとしても、新たに倉庫を借りるよりも利益が出る計算です。

　さて、このたびの生産計画の変更を受けて、関係する部門や会社と必要な調整を実行することになりました。担当するのは、東京にある本社所属の上田さんです。生まれ育った長野に住みながら、リモートワークで計画立案や関係先との調整業務などに従事しています。

　調整にあたって、上田さんがすることといえば、パソコンに条件を入力するぐらいです。関係先との交渉はAIに任せます。

　調整する相手側も交渉業務はAIに任せています。A社のAIは、まず複数のサプライヤーとAI同士で交渉を始めました。サプライヤーB社は最も低価格を提示してきましたが、ここは工場が遠いため輸送コストが多めにかかるのでした。一方、サプライヤーC社は少々お高めの提示なのですが、ここは輸送コストがさほどかかりません。

　そこで、A社のAIは総合的に判断し、C社に対してしばらく価格交渉を行っていたところ、C社のAIが入金の前倒しを条件に価格を下げてきました。C社内では「ある取引先の経営状況が悪化している」という新規情報の入手により、「キャッシュを厚くする必要あり。入金が早まるなら価格を下げてよい」と判断変更が行われ、それにC社の交渉AIが従ったのでした。A社とC社のAI間で何回かのやり取りを経て、双方合意できる条件が見つかり、商談がまとまりました。

　A社の交渉AIは、A社の利益を代表して、他のサプライヤー、物流業者、お客様、社内関連部門と、必要な調整を緻密かつ高速かつ並列に進めています。一部の調整先と多少思いどおりにならない合意結果となっても、うまく他の調整先との落としどころを変更して、できるだけムリ・ムダ・ムラを避けられるように話をまとめてきました。

　上田さんは、AI がまとめてきた調整結果と生産計画の再々変更内容を一瞥し、完全には回避できなかった一部のムリ・ムダ・ムラの大きさが許容範囲に収まっていることを確認して、「これでなんとかなる」とひと息ついていました。ここでスマートウォッチが振動し、注文していたランチがまもなく到着することを告げます。外に出てみると、自動運転の配送車が到着したところでした。スマートウォッチを近づけてロックを解除し、箱を取り出します。

　配送車を見送り、「今日は天気がいいから、テラスで食べようか」と空に目をやると、たくさんのドローンが行き交っています。いつもと変わらないのどかな空を眺めていると、突然、どの機体もスピードを落として整列し、その間をひときわ目立つ 1 機が駆け抜けて行きました。医薬品を搭載して、近くにある医療センターへ急行しているのでしょう。

　その後、A 社が発売した新商品は、予想どおりに売れ行きが好調です。マーケティング部門は「この好機を逃すまい」と、新たにキャンペーンを実施することにしました。広告の最適な配信にも AI が貢献しています。季節は移り、一時的に在庫を減らした製品については、生産を再開し価格を見直さなければなりません。複雑な条件が絡み合うなか、ベストな選択を行えるように、AI が上田さんたちをサポートしています。

---

## オンライン最適化について

　先の章で見たように、AI の活用用途は「見える化」「分析」「対処」の 3 段階があります。これまでの AI 活用は、そのうちの「見える化」と「分析」の段階が中心で、その後の打ち手を考える「対処」の段階は、これまで意思決定は経験者のノウハウ頼みでした。

　そこで、「対処」において AI を活用し、数ある選択肢のなかからベストなものを数学的に選び出すことで、人の意思決定を支援するのが「数理最適化技術」であり、業務の自動化・効率化、品質の向上に貢献します。「最適化」は、日常生活のあらゆる場面に登場します。たとえば、天気

予報は「分析」であり、予報を基に傘を持っていくかどうかを決めることが「最適化」にあたります。ほかにも、工場における生産計画の立案や、トラックでの配送計画の立案、個々の人に合わせた商品のレコメンドを束ねるマーケティング推進などで利用できます。

AIで最適化を行うことは、自動で計画を立てられるため、効率化に貢献するだけでなく、これまで人間にはできなかったような大規模な計画策定、変動要素が多くて熟練者でも困難だった提案も可能にします（**図表５−⑤**）。

それでは、未来のサービスにおいて数理最適化技術はどのように役に立つのでしょうか。３つの例を紹介します。

### 〈①食のサーキュラーエコノミー〉

フードロスをゼロにするためには、バリューチェーン全体で必要な需要量を予測し、必要なだけ生産することが不可欠です。

たとえば、個々の店舗における需要予測で発生してしまった誤差を、製造する食品工場で調整する生産計画を立案することが、数理最適化技術の活用により可能になります。つまり、フードロスを最小化できるの

**図表 5-⑤ さまざまな業務シーンの意思決定を自動化する数理最適化技術**

| 製造／物流 | 生産計画、製造計画、作業員シフトスケジューリング、マテリアルズインフォマティクス、配送計画、貨物積載 |
|---|---|
| 店舗／小売り | 品揃え、棚割り／レイアウト、商品レコメンド、従業員シフトスケジューリング、ダイナミックプライシング |
| 金融 | 人材配置／人事異動、商品レコメンド、金融投資ポートフォリオ |
| 官公 | 徴税計画、警察パトロールルート計画、自治体人事異動 |
| 交通 | オンデマンドバス運行、鉄道ダイヤ修正、乗務員シフトスケジューリング、ダイナミックプライシング |
| メディア | CMスケジューリング計画、広告配信、配信記事のパーソナライズ |
| ヘルスケア／医療 | 食事計画／献立の推薦、フィットネス計画のパーソナライズ、訪問医療のルート計画、看護師シフトスケジューリング |
| その他 | 人工衛星運用計画、旅行計画のパーソナライズ、メンテナンス最適化 |

です。

## 〈②モビリティサービス〉

　交通渋滞を緩和し、都市におけるすべての人やモノの移動時間を最小化するためには、時々刻々と変化する交通量に応じて、各人が適切な移動手段を選択することが求められます。

　一見遠回り、時間がかかるルートに見えても、到着した時点では最も短時間、効率的な移動手段になるなどは、数理最適化技術の活用になります。さらには大規模化していくことで、都市という視点での効率化を進める全体最適を通じて、カーボンニュートラルやゼロ・エミッションといった SDGs（持続可能な開発目標）の実現に寄与することも、数理最適化技術には期待されています。

## 〈③教育サービス〉

　eラーニング、遠隔授業、協働学習、アダプティブ・ラーニングなど、近年、教育分野では、新たな学習スタイルが試行錯誤されています。一方で、小中学校の教育者にかかる負担なども議論されるようになっています。顧客体験を最大化しつつも、効率的な学びを提供するためには、個人の価値観や学習スタイルなどをできる限り尊重した支援が不可欠です。

　教育など社会の根本を成す分野にも、数理最適化技術を活用することで、生活者の誰もが人間性を十分に発揮する持続可能な社会を実現することができます。

　こうした最適化技術の一分野として、「オンライン最適化[*28]」という技術が存在します。これは、まだ多くのデータが取得できていない環境が不確実な状況下でも意思決定を試行し、その結果を再び学習して意思決定案を改善する、繰り返しフィードバックを獲得しながら、徐々に最適化を実現できる技術です（**図表５−⑥**）。

　たとえば、価格を動的に変えるダイナミックプライシングに適用する

*28　オンライン最適化の「オンライン」とは、逐次的に情報が増えていくという意味の専門用語。

**探索しながら賢くなるオンライン最適化技術**

これまでの課題

■環境が不確実なため
最適化に必要な情報が足らない

例：ダイナミックプライシング
何をいくらで売れば、売上にどのような
影響が出るのかわからない

NECのオンライン最適化

■不確実な状況下でも、意思決定を試行、その結果から学習して意思決定案を
改善し繰り返しフィードバックを獲得しながら徐々に最適化を実現できる

初回はルールベースの価格で販売し、消費者の購買行動というフィードバックを基に価格設定
を更新。価格と売上の関係を徐々に学習して段階的にダイナミックプライシングを実現

価格を提案・改善

場合、消費者の購買行動をフィードバックとして得ながら価格設定を更新します。価格と売上の関係を徐々に学習して、在庫を最小限にして、かつ売上が最大化する価格設定を可能にします。

　また、ニュース記事のレコメンド最適化にも適用可能です。従来のレコメンドは、ユーザに関する情報を取得できないとパーソナライズできないことや、嗜好の個人差がノイズとして丸められ、レコメンドに反映できないことが課題でした。

　そこで、オンライン最適化を用いてユーザごとにモデルを作成し、ユーザの反応に基づいて自動でモデルを更新します。これにより、ユーザの嗜好性が不明な状態でも、パーソナライズを実現できます。また、少ない試行回数でレコメンド精度を上げられるため、ユーザ満足度の低下を防ぐことが可能です。

## AI間交渉について

　「見える化」「分析」「対処」の3つのAI機能を組み込まれたシステムは「スマートシステム」と呼ばれています。具体的な例としては、自動

運転車や自動的に生産が行われるスマート工場などが挙げられます。

　こうしたスマートシステムが広く普及し、価値を十分に発揮するためには、スマートシステム間の挙動や利害を「お互いに」「自動的に」調整する機能がカギになってくると考えられています。

　自動運転車が出会い頭の事故を防ぐために、お互いにスピードを落として譲り合ったままでは、交通網が麻痺してしまいます。一方で、急病人を運ぶ自動運転車が独断で交差点に進入してしまえば、今度は事故を誘発してしまいます。そこで、運転計画をお互いに通知し合い、場合によっては相手に計画の変更を依頼して話し合うような機能が求められるのです。

　スマート工場を持つ企業間の取引でも、同じことが言えます。たとえば、受注が重なった場合、一方の取引先に交渉して納期を 1 日遅らせることができれば、配達に特急便を使わなくて済み、人が関与せざるを得ない工程での残業も減らせるため、コストを抑えることができます。その代わり、交渉に応じてくれるよう値下げを提示します。お互いに相談することができれば、個別最適化や内部最適化の限界を突破して、WIN-WIN の状態を見つけられるようになるのです。

　このような「スマートシステム間での利害調整・挙動調整」の必要性・重要性に関して、従来から認識はされてきました。その代表的な実現方法としては、各システムが個別に利害を追求して最適化を行うのではなく、中央に必要な情報を集めて全体最適化問題を解き、各スマートシステムは全体最適解に従って行動するという中央集権的なアプローチや、「どういう状況のときは誰がどのように行動するか」を事前にアルゴリズム化しておくアプローチなどが、古くから提唱されてきました。

　これらのアプローチは、関係するスマートシステムの利害が一致している場合や、想定すべき状況が限定できる場合には極めて有効で、自社の敷地内で自社が保有する複数の移動体を運用する場合や、自部門内で定型化された業務フローに従って複数の処理を連携する場合などについては、すでに実用化がなされています。

　しかしながら、これらのアプローチは内部情報の開示や自己決定権剥

奪を前提としますので、適用できないユースケースも数多く存在します。たとえば、公道での自動運転においては、緊急車両や定時運行車両、一般業務車両やマイカーなどが、それぞれの目的を達成するために、それぞれ自車の経路計画を最適化して走行しています。これらすべての車両の目的地や緊急度を中央に集めて全体を最適化することは、問題の規模的にまったく不可能ですし、「どういう状況のときは誰がどうするか」をすべて事前にアルゴリズム化しておくことも、場合の数が多すぎて実現できません。また、スマート工場を持つ企業間の取引においては、サプライチェーンを形成する多くの企業が、それぞれの利益を追求して、それぞれの生産計画を最適化して経営が行われています。これを「必要な情報を中央に集め、全体最適計画を立てて、各企業はそのとおりに経営する」などとするのは、自由主義経済の国々においては受け入れられませんし、「どういう状況のときは誰がどうするか」を事前に決めておくのも、利益構造や生産コスト・受注逼迫状況といった内部の機微情報を会社間で共有したうえでルールを合意する必要があり、まったく非現実的です。

　このようなケースにおいては、中央集権や事前ルール化ではなく、必要な相手との相談や交渉を個別に行い、落としどころを探る「AI間交渉」の仕組みこそが適切となります。

　**図表5−⑦**で示すように、企業間の取引であれば、これまで人間が担ってきた交渉・相談をAIが代わりに行い、自社にできるだけ良い条件で商談をまとめ、取引先からの要求が無理な内容なら断れる仕組みが研究されています。

　「AI間交渉」が実現すれば、これまで人間が数日かけて行ってきた交渉を数秒と圧倒的に高速化しつつ、より高いレベルでWIN-WINとなる落としどころを見つけることが可能になります。また、同時に多くの相手と整合的に交渉することで、必ずしもすべてで自分の思いどおりの条件で合意できない場合でも、ムリ・ムダ・ムラができるだけ少なくなるように、それぞれの交渉において適切な落としどころを見つけることが可能になります。

図表 5-⑦ **企業間での取引条件の調整**

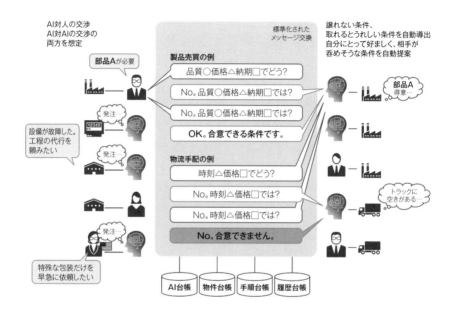

　AI 間交渉技術は、①効用関数の同定、②当方からの提案内容の生成、③相手からの提案に合意するかの判定、といった処理により実現されます。

### 〈①効用関数の同定〉

　「どのような内容で合意すると、当方がどれくらいうれしいか」の関数を決定することです。サプライヤーとの調達交渉を例とすると、「『なにを、いくつ、いつ、いくら』で調達できると、どれくらいうれしいか」を関数化することに相当します。

　これには現状の在庫レベル・他の部品の調達具合・保管コスト・生産設備の空きスケジュールなど、さまざまな要素を精緻に勘案する必要が

あり、AI が得意とする処理になります。

　しかし、時には「生産計画を立て直してみる」ことによって、はじめて「その内容で合意できると、どれくらいうれしいか」が判明する場合もあり、単なる省力化やミスの削減だけでなく、人間には発見不可能なレベルの高度な落としどころの発見を AI が実現することも可能となります。

### 〈②当方からの提案内容の生成〉

　効用関数の値が高く、かつ相手も呑めそうな合意内容を推定する処理になります。効用関数は当方にとってのうれしさを表していますので、相手のことを考えないと、「最高級品を価格 0 円で 3,000 個、今すぐ納入」などといった合意不可能な提案を繰り返すことになります。

　相手側も取引先は他にも持っているので、これでは最終的な合意にたどり着くことはできません。かといって、相手が喜びそうな提案ばかり考えていては、自社の経営が成り立たないので「どういう内容だったら相手が呑めそうか」「どういう提案をすれば、合意も成立して当方もうれしいか」を機械学習技術等により推定します。

### 〈③相手からの提案に合意するかの判定〉

　②の裏返しです。あまりに自己都合を優先して相手の提案を却下し続けていると、最終的な合意にたどり着くことはできませんので、「この案に合意しておくことが、最終的に当方にとってうれしいことになるのか」をやはり機械学習等を活用して判別することとなります。

　NEC では、AI 間交渉技術について、まもなく実用化できる段階まで研究が進んでいます。

# 連合学習・秘密計算が支えるスマートな社会

## 未来ストーリー

「まだまだ大丈夫。服が合わなくなっただけさ」

井上さんは最近太り気味なことを気にかけていましたが、食生活の見直しや定期的な運動など、なにか減量のためのアクションを起こしてはいませんでした。今すぐ病気につながるなんて、想像できなかったのです。ただ、たまたま福引でもらったスマート体重計に乗ることだけは日課にしていました。

そんな折、未知のウイルスが世界中に伝播しはじめました。2020 年代初頭のパンデミックと同様に、見えない脅威が人々を襲います。

しかし、かつてと現在では状況が異なります。あらゆる医療情報が、個人のプライバシーを侵害することなく、AI によって高度に分析される時代になっています。研究によれば、体脂肪率と心電の相関から、この感染症による重症化リスクを推定できることが判明しました。

自分はまだまだ健康体だと信じて疑わなかった井上さんのもとには、命に関わる場合に発信される緊急メッセージが届きました。スマート体重計で収集したデータを基に分析した結果、「重症化する可能性が高い」というのです。

井上さんは急いで身支度を整え、迎えに来た自動運転車に乗って指定された病院に向かいました。医療機関が保有する医療資源やベッド、近隣地域における感染の広がりといったデータは、自動的に集計・分析されて、入院を必要とする対象者の住所や医療情報と突き合わせられます。こうした AI の働きによって、井上さんにとってベストな病院が割り当

てられたのでした。

　井上さんは、わずか2日間の点滴投与で退院することができました。海外の発症者から集められた生体データがAIによって分析され、既存の点滴薬を組み合わせれば発症を予防できることが、すでに判明していたのです。

　この点滴薬、実は近年あまり使用されていないもので、パンデミックが起こるまでは薬問屋の倉庫の奥に眠ったままでした。しかし、海外の動向をいち早く捉えたAIによって、あらゆる業者の在庫が集計され、高リスク対象者の推計と照らし合わせながら、必要な医療機関へ集められました。それでも不足することが予想されたため、ウイルスが日本で本格的に広がる前に、企業の垣根を越えた生産計画を立案して増産が始まっていました。

　こうした医薬品のサプライチェーンを構成する各社は、本来ならば競争相手でもあることから、在庫数や生産余力などの情報を公開したがりません。しかし、「口の堅い」AIが仲介に立つことで、各社が一丸となってウイルスに立ち向かうことができたのでした。

　さて、無事に退院した井上さんですが、入院中の診察で医師から指導を受けました。現状に大きな問題はないが、このままの生活を続けていたのでは、病に倒れる日は遠くないというのです。そこで井上さんは、自身のDNAを提供して分析してもらい、最適な生活習慣となるためのアドバイスを受けることにしました。

　分析結果では、井上さんは遺伝的に太りやすいことが判明しました。また、心臓に負担をかけすぎることは避けたほうがよさそうです。医師が提案したのは、食事について見直すとともに、井上さんの体質にぴったりの薬をカスタムメイドでつくって服用するというものでした。さっそく製薬会社に薬のレシピを送ったところ、体に悪影響を与えないか念のためにシミュレーションが行われました。このとき井上さんのDNAデータが用いられるのですが、データそのものを提供するわけではないため、プライバシー面での不安はありません。

　心臓に不安があることが判明した井上さんは、さまざまなバイタル

データを収集できるスマートウォッチを購入しました。このスマートウォッチは、多くのユーザから集めたデータを基に、急病で倒れる前に予兆を捉え、すみやかに専門の医師を紹介してくれる機能を備えています。緊急性が高い場合には、位置情報を基に救急車が駆けつけてくれます。

　このように 202X 年の社会では、人々の健やかな生活を AI が支えているのです。

---

## 連合学習、秘密計算について

　機密性の高いデータや、企業における競争優位の源泉になるようなデータは、できる限り外部に出したくないものです。一方で、各組織のデータを合わせることで全体最適を図りたい用途が存在します。

　そのような場合に用いられるのが「連合学習」と「秘密計算」です。これらの技術を用いれば、複数のシステムや組織間でデータをお互いに明かすことなく、他のシステムが保有するデータを AI に反映することができます。

### 〈連合学習〉

　従来、複数の組織が保有しているデータを合わせて AI の学習モデルをつくりたいときには、データを 1 カ所に集めて分析する必要がありました。

　ところが、連合学習を用いれば、各組織の内部でそれぞれ個別に分析して得られた学習モデルだけを共有し、それらを統合して 1 つの大きな学習モデルにすることができるのです。統合されたモデルは各組織に再配布し、それをベースに再び組織内で分析します。これらを繰り返していくことで、組織間でお互いのデータを共有することなく、個人情報や機密情報を保ちながら、お互いのデータの中身が反映された高精度な

## 図表 5-⑧　連合学習により、複数組織が連携したAIの構築

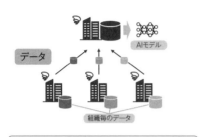

**従来の組織間連携方法**
■各クライアントから収集したデータを1カ所に集約して分析

データ
AIモデル
組織毎のデータ

■データの利用に関しては提供者から事前の同意が必要
■個人情報や機密情報を扱いづらい

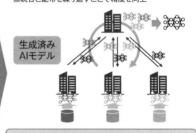

**新たな組織間連携方法（連合学習）**
■「データ」ではなく「生成済みの学習モデル」をセンターへ集約し、高精度な統合AIモデルを構築
■統合と配布を繰り返すことで精度を向上

生成済み
AIモデル

■データを集約する必要はない
■個人情報や機密情報を活用しやすい

AI を実現できる技術です（**図表 5 −⑧**）。

### 〈秘密計算〉

　データを暗号化したまま分析する技術です。そのため、用途は AI に限りません。

　従来の手法では、データは処理時に復号し、計算後の結果データは再び暗号化して戻すことが必要でした。ところが、秘密計算を使うと、データを暗号化したまま一切復号することなく計算し、処理結果を得ることができるのです（**図表 5 −⑨**）。

　秘密計算には、いろいろな処理方法があります。一例としては、暗号化に秘密分散技術を使うものが開発されています。これはデータを3つの「シェア」と呼ばれる情報に分解し、3つの計算サーバに分散させて計算することにより、データを秘匿したまま計算を実行するものです。これなら仮に1つのサーバがハッキングされたとしても、人やコンピュータにとって有効なデータが流出することはありません。

　次に、連合学習と秘密計算を利用したユースケースを2つ紹介します。

## 図表 5-⑨　従来のデータ分析と秘密計算

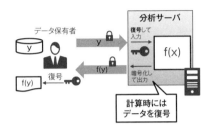

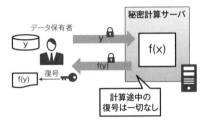

### 〈①カーボンニュートラル社会に向けたセキュアなAIシステム〉

　工場や輸送業、店舗といったサプライチェーン全体でカーボンニュートラルに向けた施策を実施しようと考えたとき、それぞれが保有しているデータを秘匿したまま、高精度な$CO_2$排出量予測AIや削減プラン推薦AIを、連合学習によって構築することが可能です。そして秘密計算によって、構築したAIへ入力する機密情報を秘匿したまま、$CO_2$排出量の予測や削減プランの分析を行い、削減に向けたアクションなどへの意思決定に活用できます。

### 〈②スマートシティにおけるAIシステム〉

　スマートシティにおいては、さまざまな組織やシステムが連携することで、より安心安全でスマートな社会を実現することが可能です。

　たとえば、医療に関するデータは個人のプライバシーそのものであり、遺伝情報など、多くの情報を公開・共有することは、現実的でもありません。そこで、連合学習や秘密計算の技術を使って病院や製薬会社、自治体などが情報公開せずに連携することができれば、高度な学習によって得られたAIが、市民の健康的な生活をより良い状態へと導くでしょ

う。

　具体的には、メタボリック・シンドローム予備軍と診断された人に対して、住んでいる地域の交通機関や飲食店などのデータと、その人の医療情報や生活習慣パターンを基に、より踏み込んだパーソナライズされた行動指針を示すことで、生活習慣病予防につなげられます。

　また、運送会社やタクシー会社など多様な移動経路データを持っている企業・組織が連携し、自動運転に必要な高精度な物体検知AIを作成すれば、市民が安心・安全に使える自動運転を実現することができるでしょう。

## 連合学習の発展

　顧客の地域性や層の違いといった組織ごとに保有するデータの質が異なるケースにおいて、連合学習により分析したAIの精度が各組織のデータだけで分析した場合と比べて劣ってしまうことが知られています。

　ひとつの理由として、連合学習は組織ごとに分析されたAIを統合することですべての組織に対して平均的なAIを作成してしまうため、平均的なデータの特徴と異なる特徴のデータにはよい精度が出ないことが挙げられます。

　近年では、このようなケースにおいても、連合学習で高精度なAIを生成するための技術である「パーソナライズド連合学習」の研究が行われています。パーソナライズド連合学習では、すべての組織で1つの共通なAIを作成するのではなく、連合学習に参加する組織のなかで保有するデータの特徴が類似する組織が共通して利用できる複数のAIを作成します。どのように複数のAIを作成するかによって、AIの精度が異なるため、さまざまな研究が盛んに行われています。

　もうひとつの理由として、連合学習は各組織で共通する特徴量しか分析に利用できないことが挙げられます。共通の特徴量だけを用いて連合学習をするよりも、各組織が保有する個別の特徴量も含めて分析したほうが、より精度の高いAIを作成できる可能性があります。

　近年では、個別の特徴量も含めて連合学習を行う技術の研究も行われています。たとえば、AI を個別の特徴量と共通の特徴量それぞれに関係するパーツに分け、各組織では個別の特徴量を含めて学習を行いながら、共通の特徴量に関係するパーツのみを連合学習により統合することで、高精度の AI を作成するといった技術が開発されています。

## 秘密計算の発展

　秘密分散技術を用いた秘密計算では、計算を行う際に各サーバの間で通信を必要とします。このため、秘密計算の実行速度は、通常のコンピュータ上の計算と比較して、非常に低速になります。秘密計算技術の計算速度を上げるためには、通信回数や通信量を減らす必要があり、さまざまな技術が開発されています。

　近年で最も高速な秘密計算技術は、「複製型加法秘密分散」と呼ばれる秘密分散を用いたものです。複製型加法秘密分散では、ある値 A を秘密分散する際に A=X+Y+Z を満たす 3 つの値 X,Y,Z をそれぞれ 2 つ組の値（X,Y）（Y,Z）（Z,X）にし、これをシェアとして 3 つのサーバに分散します。このような特殊な秘密分散を行うことで、掛け算が 1 回の通信で可能となり、秘密計算の速度を劇的に高速化できるのです。

5-1-4

# メタバースが創り出すリアルとバーチャルの融合

## 未来ストーリー

　長崎県にあるアパレルショップに勤める山本さんは、世界中で知らない人がいないと言っていいほど有名な店員兼バイヤーです。

この日、山本さんは早めに起床して、アメリカのファッションショー会場に出かけました。といっても、はるばる飛行機に乗って行ったわけではありません。自宅に居ながら、サイバー3次元空間の会場に参加したのです。もちろんデジタル空間での山本さんの分身・現身となるアバターは、とっておきのデジタルクロース（衣服）を着ています。

　華やいだ雰囲気のなか、山本さんの目つきがスッと変わりました。新進気鋭のデザイナーによる新作ファッションが目にとまったのです。

　「これなら、大きなムーブメントが起こせるかもしれない」

　そう感じた山本さんは、さっそくサイバー3次元空間上で、そのデザイナーやメーカーの担当者のアバターとディスカッションを始めました。そして、新作で使われている生地は、アジアの山岳地帯に住む動物の毛からつくられていることがわかりました。

　山本さんは、その生地が動物にとって優しく、少ない環境負荷でつくられているのかを確認するために、新作のデジタルクロース（衣服）に紐づけられた現地の生産者の情報を読み取り、早速連絡をとってみました。サイバー3次元空間にアクセスしてくれた現地の生地職人のアバターに話を聞き、動物や職人たちの様子を3次元映像で紹介してもらいました。そして、触覚インタフェースを通じて、生地の手触りも体感することができました。

　安心した山本さんは、さっそく商談を始めました。言語の壁はAIによる自動翻訳で解決できるとはいえ、交渉事には専門家の力を借りたいところです。そこで、アパレル関連の知識があり、双方の国の法律を理解している国際弁護士にも加わってもらうことにしました。

　交渉を終えた山本さんは、進学を控えて東京に住まいを探しに行った娘と連絡をとります。そして、現地の映像を一緒に見ながら物件選びのアドバイスをしました。娘が気に入った物件は一見好条件のように思われましたが、山本さんは建物周辺のセキュリティが気がかりでした。そこで、スマートグラスを装着して最寄り駅や学校まで歩いてみるように娘にアドバイスします。娘が現地に物件を見に行き、スマートグラスの設定を夜間に設定したところ、照明が少なくて心もとなく感じられます。

また、雨の日に設定してみると、晴れの日には気づかなかった水たまりが多く、車道にはみ出すようにして歩かなければなりません。その映像を共有してもらった山本さんは、別の物件も探してみることを娘にすすめました。

山本さんの一日はまだ終わりません。夕方からは接客コンテストの全国大会で審査員を務めることになっています。今年の大会はサイバー３次元空間で行われ、全国各地からカリスマ店員がアバターを介して参加します。以前のように物理（フィジカル）空間のみで開催されていた場合、店員が接客する様子を審査員は離れたところから客観的に審査することしかできませんが、サイバー３次元空間であれば、審査員の姿をコンテスト参加者から見たり、感じたりできないようにできるため、審査員は好きなアングルや距離で接客の様子を見ることができます。大会には AI 審査員も参加しており、声の調子や表情を分析して即座にアドバイスします。

夕食前には、山本さんが働くリアル店舗に足を運びます。小さな店なので、あまり多くの在庫を持つことはできませんが、AR ミラーでフィッティングすれば、世界中の洋服を試着することができます。店頭にある服を実際に着てみて気に入れば、店には置いていない色違いのデザインを試着したかのように鏡に映ります。山本さんがこの日の朝にアメリカのファッションショーで生産を依頼した新作生地をさっそく提案してみたところ、お客さんはとても喜んでくれました。遠く離れた恋人にも意見を聞きたいというので、AR ミラーの映像を共有します。すると、「よく似合うね。僕も同じ生地でつくってもらおうかな」と商機が広がりました。そこで最寄りのショップに立ち寄って実際に試着してもらい、そのデータを基に製作することになりました。

夕食は、隣県に展開する支店のスタッフとともにとります。培養肉でつくられた食事ですが、味覚インタフェースにより高級肉の味を楽しむことができます。同じテーブルに着くことはできないのですが、この日のできごとを映像で振り返りながら共有します。山岳地帯から送られてきた生地の手触りデータも転送したところ、スタッフも気に入ってくれ

たようです。山本さんは、この生地が持つポテンシャルを最大限に引き出してくれる仕立て職人を、世界中から探すよう依頼しました。

　山本さんは、こうして長崎から世界中を飛び回る日々を送っています。

## メタバースは単なる「仮想3次元空間」ではない

　もともと「メタバース」は、自身のアバター（現身や分身という意味）を介して他人とコミュニケーションを楽しむためのVR（Virtual Reality ＝仮想現実もしくは人工現実／感）アプリケーションでした。

　現在では、「VRにおける、1つのアプリケーション」の範ちゅうを超えて、「XR」テクノロジーと融合するかたちで、「人間が認識する世界を再構築する技術の総称」というコンセプトへと昇華しつつあります。

　XR（Extended Reality ／ Cross Reality）とは、VRやAR（Augmented Reality ＝拡張現実／感）、MR（Mixed Reality ＝複合現実／感）などの技術を融合したもので、人間の感覚（視覚、聴覚、味覚、触覚、嗅覚など）をコントロールする技術の総称だと言うことも可能です。

　私たちが日々の暮らしを営んでいる現実世界そのものを拡張する現在のメタバースでは、ARとMRが用いられています。代表的な例のひとつが、目の前にある空間にゲームキャラクターの世界が広がるスマホゲーム『ポケモンGO』です。

　一方、拡張するのではなく、私たちが普段暮らしている現実世界を代替し、第二、第三の世界を提供するのが、VRを用いたメタバースです。

　用途についてはさまざまに夢が語られているのですが、たとえば現実社会のオルタナティブ（代替）として、カウンターカルチャーの文脈でも注目されています。

　また、「国家や大企業と紐づかない財やカレンシー（通貨）による経済圏をつくりたい」といった考えを持つプレーヤーが、NFT*29（非代替性トークン）やWeb3とメタバースを関連づけようとしています。

　つまりメタバースは、単なる仮想のデジタル3次元空間ではなく、人

*29　Non-Fungible Tokenの略

や個人の世界を拡張する方法論であり、技術なのです。

## メタバースを取り巻く各種テクノロジー

### 〈①メタバースの要素技術〉

　メタバースや XR で用いられる要素技術は多種多様です。メタバース
や XR は、いずれもデジタル技術の一種であるため、コンピューティン
グの三要素である「入力（センシング）」「処理（モデリング、プロセシ
ング）」「出力（フィードバック）」といった分類で整理することが可能
です（**図表 5 −⑩**）。

### (1) 入力（センシング）

　たとえば、Nintendo Switch の『リングフィット アドベンチャー』は、
メタバースや XR に近いアプリケーションだと言えるでしょう。仮想世
界に入り込んだかのようにトレーニングができるものですが、専用の
ゲームコントローラには、加速度センサーなどを組み込んだ入力デバイ
スを使用しています。他にも以下のような技術が該当します。

**図表 5-⑩　メタバース・XRの要素技術**

**入力（センシング）**
- ゲームコントローラ（加速度センサー）
- ウェアラブルデバイス
- モーションセンシング（ジェスチャー、視線など）
- フィールドセンシング（全球撮影、3Dスキャン、Drone空撮など）
- 音声入力
- BMI（脳波入力）
- タンジブルインタフェース　など

**出力（フィードバック）**
- ヘッドマウントディスプレイ（HMD）
- プロジェクションマッピング
- 超解像度映像（8K）
- 立体音響
- ハプティクス（触覚）インタフェース
- ロボティクス
- 次世代劇場上映システム
- 3Dプリンティング　など

**処理（モデリング、プロセシング）**
- 3D-CG
- 3D-CAD
- BIM/CIM
- 3D-GIS
- AI技術
- 音声認識
- 画像・映像認識
- 機械翻訳　など
- 3Dゲームエンジン（Unity、Unrealなど）
- データビジュアライゼーション
- クロスモーダル、マルチモーダル
- 超高速計算・通信　など

- ウェアラブルデバイス
- ジェスチャや視線などモーションセンシング
- フィールドセンシング（全球撮影、3次元レーザースキャニング、ドローン空撮など）
- 音声入力
- 脳波入力
- タンジブルインタフェース　など

## (2) 処理（モデリング、プロセシング）

　3次元のコンピュータグラフィックスや、製造業などの設計で使われる3DCADといった長い歴史がある技術に加えて、近年急速な進化および普及を遂げている3次元GISやBIM／CIMなどが含まれます。

　また、音声認識、画像・映像認識、機械翻訳といったAI技術についても、XRの要素技術に位置づけることができます。

　他にも、人の集団、空間、事物、事象を3次元モデルとして扱うための計算量やデータ量が従来よりも膨大になることが想定されるため、5G／6Gといった次世代通信技術やスーパーコンピュータ・量子コンピュータを用いた超高速演算技術も欠かせない技術と言えるでしょう。

## (3) 出力（フィードバック）

　出力端末として、「VRゴーグル」とも呼ばれるヘッドマウントディスプレイを思い浮かべるかもしれませんが、決してヘッドマウントディスプレイありきではありません。プロジェクションマッピングや超解像度映像（8K）、4DXと呼ばれる次世代劇場上映システムも、メタバースの要素技術だと言えます。

　また、360度の立体音響、触覚（ハプティクス）インタフェース、サイバー空間の事物を物理空間に転写する3Dプリンティングといった、視覚以外の感覚に関するインタフェースも挙げられます（**図表5－⑪**）。

図表5-⑪ **XRによる触覚提示技術**

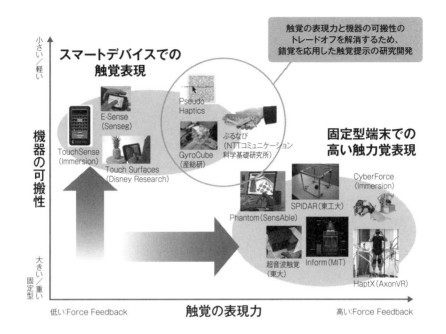

〈②技術面での展望及び課題〉

ここでは、メタバースやXRの今後のさらなる普及に向けた、テクノロジーの進化や技術面での課題を見てみたいと思います。

### （1）インタフェースデバイスの進化と多様化

3次元の映像や音声を体験するデバイスは、現在はウェアラブルデバイスであるヘッドマウントディスプレイが注目されがちですが、日々進化を続けている、大画面かつ複数面（壁三面など）および360度立体音響といった環境埋め込み型（ユビキタス）インタフェースを用いることもできます。これらについては、用途によって使い分けが今後は図られていくものと考えられます（**図表5-⑫**）。

**インタフェースデバイスの使い分けのイメージ**

また、メタバースを含む現在の XR は視覚のコントロールが中心ですが、今後は他の感覚のコントロールについても、進化・浸透していくことが期待されています。

## (2) データモデルの標準化

メタバースや XR で用いられる 3 次元の人・群衆、空間、事物、空間、事象などのデータモデルについては、これまでは 3 次元 CG、CAD、GIS などのツールやそれらツールにより規定されるデータフォーマットごとに乱立する傾向がありました。そのため、あるアプリケーションのために構築されたデータモデルが、本来は他の用途のアプリケーションにも流用可能にもかかわらず、そのまま死蔵されてしまうといった問題がありました。

こちらについては、建築業界の「IFC (Industry Foundation Classes)」、都市計画分野における「CityGML」といったように、標準化の動きが近年盛んとなっています。このことにより、ある分野でつくられた 3 次元データモデルが、他の分野でも流用されるといった潮流が加速することが期待されます（**図表 5 -⑬**）。

図表 5-⑬ ▎**デジタル3次元モデルの円滑な流通のイメージ**

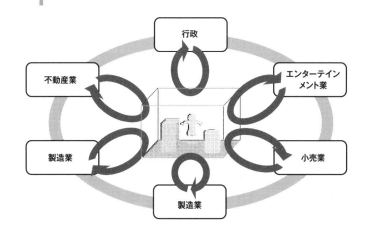

## （3）UI/UX の洗練化

　3次元仮想空間や AR で情報が重畳された拡張物理空間においては、ユーザに対して、次の行動が自然と促されるといった利用体験を提供する必要があります。

　そのためには、まずは、人間の行動モデル、ユーザに対するライフログを含むパーソナルデータや周辺環境の各種データを用いるかたちでの AI の活用により、ユーザにとって「今だけ、ここだけ、あなただけ」の情報を組成します。

　次に、組成された情報を、ユーザが直感的、かつ感覚的に理解や受容ができるような提示のやり方をしなければなりません。こちらについては、ユーザ体験デザインやデータビジュアライゼーションといった方式技術を用いることで、実現されます。

## （4）ネットワークの進化

　（3）で示した洗練されたユーザ体験を実現するためには、サーバからエンドユーザのデバイスまでのエンド・トゥ・エンドでの高速かつ安定したネットワークが欠かせません。

メタバースや XR で用いられる多種多様なウェアラブルデバイスは、従来高速化が図られてきた下り回線に加えて、ユーザからセンシングした身体挙動などの情報を送信するための上り回線の充実化が求められます。こちらについては、5G ／ 6G をはじめとするモバイルネットワークの進化でカバーされる見込みです。

　また、3 次元データモデルに IoT、すなわち大量かつ多数のセンサーデータを含める場合は、エッジコンピューティングやローカル 5G といった広域ネットワーク構築技術の活用が必要となってきます。

## （5）セキュリティの堅牢化

　今後、メタバースや XR が企業や行政機関などで活用されるようになったり、ライフログやユーザの身体動作といったセンシティブデータを扱うようになったりしていく際には、強固なセキュリティが求められるようになっていきます。

　現在、メタバース内のデジタルアイテムの取引に NFT を用いる動きがありますが、取引履歴の改ざんを防ぐためのテクノロジーとして、ブロックチェーンが用いられています。

　メタバースを含む遠隔からユーザが利用する VR アプリケーションの場合は、特に他人による、なりすましを防止する対策が求められます。

## メタバースが普及した未来の社会像

　ここからは、メタバースの具体的な活用シーンをご紹介します。

### 〈①購買体験〉

　未来の買い物は、どのようなものになるのでしょうか。

　買い手の立場では、買い物が孤独でなくなります。EC（電子商取引）の場合、自分 1 人で商品を探し、1 人で決断しなければなりません。一方でメタバースの空間ならば、他の人と一緒に買い物ができます。このとき、友達と一緒に買い物をしているのなら、「あなたが買うなら、私

も買おうか」というように、購買決定要因も変わっていきます。

　他にも、投資や住宅など高価なものを購入する際には、物理的に離れて暮らす親しい人に同席してもらい、相談しながら安心して買い物ができるようになります。

　「メタバース」と聞くと、Z世代などの若者が使うものというイメージが先行していますが、実は高齢者などのデジタル弱者こそ、メタバースの空間なら便利な買い物を楽しめるようになると考えられます。高齢者は商品検索ができないなど、スキルが理由でオンラインショッピングを避けている場合が少なくありません。メタバースの場合、空間に入ってしまえば、店員が商品を詳しく案内してくれますし、必要なところまで手を引いて連れていってくれます。

　続いて、売り手の立場からも考えてみましょう。

　メタバースの空間は、基本的にはオンラインでアクセスすることができるため、接客員は勤務場所に縛られることなく、世界中のどこからでも働けるようになります。そうなれば、接客員の能力に応じて適切な配置を行うことで、よりよい接客が可能になるでしょう。

　また、接客中に顧客の問い合わせ目的や過去のやり取りに関する情報を活用できるため、店舗接客業務の仕組みがコールセンターのように変わっていくことも予想されます。

　さらには、顧客の来店目的やメタバース空間内での行動をつかむことができれば、店頭にポスターを掲出して興味を分析することが可能です。そして、デジタルの世界におけるやり取りだからこそ、接客時の音声をテキスト化して重要な情報をピックアップしたり、顔画像から感情を分析したりすることが容易になります。顧客情報の取得コストを抑えつつ、より適切な提案が行えるようになるのです（**図表5−⑭**）。

## 〈②研修・トレーニング〉

　研修・トレーニングは現実世界での代替だけではなく、デジタル世界ならではのアプローチにより、学習効果が飛躍的に向上していきます。

　近年、オンライン会議システムを使うことで、距離の制約を超えて研

**顧客ニーズに合わせた接客**

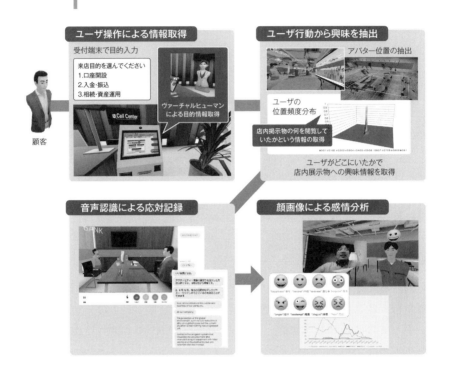

修を実施することが一般的になりつつあります。メタバースの空間においては、距離の制約を克服できるだけでなく、音声が届く範囲や空間の距離を変えるシミュレーションが可能ですので、現実世界と同じように同じテーブルに集まるだけで、講義形式の研修から柔軟にグループワークに移行するといったことができます。複数のディスカッションテーマを同一空間内で進めることができるので、参加者は他のグループの様子を把握しながら討議することができ、ファシリテーターにも大きな価値をもたらします。

　また、オンライン会議システムでは情報発信側が伝えたい情報を一方的に伝えるだけのコミュニケーションであるのに対して、メタバースの空間であれば、複数のディスカッションテーマや、テーブルに広げられ

た資料、３Dのモデルデータなど、複数ある情報リソースから最適なものを自ら行動で選択できることにより、情報獲得の主体者が受講者側へと移るといったコミュニケーションの変化が起こります。

さらに、現実に近い世界観でありながら、現実では実現が難しかった実体験を伴ったトレーニングが容易に実施可能になります。現在、視覚については 4K や 8K といった高解像度のディスプレイ、聴覚はハイレゾや音源定位が可能な音響設備が実用化されていますし、触った感触をフィードバックする触覚インタフェースの研究も進められています。

たとえば、機器の操作方法トレーニングであれば、設備機器を設置コストに関係なく自由にバーチャル空間上へ配置し、触覚インタフェースを含む高い臨場感を生み出すインタフェースによって、学習効果を高めることができます。

なお、高度な表現力を持つ触覚インタフェースは、設備が大がかりなものになってしまいます。いかにして触覚の表現力と機器の可搬性のトレードオフを解消するかが、大きな課題です。

そこで現在、錯覚を用いた表現が研究されています。そのひとつが「クロスモーダル」と呼ばれているもので、複数の感覚の相互間作用によって錯覚させることで、映像表現のみで、まるで触っているかのような感覚を与えることが可能です（**図表５−⑮**）。

簡単なものであれば、Pseudo-Haptics という、マウスポインタを動かす速度を変化させることで、凹凸のある部分で抵抗を感じさせるといったものがあり、これらの研究が進んでいます。また、味覚を視覚・嗅覚で錯覚させる研究も進んでおり、実際に食べているのはシンプルなクッキーなのに、AR によりサイズを変更することで満腹感をコントロールしたり、においを加えるだけでさまざまな味に変化させるということもできるようになってきています。

## 〈③製造・モノづくり〉

製造・モノづくりの現場では、現実世界の現象を高精度な分析や予測を可能とする「デジタルツイン」が用いられるようになります。現在の

## 図表 5-⑮ | クロスモーダルな触覚表現

**ヒトの錯覚を用いたクロスモーダルな触覚表現**

簡素な構造・アクチュエータで可搬性がありながらも、ヒトの錯覚を活用することで、柔らかさやテクスチャ、3次元的な力といった、高い触覚表現が可能となる触覚フィードバック付きの学習端末

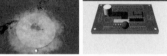

　デジタルツインは、現実世界で起きていることをバーチャルな世界で表現することが中心ですが、デジタルツインの全体像を見てみると、取り組みのフェーズは3段階あります（**図表5-⑯**）。

　まずは、現実世界でのできごとをIoT（Internet of Things）で集め、バーチャル世界に再現することによる「現実空間の事象の見える化」です。次がバーチャル世界の中での「AIによる分析・シミュレーション」で、最後がロボットや人が活動する「現実世界の事象へのフィードバック」です。

　デジタルツインの世界観を一度につくり上げるのは難しいため、ある程度小さいループで実現していくことが必要です。たとえば、現実世界のものをバーチャル世界に表示させるだけでも、小さいループのデジタルツインと捉えることができます。大きなループを描くためには、そこにAIでの分析やシミュレーションを加えていき、最終的にロボットによる自動搬送など人とロボットによる協調作業により、バーチャル世界でのできごとや分析結果に基づいた最適行動を現実世界にフィードバックする仕組みをつくることが重要です。

　なお、現実世界から集められるできごとは、カメラやセンサーで検出

326

したデータによるものだけではありません。人の振る舞いや内面的な感情もデジタル化しようとする取り組みが始まっています。

　ここで、製造・モノづくりにおいてデジタルツインとしての XR の活用例を紹介します。メタバースはコミュニケーションのツールであり、遠隔地から利用できることから、遠隔支援は主要なアプリケーションです。管理者はオフィスにいながら現場の作業状況を把握でき、複数の現場を移動することなく管理することが可能になります。一方、現場作業者には AR を活用して不慣れな作業手順を確認することが可能になってきています。これらが複合的に関係することで、複数のユーザがバーチャル空間内で現場の状況を共有、管理、作業指示といったデジタルツインを実現することが可能になります。

図表 5-⑯　**デジタルツイン**

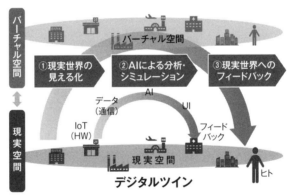

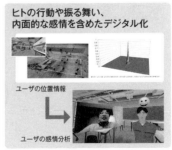

一連の業務全体に視点を移してみると、メタバース空間を他のシステムのインタフェースとして使用することにより、作業工程に関連するすべての人が共通認識を持って取り組むことができるようになることがひとつの価値です。たとえば、業務計画、点検作業、結果登録、修繕作業、報告といった各業務の流れを担う、すべての人たちがメタバース空間で作業を行い、情報を共有していけば、共通認識を持つことができるようになります（**図表５-⑰**）。

　現実空間とバーチャル空間を行き来しながら、リアルタイムに双方の世界を連携することで、デジタルツインの価値は高まっていきます。

### 〈④政治・行政〉

　誰もが具体的な意見を表明し「科学をベースとした社会づくり」を可能とします。

　現在、EBPM（Evidence-Based Policy Making ／ Evidence-Based Policy Management）と呼ばれる、根拠に基づく政策の PDCA が提唱されており、日本でもこれから本格的に試行錯誤されていくことになっています。

図表 5-⑰ **デジタルツインによる、業務各工程での情報共有**

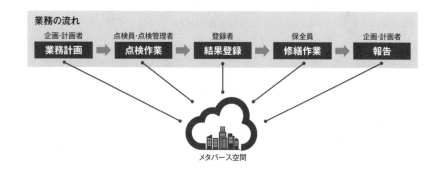

　この場合の「根拠」とは、究極的にはなんらかの数理モデルとデータの組み合わせです。最近の具体的な例としては、感染症の広がりを示すSIR*30 モデルという数理モデルがあります。SIR モデルを使うと、人流をコントロールすることで、どの程度まで感染者数を抑制できるかを予測することができます。

　ただし、市民一人ひとりの納得を得るためには、数理モデルとデータの組み合わせだけでは不十分です。データが示す結果をわかりやすく3次元映像化するような、ビジュアライゼーションが必須となるでしょう。なぜなら、数学的なリテラシーが不足している大多数の市民は置き去りにされてしまうと、政策の PDCA から疎外されるリスクがあるからです。端的に言えば、理系のエリートとそれ以外で分断が生じてしまい、理系エリートだけが政策立案の実施や妥当性の判断に関与できる世界になってしまう恐れがあるのです。

　そこで期待されるのが、メタバースの活用です。たとえば、EBPMで数理モデル化された自分が住んでいる街の過去・現在・未来を、メタバースを使ってビジュアライズしたうえで、シームレスに俯瞰できれば、変化や行政が考えていることを直感的に理解することができます。

　また、政治や行政の施策による身近な生活の変化が、個人目線で先取り体験ができるようになります。さまざまな自治体において、公共施設の維持が難しくなっていますが、どの地域でどの施設がどのぐらい減るのかをリストで示されても実感が湧きにくいものです。しかし、メタバースを使うことで、自分の住む地域の変化について、わかりやすく肌感覚で把握することが可能になります。

　さらには、市民はこれらの UX（ユーザ体験）を通じて、政治・行政の営みを「自分事」として、自分たちと地続きに感じられ、政治や行政に対する具体的な要望が出せるようになるのです。

　国土交通省の "Project PLATEAU" では、国内の主要都市について、メタバースで使うための3次元データ化を行っています。都市のデジタルツイン上で、さまざまなシミュレーションを行うことにより、政策立案や施策の実施を行うことができるようになるでしょう。

*30　S(susceptible)＝感染症への免疫がない人々、I(infected)＝感染症に現在かかっている人々、R(recovered)＝感染症から回復して感染症への免疫が生じた人々、による感染症の数理モデルのこと。

メタバースや XR が社会に普及していくことによって、人々はこれまでにない新しい体験をすることが可能になり、さらには、さまざまな価値を享受できるようになります。一人ひとり異なる個性を持つ人々が、一緒に幸せかつ充実した人生を送ることを可能とするための、21 世紀以降の社会インフラとなるでしょう。

# 5 − 2

# AI 化時代に向けた社会ルールの変化

## 5-2-1

## AI 倫理

### AI 倫理とはなにか

　AI 倫理の話を始める前に、まず「倫理とはなにか」について整理しましょう。

　倫理に関して、よく挙げられる言葉に「法は倫理の最低限」という言葉があります。倫理も法もいわゆる「規範」を指す言葉ですが、倫理がカバーする範囲は法律のそれよりもずっと広いということを、この言葉は表しています。

　たとえば、法律とは異なり、「倫理」は明文化されておらず、私たちがなんとなく共有していると考える規範も含みます。そして、それは国、文化、生活スタイルや世代など、さまざまな要因によって人ごとに異なる可能性があります。そのため、倫理的な行動をとろうとしたとしても、どのような行動が倫理的かを理解・実践することが難しい場合が少なくありません。

　さて、なぜ AI の話題とともに、このような倫理が話題となるのでしょ

うか。それは、近年さまざまな種類の AI が社会実装されていくなかで、法律では定めにくい、倫理的な視点で捉えなければならない未来が話題になってきているからです。

ここでは、AI 倫理として、よく話題に挙がる 3 つの例を紹介します。

## 〈①トロッコ問題〉

AI 倫理を話題に挙げる際によく紹介されるのが「トロッコ問題」です。「線路を走っていたトロッコが制御不能になった。このままでは線路前方で作業中の 5 人が犠牲になってしまう。あなたは分岐器の前に立っており、トロッコの進路を切り替えれば 5 人の命は助けることができる。しかし、分岐先にはやはり 1 人の人間がいて、トロッコの進路を切り替えれば、トロッコはその 1 人を犠牲にしてしまう。あなたは分岐器のスイッチを入れるべきか？」

これは一見、AI とは関係なさそうに感じるかもしれません。しかし、自動運転車が猛スピードで走行中に制御不能に陥り、止めるには誰かを犠牲にしなければならないという状況になったとき、「自動運転車の振る舞いはどのようにデザインされるべきなのか」という問題を議論するとき、このトロッコ問題とよく比較されます。このトロッコ問題は、AI の発展によって、極めて現実的なものになってきているのです。

## 〈② AI が人間の業務を代替する際の問題〉

AI が人間の仕事の多くに置き換わると言われています。2020 年に発表されたマッキンゼーのレポートによれば、日本では 2030 年までに、27％の既存業務が AI に置き換わるだろうと予想されています。少子高齢化の日本においては、不足する労働人口を AI が補うようになることが期待されています。

他方で、一部の仕事は人間が AI を活用しながら業務を行うようになると予想されています。たとえば、医療・介護、教育やコンサルティングなどの分野は、完全には人間と置き換えることができないと言われています。しかし、これらの領域において AI がまったく利用されないわ

けではなく、人間が AI を活用しながら業務を行うものと予想されています。医療分野においては、画像診断やカルテの分析、手術ロボットの導入などが始まっています。教育分野においても、カリキュラムの自動作成（アダプティブ・ラーニング）や自動採点 AI の導入などが始まっています。

　これら「人間× AI」による業務の変革は、AI 技術がさらに発展していくにつれて、より AI の担う分野が広がるものと予想されます。そのとき、「必ず人間が担う部分」と「AI に任せる部分」との線引きが明確に存在するわけではありません。そのため、人が行うべき部分はどこか、どこまでを今後 AI に任せてもよいかについては、問題が起きたときの責任などを論点として、盛んに議論が行われています。

## 〈③ AI のバイアス問題〉

　機械学習を活用した AI では、過去のデータを分析して学習モデルを作成します。そのため、集めた過去のデータにバイアス（偏り）がある場合には、そのバイアスが学習モデルにも反映されてしまい、問題となる場合があるのです。

　たとえば、学習データがごく一部の地域の人に関するデータであれば、つくられた学習モデルは、その一部の地域の人の嗜好に沿ってしまうのです。この学習モデルを多様な国・地域の人への予測や推薦に使ってしまうと、それぞれの人に合わない予測や推薦を行ってしまう可能性が高いと言えます。また、昨今のコロナ禍のように、私たちの生活様式が大きく変化しているにもかかわらず、変化前のデータで予測や推薦をしてしまうケースもバイアスが生じてしまう恐れが高いと言えます。

　AI は、公共サービスを含むさまざまな場面で使われているため、一旦バイアスのある AI が普及すると、その問題が社会に広く固定化されてしまう危険性が指摘されています。ところが、私たちはバイアスに無自覚な場合があります。ゆえに、AI が製品・サービスとして市場に展開された後になって、第三者による検証でバイアスを指摘され、ようやく問題に気づくことも考えられます。

## AI 倫理について、なにを考えるべきか

　AI 倫理の問題は、ここに挙げた 3 つだけではありません。その他にもさまざまな問題が存在しており、どのように考えていくべきなのかが盛んに議論されています。

　AI 倫理の問題は、科学の発展から生まれてきたため科学に問うことはできるのですが、科学のみでは十分に答えることができない「トランスサイエンスな問題」であると言われることがあります。つまり、対応方法を科学技術のみに求め、新しい技術をさらに開発することだけで解決することができる問題ではありません。

　この前提を基に今、欧米を中心に AI 倫理に対するさまざまなアプローチがとられています。たとえば、AI 活用や運用に対して、AI 倫理を念頭に置いたポリシーやガイドラインの策定が求められています。これらポリシーやガイドラインにおいては、どのように AI の利用についてのルールを定めたらよいのか、ルールそのものをどうすればいいのかを具体的に定めることが求められています。

　また、ガバナンス（ポリシーやガバナンスの実践）においては、決めたルールをいかに実践していくのかが検討されています。規制・標準化に関しては、決めたルールの法制度化や共通化が検討されています。そして、これらポリシー、ガバナンス、規制、標準を浸透させていくために教育の観点でも議論が進められています。

5-2-2

# 国内および海外の法制度と潮流

　本項では、こうした AI 倫理に関係する国内および海外の法制度の概要とルールの共通化の潮流について解説します。

# AI と法

　AI をビジネスで活用するにあたって、日本では、民法、会社法、金融商品取引法、独占禁止法、特許法や著作権法をはじめとする知的財産法といったビジネスに一般的に関係する法令に加えて、パブリシティの権利やプライバシー権、法の下の平等、職業選択の自由といった基本的人権の尊重に関する憲法の規定や、個人情報保護法のような憲法上の基本的人権の尊重に関する事柄を具体的に実現するための多くの法令を遵守することが求められます。

　加えて、ビジネスに活用する AI の開発のために必要な学習用データを海外で取得したり、海外の国・地域で取得された学習用データの提供を受けたりする場合や、日本で開発した AI を海外の国・地域で販売したり、かかる AI を使用するサービスを提供したりするなどの場合には、日本の法令のみならず、それら法令と同様の目的のために定められた諸外国・地域の法令（たとえば、日本の個人情報保護法と同様の目的のために定められた法令として、EU 一般データ保護規則：GDPR[31] が挙げられる）、それらとは異なる当該国や地域に特殊な事情の下で定められた諸外国または地域の法令が適用されることもあり、これらすべての遵守が求められます。

　こうした国内外の法令は、必ずしもビジネスに活用する AI だけに適用することを目的として制定されたものではありません。とはいえ、それらを理解し対応を行うことは、AI 倫理を念頭に置いたポリシーやルールに従ってビジネスを遂行するうえで、必要なことと言えます。

## AI と個人情報保護法

　AI によって近年、カメラ画像データや、指紋や虹彩などの生体データを使って個人の識別・認証を行うことが可能になってきました。また、個人の性向や嗜好をプロファイリングによって分析することや、個人

*31　General Data Prpotection Regulationsの略。

の DNA データを分析することで個人に最適な医薬品の開発を行うこと（「AI 創薬」）も可能になってきています。このような AI は、個人情報の取り扱いと切っても切れない関係にあると言えます。

　上述のような AI では、「学習モデルの生成段階」と「生成された学習モデルの利用段階」という 2 つの段階それぞれで、個人情報の取り扱いが必須となります。たとえば、カメラ画像の認証 AI の場合、「大量の画像を学習させる段階」と「完成したカメラ画像の認証 AI を実装している街のカメラが捉えた映像に対して分析などを加える段階」の両方で、個人の画像を取り扱うことになります。したがって、個人情報の取得、集積、解析、利用そして廃棄までの取り扱いの各過程において、個人情報の不適切な利用や漏洩といった、プライバシー侵害リスクが存在するのです。

　個人情報保護法は、「個人情報の有用性に配慮」しつつ、「個人の権利利益を保護」するために遵守すべき「個人情報の適正な取扱い」に関するルールなどを定める法律です（個人情報保護法第 1 条）。

　しかし、同法には保護すべき権利などの具体的内容は明記されていません。そのため、この法律だけでは、個人情報として保護される範囲とプライバシー情報の範囲が同一であると言い切ることができません。つまり、個人情報保護法に従って AI システムにおける個人情報を取り扱ったとしても、残念ながら上述の AI に関するプライバシー侵害リスクを払拭したことにはなりません。

　とはいえ、個人情報保護法が保護する個人情報の範囲とプライバシー情報の範囲は大きく重なってきています。個人情報の不適切な取り扱いを行った場合には、プライバシー侵害という不法行為を理由とする損害賠償責任（民法第 709 条）が発生する可能性があることに加えて、「個人情報取扱事業者」については、個人情報保護法に定められた義務の違反を理由として個人情報保護委員会による行政処分（違反の態様によって罰金などの罰則あり）を受ける可能性があります。

## 個人情報保護法上の「個人情報取扱事業者」の義務

　個人情報保護法上の「個人情報保護取扱事業者」は、法律上の用語として定義されています（個人情報保護法第16条2項）が、基本的には個人情報を取り扱う民間事業者のことを指します。

　個人情報保護法は、以下のとおり、個人情報取扱事業者が取り扱う情報の種類を①「個人情報」、②「個人データ」、③「保有個人データ」に分け、その種類に応じて、それらの取り扱いの場面ごとに課せられる個人情報取扱事業者の義務を詳細に定めています。

### 〈①「個人情報」に適用される義務〉
**（ⅰ）個人情報を取得するとき**

　利用目的の特定（第17条）、利用目的による制限（第18条）、適正な取得（第20条）、利用目的の通知等（第21条）

**（（ⅱ）個人情報を利用するとき）**

　不適正な利用の禁止（第19条）


### 〈②「個人データ」に適用される義務〉
**（ⅰ）個人データを保管するとき**

　データ内容の正確性の確保および不要データの消去（第22条）、安全管理措置（第23条）、従業者の監督（第24条）、委託先の監督（第25条）、漏えい等の報告（第26条）

**（ⅱ）個人情報を他人に渡すとき**

　第三者提供の制限（第27条）、外国にある第三者への提供の制限（第28条）、第三者提供に係る記録の作成等（第29条）、第三者提供を受ける際の確認等（第30条）


### 〈③「保有個人データ」に適用される義務〉
**（ⅰ）本人から個人情報の開示や利用中止などを求められたとき**

保有個人データに関する事項の公表等（第32条）、本人からの開示・訂正等・利用停止等の要求への対応（第33条、第34条、第35条）、本人から求められた措置をとらない、またはかかる措置とは異なる措置をとる場合の理由の説明（第36条）、本人からの開示等の請求等に応じる手続き（第37条）

このような個人情報保護法上の「個人情報取扱事業者」に課せられた義務に関連して、個人情報の取り扱いが生じるAIシステム活用への注意点や対策について、同法および同法の施行令などの条文や個人情報保護委員会が定める「個人情報の保護に関する法律についてのガイドライン（通則編）」その他の複数のガイドラインが発行されています。

さらに、顔画像の取り扱いに関しては、個人情報保護委員会が「個人情報の保護に関する法律についてのガイドラインに関するQ&A」を公表しています。また、個人情報保護法に定められた「要配慮個人情報」にあたる医療分野における個人情報の取り扱いが必要となるAI創薬に関しては、個人情報保護委員会および厚生労働省が「医療・介護関係事業者における個人情報の適切な取り扱いのためのガイダンス」や「『医療・介護関係事業者における個人情報の適切な取扱いのためのガイダンス』に関するQ&A（事例集）」を公表しています。必要に応じて、これらを参照するとよいでしょう。

## 海外の法制度と立法動向

さて、AIビジネスをグローバルに展開し、遂行しようとする場合には、日本の法令のみを遵守するだけでは足りません。当該AIビジネスを展開しようとする地域や使用するデータを取得する地域やデータの種類によっては、AIビジネスに関係する諸外国や地域の法令に配慮することも必要です。

個人情報保護法を例にとると、諸外国では、日本と同様またはそれ以上に個人情報保護を含むプライバシー保護への要求が高いことがわかり

ます。近年はさらに、個人情報への保護強化の機運が高まっています。欧州では、基本的人権の観点から個人情報の取り扱いについてさまざまな厳しい規制を定める EU 一般データ保護規則（GDPR）が 2018 年に施行され、同規則が適用される EEA 諸国においてその執行が強化されています。また GDPR の施行以後、個人情報保護を含むプライバシー保護を目的とする法令は、世界の 70%以上の国や地域で定められています。

　これらの法令の内容は当然ながら各国、地域で異なっており、規制の厳しさの度合いにも差があります。そのため、AI ビジネスをグローバルに展開する事業者は、それぞれを正確に把握して遵守することが求められています。

## 国際的な枠組みと政策の潮流

　ここで、国際的な枠組みについても目を向けてみましょう。国際的な枠組みとして、OECD[*32]（経済協力開発機構）、G7、G20、GPAI[*33]（AI に関するグローバルパートナーシップ）、UNESCO[*34]（ユネスコ：国際連合教育科学文化機関）の活動があります。

　2016 年 4 月、日本において G7 香川・高松情報通信大臣会合が開催されました。ここで日本から、AI ネットワーク化が社会経済に与える影響の分析と AI の開発原則の議論、国際機関と連携・実施することを提案した結果、各国から賛同が得られました。これをひとつの契機として国際的な議論が活発に開始され、2019 年 5 月に OECD において「人工知能に関する理事会勧告」、同年 6 月に G20 として最初の AI に関する合意文書となる G20 AI 原則が採択されました。

　また、2020 年 6 月に「人間中心」の考えに基づく責任ある AI の開発と使用に取り組む国際的なイニシアティブである GPAI が設立されました。G7 を中心とする 15 カ国・地域が設立メンバー国となり、2022 年 1 月時点で 25 カ国・地域が GPAI に参画しています。これまで 2 回の GPAI サミットが開催されており、2022 年に開催される 3 回目のサミッ

---

*32　Organization for Economic Co-operation and Developmentの略。
*33　Global Partnership on AIの略。
*34　United Nations Educational Scientific and Cuktural Organizationの略。

トは日本がホストを務め、経済産業省や総務省が本イニシアティブの推進を司っていることからも、注目を集めています。

　2021年11月、ユネスコは、「人工知能（AI）は、人類が直面する深刻な社会問題の多くを克服するのに役立つ可能性がある。同時に、AIは、特に倫理、人権、セキュリティの観点から、一連の複雑な課題を提示する。しかし、現在、すべてのAIの開発とアプリケーションに適用される国際的な倫理的枠組みは存在しないため、国際的な規制ツールは不可欠」とし、「AI倫理に関する勧告」を採択しました。

## 諸外国の政策の潮流

　次に、EU、米国および中国の政策の潮流を見てみましょう。

### 〈EU〉

　EUにおいては、2018年4月にAIの研究・普及における競争力の確保から、社会、経済、倫理および法的問題までの幅広い分野での協力をうたった「AIに関する協力宣言」に署名した後、EU全体としてAI戦略の検討が進められています。また、2019年4月、「AI倫理ガイドライン」を策定。さらに2020年2月には「AI白書：優越と信頼に向けた欧州アプローチ」を公表しました。そして2021年4月に発表されたEUレベルでは史上初の法的枠組みとなるAI法案[*35]において、AI利用時の基本的人権の保障や安全性を確保することで、AIに対する利用者の信頼の醸成を目指すと同時に、AI利用の法的安定性や加盟国間での規制の調和を提供することを謳っており、AIの普及を訴求しています。

　具体的には、AIのリスクを①禁止されるAIシステム、②高リスクAIシステム、③透明性義務を課すAIシステム、④その他（任意の行動規範策定）の4段階に分けて定義しています（**図表５－⑱**）。最も厳しい①禁止されるAIシステムでは、公的機関による一般的な目的でのAIベースのソーシャルスコアリングも禁止されています。2番目に厳しい②高リスクAIシステムでは、重要インフラなどで使われるAIが

---

*35　正式名称は「Proposal for a Regulation of the European Parliament and of the Council Laying down Harmonized Rules on Artificial Intelligence (Artificial Intelligence Act) and Amending Certain Union Legislative Acts」。

図表 5-⑱ EUのAIに関するフレームワーク

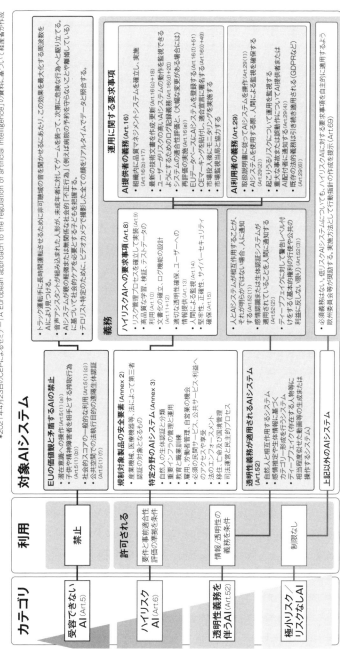

\*2021年4月23日のCEPICによるセミナー「A European approach to the regulation of artificial intelligence」の資料に基づいて経産省が作成

対象で、特定の必須要件への準拠と事前の適合性評価を条件として活用が許可されるもので、市場に出す前に果たすべき義務について記載されています。

　また、欧州議会のデジタル時代の人工知能特別委員会は、2021年11月9日に、AIを技術として規制すべきではなく、規制介入の種類、強度、タイミングはAIシステムの特定の用途に関連するリスクのレベルに合わせて検討すべきとする報告書（「デジタル時代の人工知能」）草案を発表しました。加えて、欧州ネットワーク・情報セキュリティ機関（ENISA）は、2021年12月14日に、機械学習アルゴリズムの保護に関する報告書を公表しましたが、一般的な機械学習アルゴリズムを体系的に分類し、それらのアルゴリズムを利用したAIシステムについて、ライフサイクルの段階別に、脆弱性・脅威と具体的なセキュリティ対策を対応させて提案する内容となっています。

## 〈米国〉

　米国では、2019年2月に、大統領府（ホワイトハウス）が政府全体のAI活用戦略である「米国AIイニシアティブ」を発表しました。さらにホワイトハウスは、2020年9月17日、大統領覚書「AIアプリケーションの規制に関するガイダンス」を発表、同覚書には、連邦政府の各機関がAIアプリケーション開発に関する規則（非規制的アプローチも含む）を制定する際の指針がまとめられています。

　その後、米国国防総省国防イノベーションユニット（DIU）は、2021年11月15日に、「責任ある人工知能（AI）ガイドライン（Responsible AI Guidelines)」を公表。AI企業、請負業者などの国防総省の関係者、連邦政府の関係者に対し、それぞれのAIプログラムが、国防総省の「AI倫理原則（Ethical Principles for AI)」に準拠しているかどうかを判断するための包括的なフレームワークを提供するものです。

　また、AIに対するリスクベースのアプローチは、イノベーションを強化し、貿易障壁を下げ、市場競争を強化し、共通の価値を運用し、市民の人権と尊厳を守る、信頼できるAIシステムを可能にすると主張し

ています。国立標準技術研究所（NIST）は、産業界、学界、市民社会からのフィードバックに基づく AI リスクマネジメントフレームワークのセカンドドラフトを 2022 年 8 月に発表しています。

さらに、U.S.-EU Joint Statement of the Trade and Technology Council として、米国と EU は、協調行動のための積極的な機会を特定し、重要かつ新興の技術のための国際標準化活動において共通の利益を促進し、擁護することを目的とする米欧戦略的標準化情報機構（SSI＊36）を創設しました。米国と EU で AI を含めた国際標準化の連携を強化する動きがあります。

### 〈中国〉

中国では、2015 年 4 月以降「中国製造 2025」を中心に促進政策を発表してきました。2019 年 5 月 25 日、「北京 AI 原則（Beijing AI Principles）」を発表。また 2017 年 7 月には「次世代人工知能発展計画」を公表しました。

2021 年 7 月 9 日に「信頼できる人工知能についての白書」を公表、信頼できる AI のパノラマフレームワークを系統的に示し、信頼できる AI の特徴となる要素を述べるとともに、信頼できる AI と AI の科学技術倫理・管理の関係を分析し、発表しました。

また、2021 年 9 月 25 日に公表した「新世代の人工知能倫理規範」では、AI が常に人間の制御下にあることを確保することを掲げ、6 つの基本的な倫理要件（人類の幸福の増進、公平と公正の推進、プライバシーとセキュリティの保護、制御可能性と信頼性の確保、責任者の明確化、倫理意識の向上）を提示するとともに、人工知能管理、研究開発、供給、使用などの活動における 18 の具体的な倫理要件を提示しています。

## AI に関する制度の今後

まさに発展途上である AI のような先進技術に対する規制は、政策面とテクニカル面でまだギャップがあり、ナショナルレベルやグローバル

---

＊36　Strategic Standardisation Information の略。

レベルでも調整や合意に時間を要します。NEC では、AI に関する諸制度の検討への参画、ホワイトペーパーなどの共著や提言なども行っております。国内外を通じた活動を通じて、最新の制度動向を把握するとともに、より良い社会の実現に貢献していきます。

5-2-3

# AI ガバナンスとその実践

## AI ガバンナンスの必要性

さて、AI ビジネスを行う事業者にとって、AI ビジネスに関係する法令だけではなく、「法令に明示的に定められてはいない倫理」をどのようにして理解し、対応すべきでしょうか。

AI 倫理に関するリスクには、前述のトロッコ問題など多様なものがありますが、ここでは主に次の 4 つを挙げておきます。

①一般市民である AI サービスの被対象者(以下、「被対象者」といいます)に対して、不当にネガティブな判断を行うリスク (**公平性リスク**)
②データに微細なノイズが含まれることで誤った判断を行い、「被対象者」に対して不利益・被害を与えるリスク (**頑健性リスク**)
③ AI の判断結果に対して判断根拠を説明できないことで、トラブル発生時に「被対象者」に十分な説明責任を果たせないリスク (**説明責任リスク**)
④ AI サービス提供社が想定していない不適切な利用方法により、「被対象者」に対して不利益を与えるリスク (**不適切利用リスク**)

倫理は国や地域ごとに文化や歴史によってそれぞれ異なった観念が醸

成されているかもしれませんし、同じ地域においても人それぞれの経験などに基づいて異なる倫理観が形成されることも十分にあり得ます。

こうしたリスクに対して、その地域の倫理観、サービス利用者の倫理観を理解したうえで、自らの倫理観を表明し、AI サービルを利用する人やその他ステークホルダーの方々に理解いただくことも重要です。

そのひとつとして、自社が AI ビジネスを遂行するうえで大切にしたい倫理観を自社の「AI ポリシー」として公表したり、政府の統合イノベーション戦略推進会議が決定した「人間中心の AI 社会原則」を尊重していることを対外的に示したりすることなどが挙げられます。

また、自社の倫理観に基づいて AI ビジネスが実践されていることを担保することも重要でしょう。そのための具体的な取り組みが、本項でご説明する「AI ガバナンス」です。

ガバナンス（Governance）とは、「統治、管理、支配」を意味する言葉であり、企業においては、健全な企業運営を行ううえで必要な管理体制の構築や企業の内部を統治することを指します。つまり、「AI ガバナンス」とは、法令違反や自社の定めた倫理観を毀損するような AI サービスにより、サービス利用者や社会に不利益や損失が発生しないように、必要な体制や管理の仕組みを構築し、その運用を行うことを意味します。

AI ビジネスに関連する法令については、いずれの企業も適切な体制やルールを整備してガバナンスを行っていることでしょう。一方、AI 倫理に関する事業リスクについては、体制やルールの一般的な雛型がいまだ確立されていないこともあり、未対応の事業者も多いのではないでしょうか。

日本では、経済産業省が主催する「AI 原則の実践の在り方に関する検討会」が 2021 年 7 月に、①人間中心の原則、②教育・リテラシーの原則、③プライバシー確保の原則、④セキュリティ確保の原則、⑤公正競争確保の原則、⑥公平性、説明責任及び透明性の原則、⑦イノベーションの 7 つの原則から構成される、政府の統合イノベーション戦略推進会議が決定した「人間中心の AI 社会原則」を実践するための企業ガバナンス・ガイドライン「AI 原則実践のためのガバナンス・ガイドライン

Ver.1.0*³⁷」を公表しています。

　AI ビジネスを行う事業者は、自らの顧客や一般消費者からの信頼を獲得し、ひいては当該 AI ビジネスの成功させるためには、このようなガイドラインを参考にしつつ、自らが開発する AI の性質や自らが行う AI ビジネスの内容や展開する国や地域などを考慮し、自らの AI 事業に内在するリスクの内容や程度に鑑みて適切な AI ガバナンスを整備し、運用することが重要です。

## NEC における AI ガバナンスの実践例

　ここからは、AI ガバナンスにおける NEC の取り組みを紹介します。
　NEC は、AI の社会実装において、各国や地域の法令を遵守することはもちろんのこと、プライバシーへの配慮や公平性を含む人権の尊重を最優先すべく、その専門組織として 2018 年 10 月に「デジタルトラスト推進本部*³⁸」を設立しました。また、AI の社会実装における人権尊重の活動として、大きく次の 4 つの取り組みを行っています（**図表 5 −⑲**）。

①「NEC グループ AI と人権に関するポリシー」の策定
②「リスク低減プロセス」の整備
③人材育成
④外部との対話・連携

　まず、①にてポリシーを制定したうえで、このポリシーを社内のプロセスに実装していく活動が、②〜④です。

①「NEC グループ AI と人権に関するポリシー」は 2019 年に策定したもので、NEC として AI と人権に関して特に大事にしたい価値を 7 つ選んだうえで、詳細を定めています（**図表 5 −⑳**）。

　1. 公平性

＊37　本書刊行時点での最新版は2022年1月に公表されたVer.1.1。
＊38　本書刊行時点での呼称は「デジタルトラスト推進部」

図表 5-⑲ NECのAIガバナンスの取り組み

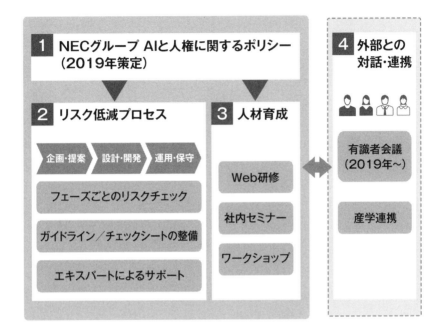

図表 5-⑳ NECグループ AIと人権に関するポリシー

2. プライバシー

3. 透明性

4. 説明する責任

5. 適正利用

6. AIの発展と人材育成

7. マルチステークホルダーとの対話

(https://jpn.nec.com/csr/ja/society/ai.html)

②「リスク低減プロセスの整備」では、「調査・企画」「検証」「開発」「運用・保守」の各フェーズにおいてツールを用いてチェックを実施するとともに、法務・コンプライアンス部門、デジタルトラスト推進部などが連携して人権リスクをマネジメントするなど、エキスパートによるサポートが行われます。

③「人材育成」では、人権を尊重した適切な行動がとれるよう、社員向け教育を実施しています。Web研修は、AI関連事業における人権課題や全社ポリシー、事業遂行上の留意点などの理解に向け、「AIの利活用における人権・プライバシー配慮」をテーマに毎年実施しています。また、社内セミナーも随時実施しており、AI関連事業における社会受容性や課題意識などの理解に向けたセミナー、社外有識者（大学教授や弁護士）を講師として招へいしたセミナー、AIに関する国内外の法令・政策の最新動向や注目すべき事例についての解説などを行っています。

④「外部との対話・連携」では、社外の多様な意見を活動に活かすため、外部有識者を招いた諮問会議の開催や産学連携の研究やイベントを開催しています。

　AIと人権に関する課題について、NECでは今後も積極的に取り組んでいきます。

# 「安心な AI」に向けた標準化活動の考え方と動向

## 標準化が担う役割

　人の代わりに予測・判断をする AI の倫理哲学を問う声や、人にとって代わる脅威となることへの不安、プライバシー侵害、透明性、公平性、精度、説明可能性に関する懸念など、多くの人が AI に対するさまざまな不安や懸念を抱いていることでしょう。つまり、AI を活用したサービス提供では、「AI が今までの IT と同じように品質や安全性、頑健性、セキュリティを保てるかどうか」への対応が求められているのです。

　このような不安や懸念などを克服し、新しい技術の社会受容性を高めるためのツールのひとつに「標準化」があります。標準化を通じたモノやサービスの規格の統一により、消費者の利便性を高めたり、ネットワーク効果による大きな市場を創出したりすることもあります。

　現在、さまざまなステークホルダー間での相互理解を深めるために必要となる共通な技術用語の標準化や基本的権利の保護、安全性の担保や責任の所在を明確化することを含む、AI の信頼性（Trustworthiness）の標準化が進められています。さらには、通信プロトコルに代表されるような相互接続性や相互運用性など、AI 同士が連携するための標準化がなされることでしょう。

　強すぎる規制が先行することで、AI 産業の成長やイノベーションを阻害してしまうことへの懸念が、日本国内、米国、欧州などの政策担当者に広く共有されています。ソフトロー（法的な強制力がないにもかかわらず、現実の経済社会において国や企業がなんらかの拘束感を持って従っている規範のこと）である標準化には、そうした側面での期待もあるのです。

## 国際的に進む AI の標準仕様整備

　各国政府がトップダウンで AI 産業の発展に取り組んでいることを反映し、複数の標準化団体が AI の信頼性に熱心に取り組んでいます。
　国際的には ISO＊39（国際標準化機構）、IEC＊40（国際電気標準会議）、ITU＊41（国際電気通信連合）が、それぞれの分野で権威を持つ標準化団体として存在しています。AI を含む情報技術分野の標準化は ISO と IEC による合同技術委員会 ISO ／ IEC JTC1 が担当しています。

　この他、欧州の場合は CEN＊42（欧州標準化委員会）、CENELEC＊43（欧州電気標準化委員会）、ETSI＊44（欧州電気通信標準化機構）の三大欧州標準化機関（ESO）なども活動を活発化させつつあります。

## EU の AI 法案と連携して整備される欧州標準仕様

　欧州は一般データ保護規則（GDPR）や欧州グリーン政策など、さまざまな規則策定において先行していますが、AI に関しても非常にオープンに議論が行われています。そのため、日本、アジア、米国に対しても非常に影響力があり、他の地域をけん引するかたちで議論が進んでいます。また、AI の信頼性の標準化についても欧州が特別な役割を果たしています。
　そのひとつが、EU 市場を保護し市民の権利侵害を防ぐために、2021年 4 月に公表された EU の AI 法案です（340 ページ参照）。EU では、法案と連携して機能する Harmonized Standard（整合標準）を、ESO（欧州標準化機関）が作成する政策アプローチが長年採用されてきました。EU の AI 法案についても整合標準が作成され、法規制の技術的詳細を補う予定になっています。すでに CEN と CENELEC の合同委員会である JTC21 によって標準作成の検討は開始しており、加えて欧州委員会の標準化指令に基づいて ETSI・CEN・CENELEC の Joint Work

＊39　International Organization for Standardizationの略。
＊40　International Electrotechnical Commissionの略。
350　＊41　International Telecommunication Unionの略。

Programme（合同作業計画）が策定される見通しです。

## 標準化仕様の事例

具体的な標準化事例を 2 つ紹介します。

### 〈事例①：ISO ／ IEC 42001（AI マネジメントシステム標準）〉

ISO ／ IEC 42001（AI マネジメントシステム標準）は、AI システムの提供者やユーザが AI システムを管理するための「AI マネジメントシステム」に対する要求事項の標準規格であり、2022 年時点、まさに協議中の段階にあります（**図表 5 − ㉑**）。

「マネジメントシステム（以下、MSS）」とは、組織の方針を定め、組織に潜んでいる高いリスクについて目標を設定し、各目標に対し組織レベルで適切性（ルールの決め方は適切か）、妥当性（やり方の過不足はないか）、適合性（ルールが正しいという前提で守っているか）、有効性（仕事や PDCA サイクルがつながっているか）、効率性（スピード）をマネジメントする組織運営の仕組みのことです。よく知られた MSS と

### 図表 5-㉑ ┃ 安心・安全なAI普及に向けた主な標準仕様の整備

| 地域・推進団体 | 2022年 | 2023年 | 2024年 | 2025年 |
|---|---|---|---|---|
| NIST | リスク管理枠組み | 具体例整備 | | |
| グローバル ISO JTC1 IEC | 機能安全、マネジメント、ガバナンス | | | 欧州等での規則施行 |
| | 試験 | | | |
| | 遠隔生体識別 | | | |
| 日本 JISC | JIS 用語、ガバナンス | | マネジメント | |

*42　Comité Européen de Normalisationの略。
*43　Comité Européen de Normalisation Electrotechniqueの略。
*44　European Telecommunications Standards Instituteの略。

しては、ISO 9001（品質 MSS）や ISO 14001（環境 MSS）があります。ISO／IEC 42001 は、その AI 版であることから非常に注目されています。

AI システム提供者などの組織は、この AI MSS に従って要求事項や基準を満たしているかどうかの評価・審査を行う（適合性評価）ことになり、社会に対する影響が大きい標準化であると言えます。また、AI システムの社会的な受容性を向上させるため、第三者認証機関による評価、すなわちマネジメントシステム認証制度に関する議論が活発化する見通しです。

AI システムは、データから帰納的に学習する点が従来の IT システムと異なり、学習結果を用いて AI 自身が自律的に認識、予測、判断を行うような利用方法となる場合には、責任の所在も問題になります。そして、AI システムの運用・保守フェーズにて再学習を行った場合、学習モデルの性能が変わるという側面があります。AI MSS は、このような AI システムに特有なリスクを扱うものです。

この AI MSS は、先ほど紹介した JTC1 によって標準化が進められており、2023 年中頃に完成予定となっています。

### 〈事例②：ISO／IEC 9868（遠隔生体識別への要求事項）〉

こちらは「AI」と銘打っていないものの、AI 応用分野のひとつである生体認証に関わりが深い標準仕様です。欧州が国際標準に対して強い影響力を行使している事例でもあります。

監視カメラに生体識別システムを組み合わせて使うことが、大規模監視社会につながるのではないかという懸念を持つ人がいます。ISO／IEC 9868（遠隔生体識別への要求事項）は、生体識別システムが民主主義に対する脅威とならないための要件を標準仕様として明確化し、安心・安全に生体識別システムを社会で活用できるようにするものです。

たとえば、遠隔生体識別サービスを用いてライブ会場の入退場ができれば、利用者の利便性向上だけでなく、チケットの配布や不正転売への対策も容易になるでしょう。このようなサービスを安心して利用できる

ようにするのが ISO ／ IEC9868 の役割です。遠隔生体識別は、EU の
AI 法案の４つの分類において、ハイリスク AI システムに設定されて
います。「ブリュッセル効果」という言葉があるように、EU 規制を通
じて世界へと影響力を行使することを念頭においた活動の一環と考える
ことができます。欧州委員会は、AI 法の施行へ向けて ISO や IEC など
の国際標準を積極的に活用しようとしており、ISO ／ IEC 9868 はその
具体的な事例となります。

　遠隔生体識別技術は「remote biometric identification」と英訳されま
す。ここでの「remote」とは、「離れたところから」という意味であり、
人権侵害への懸念が生じかねない生体識別の利用形態を区別するために
欧州委員会が選んだ表現でした。2022 年現在、標準的な要件へブレー
クダウンするための議論が重ねられています。

## 標準化の今後

　影響力の大きい EU の AI 法案は、2025 年の施行が目指されています。
2025 年に向けては欧州のみならず、他の国や地域も活動を始めていま
す。米国国立標準技術研究所（NIST）では AI のリスク管理のための
枠組み（NIST AI RMF）を開発中です。今後、政府調達要件や規制法
から参照される可能性があります。

　中国は独自の取り組みを進めています。発表された「人工知能標準化
白書」によると、独自に整備した人工知能規格体系のデファクト標準化
を志向しており、自国の AI 産業の競争力を向上し、海外進出を推し進
めようとしているようです。

　日本ではイノベーション創出を第一に考え、積極的に国内規制をつく
る立場はとっていません。代わりに政府は、AI に関する指針・原則・
ガイドラインなどの体系化を進めており、内閣府を中心に取りまとめた
「人間中心の AI 社会原則」というビジョンや、経済産業省がまとめた「AI
原則実践のためのガバナンス・ガイドライン」などを策定しています。
これは「日本が標準に関する活動に無関係」という意味ではなく、むし

ろ積極的に日本企業や公的機関が国際的な枠組みづくりに参加していま
す。

　NEC も Trustworthiness（AI の信頼性）という概念を中心に据え、
日本国内はもちろん欧州やアメリカ、JTC1 SC42 などにおけるさまざ
まな取り組みをサポートしています。

コラム 5-①

# AI・データ利活用を安心・安全に進めるためのフレームワーク

　AI を導入する際には、倫理も含んださまざまなリスクを十分考慮することが求められてきています。では、担当者は具体的にどのように進めればよいのでしょうか。このコラムでは、AI を活用した製品・サービスを手がけるプロジェクトのメンバーや関係者が、リスクを可視化して未然に防ぎながら、プロジェクトを推進するために役立つ国内外の最新フレームワークをご紹介します。

## Digital Ethics Compass

　Digital Ethics Compass は、デンマークの国立機関であるデンマークデザインセンターが、企業 8 社と共同で開発したツールです。デンマークデザインセンターのホームページから、インターネットを通じて世界に無償公開されています（**図表 5 －㉒**）。

　デジタル先進国のひとつとして注目されているデンマークでは、これまでも「人間中心設計」を重視しながら、ビジネス変革を成し遂げてきたという文化的な背景があり、Digital Ethics Compass もその文化の流れを汲んだツールです。具体的には、デジタル製品やサービスを提供する企業や行政が、サービスの開始時や継続時に、「倫理に反さず、人権に配慮できているだろうか？」や「意図せずユーザに不利益を被らせていないだろうか？」などを自らチェックできるツールとなっています。このデンマーク発の Digital Ethics Compass が特徴的なのは、倫理的

「Digital Ethics Compass」

## Digital Ethics Compassの構成
（コンパスの中心から外側に向かって）

①Put the human in the center:人間中心

②4つの基本原則
- 操作されることを防ぐ
- テクノロジーを理解できる
- 不平等を生むことを防ぐ
- ユーザにコントロール権を与える

③3つの配慮すべきデジタル技術
- Automation:自動化
- Data:データ
- Behavior Design:振る舞いのデザイン

④22個の問いかけ
問いかけに一つひとつ答えていくことで、
セルフチェックをしていく

③Behavior Design
①人間中心
Put the human at the center
③Data
③Automation
②4つの基本原則
④22個の問いかけ

（出所）
https://ddc.dk/tools/toolkit-the-digital-ethics-compass/

## 【④22個の問いかけの内訳】

### Automation
01. ユーザは、自動化されたソリューションとやりとりしていることを認識できているか？
02. 自動化されたシステムは、法律や人権を遵守しているか？
03. この自動化システムによって、人々の仕事をする能力を失わせていないか？
04. 自動化されたシステムは、ユーザが仕組みやアルゴリズムを見ることができるよう、透明性が担保されているか？
05. 自動化されたシステムを、自分の言葉で人々に説明できるか？
06. あなたのアルゴリズムは偏見に満ちていないか？
07. 自動化されたシステムで、不必要に高められたリスクはないか？
08. 自動化が失敗したときに、社内の誰かが介入する準備ができているか？
09. 自動化されたシステムは、変化に対応できているか？
10. 自動化されたシステムは、ハッキングされる可能性がないか？

### Data
01. 多すぎるデータポイントの収集や長期保存をしていないか？
02. データを匿名化しているか？
03. データをどのように保存しているか？
04. ユーザが自分のデータにアクセスできるようにしているか？
05. データの収集と処理について、ユーザの許可を得ているか？
06. プロファイリングの方法について、ユーザに知らせているか？

### Behavior Design
01. あなたのデザインは、ユーザのネガティブな感情をもてあそんでいないか？
02. ユーザがサービスの情報や機能を見つけたり、理解したりすることを意図的に難しくしていないか？
03. ユーザの集中力・注意力のなさにつけこんで、自分に有利になるように工夫していないか？
04. あなたは、人が社交的になりたいという気持ちにつけこんで、行動を操作していないか？
05. 安直な仕掛けで製品に中毒性を持たせようとしていないか？
06. ユーザに対して新たな好みの提案に挑戦しているか？（エコーチェンバーを防ぐ）

配慮をビジネスを制限するものではなく、企業などの競争力に転換し、よりよく発展させていこうとする思想を持っている点です。

しばしデジタルは、偏見の助長や不平等や分断を生むこと、またユーザの幸福度を下げるなど、マイナス面がフィーチャーされています。そのため、デジタル企業や行政は、関わる人間・ユーザ・顧客、そして社会全体が正しくテクノロジーをコントロールできるようにすることが必要であり、その達成こそが競争力になると、デンマークデザインセンターは伝えています。しかし、これまでの章で述べられているように、「Ethics（倫理）」は多くの選択肢があり、答えは常にひとつではないものです。「Law（法）」のように誰もが参照できる共通言語があるわけでもありません。なにを指針としてビジネスを進めていくべきか、そのときに「Digital Ethics Compass」が共通言語となり意思決定の道しるべとなることを目指しています。

Digital Ethics Compass は、その名のとおり、コンパスのような形状でまとめられており、カラフルなカードに印刷して利用できるようになっています。この使い方についても、Play book としてまとめられています。そして、「人間中心」を大前提としていることから、図のように「Put the human in the center」が中央に配置され、その周囲には4つの基本原則「（ユーザが）操作されることを防ぐ」「（ユーザが）テクノロジーを理解できる」「不平等を生むことを防ぐ」「ユーザにコントロール権を与える」があります。

さらに外周では、3つの配慮すべきデジタル技術「Data」「Automation」「Behavior Design」について記載しています。特徴的なのは「Behavior Design（振る舞いのデザイン）」です。たとえば、「あなたのデザインは、ユーザのネガティブな感情をもてあそんでいませんか？」や「安直な仕掛けで製品に中毒性を持たせようとしていませんか？」といった問いかけがあります。これらは、短期的にユーザを獲得するために、企業が取り入れたくなってしまう代表的な行為で、実際に実現可能なアルゴリズムです。しかし、長期的に持続可能なサービスとして提供し、ユーザとともに成長するためには、ユーザを尊重し、権利を守っていかなければ

ならないことは明白です。その方法としてサービス提供側が問題を把握し、時に自制し、ユーザに寄り添うために配慮すべき項目とアクションポイントを事例カードで的確に指摘してくれています。

Digital Ethics Compass は、どこから始めても構いません。たとえば、「データはたくさん集まっているけれど、どのように AI で活用していこうか」と悩んでいる段階の企業であれば、Automation から見ていけばよいでしょう。「ソリューションやサービスはできあがっているので、ユーザとより長期的かつ良い関係継続について考えていきたい」という段階なら、Behavior Design を重点的に見るのはいかがでしょうか。

Digital Ethics Compass はビジュアル的にとてもわかりやすい点から、AI 技術に対しての理解が一般的なユーザへの受容性も高いと考えられます。企業は Digital Ethics Compass を利用すれば、倫理に配慮した安心のサービスを提供していることを世間に示すことができる点、なによりツールとして使いやすいことから、NEC としても注目しています。

なお、日本における Digital Ethics Compass の普及は、共創型アクションデザインファームである株式会社レアがデンマークデザインセンターと協力して推進しています。

## リスクチェーンモデル

リスクチェーンモデル（RCModel）とは、自分たちが企画・開発・運営する AI サービスのリスクを識別し、そのリスクを最小限にできるかを考え、第三者に説明するためのツールであり、東京大学が開発を進めています。

リスクチェーンモデルでは、特定の AI サービスの事例について、AI の概要（導入価値・目的やシステム構成など）から、その価値・目的の達成を阻害するリスクシナリオと、その対策（コントロール）について整理を行います。ここでいう価値・目的とは、たとえば「生産性の向上」「事故の抑制」「顧客満足度の向上」というような、AI を導入することにし

た理由を指します。そして、リスクシナリオとは「AIの精度が維持できない」「AIの振る舞いが人によって異なる」など、そのAIを導入した価値・目的を阻害し得る場合を指します。このようなリスクシナリオはさまざまに考えられ、また対応もひとつの正解があるわけではありません。

　そこで、このリスクチェーンモデルは、これらAIに関するリスクとその対応を、AIの開発者だけでなく、法務、監査、委託先やAIの利用者など、幅広い関係者と多様な観点で考えることをサポートしてくれます。

　リスクチェーンモデルは、一般的にAIに関して考慮すべきとされる項目を整理した、38の構成要素（予測性能、データの品質、公平性、利用者の責任など）を基に、階層構造（AIモデル、AIシステム、サービス提供者、ユーザ）が形成されています。そして、対策の検討を行う際には、リスクシナリオごとに、対策における具体的な作業とその順番を検討し、各作業に紐づく構成要素をハイライトし、ハイライトした構成要素間をチェーンで結びます。

　たとえば、**図表５−㉓**の例では、データのバランス（データの分布）→汎化性能（特定の事例に偏ることが少ない判断）→検証可能性（AIサービスを事後検証できるための性質）→公平性（サービス全体での公平性）→透明性（AIサービスに係る必要な情報の開示）→利用者との合意（利用者との認識合わせ）→サービスの期待値（AIサービスに対する期待精度の理解）→制御可能性（利用者側での制御）→自己防衛（利用者自身の保護）の順番にチェーンが引かれています。各項目の詳細の説明は割愛しますが、これはあるリスクシナリオについて、その対応が、各項目が含まれる階層に関係する組織や担当者が相互に連携して実施していくことが、チェーンのつながりによって表現されています。対応は、必ずしも、ある特定の組織や担当者のみで行えばよいものでもないことを、わかりやすく示してくれています。

　AIサービスを安全かつ安心に運用していくためには、リスクマネジメントは欠かせない要素であり、リスクチェーンモデルのようなフレー

## 図表 5-㉓ リスクチェーンを引いた例

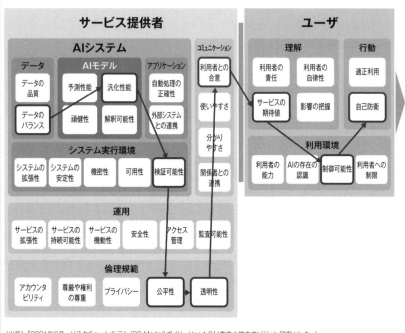

（出所）『2021年6月　リスクチェーンモデル（RC Model）ガイド　Ver 1.0』（東京大学未来ビジョン研究センター）

ムワークが果たす役割は大きいものとして、NEC としても注目しています。

　NEC は、2016 年に東京大学と「NEC・東京大学フューチャー AI 研究・教育戦略パートナーシップ協定」を結んでおり、その流れから 2020 年より、AI の倫理や社会受容性に関する共同研究を続けています。そのなかで「NEC アカデミー for AI」と連携し、リスクチェーンモデルの教育的効果の検証を進めています。そこでは、ある AI サービスについて、そのリスクシナリオや対策を、リスクチェーンモデルを使いながら複数人で検証してみることで、事前にリスクを想定したり、さまざまな関係者を巻き込んだ対応を想定する力を身につけたりすることがで

きないかと考えています。現在、その検証中ではありますが、リスク
チェーンモデルを用いた AI プロジェクトの初期段階でのリスクシナリ
オと対策の検討を通して、特に AI サービスの導入・運用をリードする
人材にとって重要となる、AI 運用時のトラブルを未然に防止・低減す
る能力を身につけるための有用なフレームワークである手応えを感じて
います。

# OECD「AI原則」

OECD（Organization for Economic Co-operation and Development：経済協力開発機構）では、2019年5月に「AI原則[*45]」を宣言しました。OECDの一員である日本もこれを採択しています。

1. AIは、包摂的成長と持続可能な発展、暮らし良さを促進することで、人々と地球環境に利益をもたらすものでなければならない。

2. AIシステムは、法の支配、人権、民主主義の価値、多様性を尊重するように設計され、また公平公正な社会を確保するために適切な対策が取れる—例えば必要に応じて人的介入ができる—ようにすべきである。

3. AIシステムについて、人々がどのようなときにそれと関わり結果の正当性を批判できるのかを理解できるようにするために、透明性を確保し責任ある情報開示を行うべきである。

4. AIシステムはその存続期間中は健全で安定した安全な方法で機能させるべきで、起こりうるリスクを常に評価、管理すべきである。

5. AIシステムの開発、普及、運用に携わる組織及び個人は、上記の原則に則ってその正常化に責任を負うべきである。

[*45] (https://www.oecd.org/tokyo/newsroom/forty-two-countries-adopt-new-oecd-principles-on-artificial-intelligence-japanese-version.htm)

　AI原則の中心は「ビジネスエシックス」と呼ばれており、人権問題や差別に対する姿勢などに関する項目が並んでいます。

　そのなかには「Trustworthy AI」、つまり「信頼できるAIを開発するとは、どういうことなのか」について言及している部分があります。OECD所属の民間団体であるBIAC（経済活動諮問委員会）では、AI原則を実際の開発の現場で具体的に実現するために、民間企業がどのような努力を払っているのか、あるいはどのようなツールを使ってどのような評価指標で担保しようとしているのかといった具体論を調査し、共有・提言を行う活動を行っています。

　NECではAIと人権のあり方について真剣に考え、プロジェクトで実践できるようなかたちに落とし込んでいます。BIACを通じてTrustworthy AI調査活動にも参画し、品質ガイドラインの制定や運用を通じて蓄積してきた知見を提供するなど、現時点で唯一の日本企業として、その実現方法の一部を公開しています。今後も、安心で公正なAI社会の実現に向けて貢献していきます。

# おわりに　〜AI・DX の未来に向けて〜

**今岡 仁**
NECフェロー／
AI・アナリティクス事業統括部長
顔認証技術で米国立標準技術研究所（NIST）主催の
ベンチマークテスト（精度評価）で世界No.1評価を5
回獲得。令和4年度科学技術分野の文部科学大臣表
彰受賞。生体認証にとどまらず、デジタルビジネスに
関するテクノロジーを統括。

---

　本書をまとめた 2022 年時点で、日本の DX は海外諸国に比べて遅れ
ていると言われています。63 の国・地域を対象にデジタル技術の利活
用能力を評価した「世界デジタル競争力ランキング 2022」（スイスの国
際経営開発研究所が発表）を見てみると、総合ランキング上位 5 カ国は
デンマーク、米国、スウェーデン、シンガポール、スイスでした。また、
東アジアの国・地域では、韓国が 8 位、台湾が 11 位、中国が 17 位など
となっています。一方、日本の評価は過去最低の 29 位に位置づけられ
ました。指標別に見ると、特に DX に不可欠である「デジタル・技術ス
キル」（62 位）、「ビッグデータやデータ分析の活用」（63 位）が低評価だっ
たのは大変残念なことです。

　では、なぜ日本は後れをとっているのでしょうか。端的に言えば、「DX
は難しい」からです。DX では、「思想」「技術」「社会規則・倫理」、そ
して「社会実装」のすべてをカバーする必要があり、技術者だけでなく、

さまざまな分野の専門家がひとつの目的に向かって協力していくことが不可欠です。

　その意味で本書は、これら4つの要素すべてをカバーし、AIを活用してDXを実現するための全体感をつかめるよう構成し、マネジメント層や各専門家が同じ方向を見て進めるようにした点が、数多あるAI関連書籍のなかで類を見ない特徴だと自負しています。

　では、それぞれの要素を軸に、本書の内容を振り返ってみましょう。

## 〈思想〉

　DXのルーツは北欧に行き着きます。第1章の冒頭で紹介したように、「DX」という概念を最初に提唱したのはスウェーデンのウメオ大学のエリック・ストルターマン教授（当時）でした。また、第5章のコラムで紹介した「Digital Ethics Compass」を開発したのはデンマークデザインセンターで、デンマークには「人間中心設計」を重視しながら、ビジネス変革を成し遂げてきた文化があります。

　また、2022年に国際連合が発表した世界幸福度調査で、5年連続1位に選ばれたフィンランドの人々は、厳しい自然環境で生き抜くなかで幸せになるために大切にしてきた「SISU（シス）」という考え方を持っています。この「SISU」に対応する日本語はありませんが、「困難に耐え得る力」「あきらめることなく完遂する力」「不屈の精神」「勇敢さ」「粘り強さ」「忍耐強さ」「あきらめない姿勢と態度」といった意味を持っています。

　北欧の国々には、人々の健康や幸福を重視しつつ、少ない人口でいかに効率的に社会を回していくかを考えてきた歴史があります。もちろん、国ごとに置かれた状況や考え方がありますので、北欧がすべてのお手本になるとは言えません。ただ、こうした背景を覚えておくことは、DXを深く理解するために役立つのではないでしょうか。「SISU」の思想に触れてみて、日本人との共通点が少なくないと感じた方もいらっしゃるはずです。私もそう感じた一人です。

　一方で、日本では、人と人、人と社会の結びつきや、コミュニケーショ

ンが弱いように思います。このことは、DX の進捗にも影を落としています。現在の日本は、業種や組織などのサイロが強固に閉じられており、横の連携が取りにくくなっています。その壁を突き破る"横串"こそが、DX だと言ってもいいでしょう。そのための最良なツールが AI であり、DX に必要不可欠なテクノロジーです。言い換えれば、横串さえ通すことができれば、日本もデジタル先進国の仲間入りを果たし、人々の健康や幸福を重視した生活を手にできる可能性があるのです。

### 〈技術〉

　技術面では、先ほど述べたように横串のツールである AI が重要なことを改めて強調しておきます。現在はまだ進化の途上にあり、人間のほうが優れている点も少なくありません。ただし、技術は日進月歩で進化しており、AI の動向を継続的にチェックしておくことが重要です。

　たとえば、私の専門である画像認識は、20 年前ほど前には人間のほうが優れており、AI が人間を抜くことはできないだろうという見方が優勢でした。しかし、ここ数年の深層学習の発達によって、顔認証など比較的単純な認識については、AI が人間を追い抜きました。

　一方、複合した機能についてはまだまだ難しいのが現状であり、人間を超えるまでにはしばらく時間を要するでしょう。

　「AI ＝人工知能」ですので、基本的には「人の脳でできるか」という軸で機能を評価していくとよいでしょう。第 2 章で紹介したように、AI は人間と同じ知的な処理をすることが可能で、「見る AI」「聞く AI」「考える AI」「話す AI」「行動する AI」という大きく 5 つに分類できます。

　もう一つ、AI の動向で注視すべきは、学習の手法です。機械学習・深層学習の手法として「教師あり学習」と「教師なし学習」については、第 2 章で解説しました。機械学習において、現在主に使われているのは「教師あり学習」ですが、最終的には人の脳と同じように機能する「教師なし学習」が望まれており、その実現に至るまでにはまだまだ進化が必要です。この動向についても追っていくことで、次にどのような DX が可能になるのかをいち早く理解することにつながるでしょう。

　AI の利用にあたっては、人間との関わり方を見誤らないように注意することが必要です。第 2 章では AI と人間の「共創」について述べましたが、「人間 vs AI」ではなく、「人間 with AI」という概念がとても重要になります。たとえば、将棋の世界ではコンピュータとプロ棋士の対局がさかんに行われましたが、このとき、コンピュータが勝ったからといって、棋士の価値が落ちたでしょうか。そんなことはありません。棋士は現在でも変わらず尊敬されています。そして、将棋界では AI を搭載した将棋ソフトを使って勉強するのが当たり前になっています。人間と AI が互いに高め合い、共存しているのです。

## 〈社会規則・倫理〉

　技術についての倫理は、たとえば、2000 年代にインターネットが市民にとって身近な存在になった際にもさかんに議論されました。ネットにつなぐと個人情報が漏れてしまうかもしれない、あるいは監視カメラを通して行動が筒抜けになってしまうという懸念もありました。しかし、現在はどうでしょうか。社会は技術とうまく共存して、その利便性を享受しています。

　第 5 章では、法律だけでなく社会通念や倫理まで踏み込んで考えることの重要性について述べました。新しい技術を実装するためには、世論との整合性をとらなければならず、それは既存の法体系だけにとらわれていたのでは困難です。

　しっかりルール・メイクすることで、AI に限らず技術が活用されるようになります。一方で、グレーゾーンを気にしながらでは、ビジネスが伸びなかったり、イノベーションの芽が摘み取られたりしてしまいます。

　そこで国際的に注目されているのが、「アジャイル・ガバナンス」という考え方です。経済産業省も「AI 原則実践のためのガバナンス・ガイドライン」において、アジャイル・ガバナンスの実践の必要性に言及しています。「Society 5.0 における新たなガバナンスモデル検討会」が取りまとめた報告書「GOVERNANCE INNOVATION Ver.2：アジャ

イル・ガバナンスのデザインと実装に向けて」では、「ガバナンスは、常に変化する環境とゴールを踏まえ、最適な解決策を見直し続けるものであることが必要である。そのためには、ゴールや手段が予め設定されている固定的なガバナンスモデルを適用することは、妥当ではないと考えられる」とし、アジャイル・ガバナンスを「様々な社会システムにおいて、『環境・リスク分析』『ゴール設定』『システムデザイン』『運用』『評価』『改善』といったサイクルを、マルチステークホルダーで継続的かつ高速に回転させていくガバナンスモデル」と呼んでいます。

### 〈社会実装〉

　AIに代表されるDXの技術を社会に実装するには、さまざまな機能が必要です。これは一企業だけの取り組みで成し遂げられるものではなく、複数の企業による共創が不可欠です。これは技術面だけでなく、前段で述べた社会規則・倫理についても同様で、国や自治体、企業などあらゆる組織と合意を形成していくことが求められます。

　私たちNECのようなITベンダーは、思想、技術、社会規則や倫理を束ねていく横串として、社会実装のお役に立てるものと考えています。

## 危機を好機に変えるために

　これから数十年にわたり、日本では人口が減少し、人材不足が続くものと予測されています。この国の将来を思えば望ましい姿ではありませんが、そのさらに先に備える期間と捉えれば、ポジティブに受け止めることも可能です。たとえば、東京一極集中の過密状態を是正したり、少ない人口で効率的に社会を回していく基盤をつくったりする好機でもあります。つまり、これからは日本が遅れていると言われるDXを一気に進めて変わっていくチャンスなのです。長らく停滞しているGDPが一気に伸びる可能性もあるのです。

　私は今、NECのお客様との対話を通じて、危機をチャンスに変えていこうとする機運の高まりを感じています。また、縦割りの弊害が指摘

されていた省庁間を横串でつなぐデジタル庁の創設は画期的なことであり、デジタルに取り組むのだという国の姿勢を心強く受け止めています。

　DX の土壌ができつつある今、問われているのは "勇気" です。初めての DX の道を行くのは誰にとっても不安なことですが、最初の一歩を踏み出し、そしてゴールまで進むための羅針盤として、本書がお役に立てば幸いです。

# あとがき

秋元 一郎
NEC　AIビジネスイノベーションセンター
センター長

　AIってなんだろう？

　10年ぐらい前、統計と機械学習、深層学習の違いもわからない私は、ふらりと立ち寄った書店で、いくつかの雑誌のタイトルを見ながら考えていました。その頃にはすでに、データサイエンティストが21世紀のセクシーな職業と言われていたり、一般書の領域にR言語やPython（パイソン）の本が並んだりしていました。しかし、現在ほどAIは体系化されておらず、また教えてくれる人も身近におらず、私は数冊の専門書を買い込んで読み漁る道を選びました。大学院時代に線形論理学やゲーム理論を専攻し、アルバイトでプログラマーをしていた私にとって、サンプルデータやプログラムを用いて身につけるのは性に合っていたようで、AIの世界に一気にのめり込んだのです。

　それから10年。新たなAI技術が次々と研究・開発され、ツールやソリューション、さらにはデータサイエンティスト研修などが提供され、AIやデータサイエンスの認知は一気に広がりました。それにつれてAIに関する書籍が一気に増え、AIは体系化され、その活用方法やノウハウが多くの方々に知れ渡るようになりました。

　この間、私も300社を超えるお客様やパートナー企業とAI・データ分析や事業開発をさせていただき、いっぱしのAI人材を名乗らせていただけるようになりました。多数のお客様にAI活用をご検討いただき、

試していただき、導入していただきました。そして近年は、DX（デジタルトランスフォーメーション）が旗印となって、AIはそのキーコンポーネントのひとつに位置づけられています。テクノロジーでもビジネスでも、止まることのない進化が続くAIの世界ですが、この10年、変わらないものもありました。

　そうした変わらない「AIの本質」を中核に、多面的な成功ノウハウをご提供するため、今回36名のNECのプロフェッショナルが協力して本書を制作しました。AIの全体像をお見せするとともに、非常にテクニカルな部分やAIルールの策定動向などもカバーしたことで、AIのビジネス活用に関わるすべての事項をカバーすることができました。その分、当初の想定よりかなりボリュームが増しましたが、みなさまのAI活用にきっとお役に立てる本に仕上がったと自負しております。

　本書の執筆にあたっては、非常に多くの方々にご協力、ご指導、アドバイスをいただきました。特別執筆協力をいただいた方々を含め、執筆メンバーとご助力いただいた方々にこの場を借りて感謝を申し上げます。また、本書の編纂にあたり、章単位で原稿の取りまとめをしてくださった楠木琢己さん、佐藤優理さん、濱中雅彦さん、孝忠大輔さん、松本真和さん、加えてコア・メンバーとして活躍してくださった押山知子さん、若山巧巳さんに謝意を、制作に全面協力してくださったプレジデント社の渡邉崇さん、田所陽一さん、加藤学宏さん、山中勇樹さんに御礼を申し上げます。

　末尾になりましたが、本書を出版する機会をくださった吉崎敏文さん、ありがとうございました。

　そして、多大なるご協力をいただいた研究開発組織トップの西原基夫さん、山田昭雄さんに深謝いたします。

# 参考文献

## 第 1 章　AI が加速するデジタルトランスフォーメーション

・『The Nine Elements of Digital Transformation MIT Sloan Management Review』、2014 年 7 月
https://sloanreview.mit.edu/article/the-nine-elements-of-digital-transformation/
・『Harvard Business Review「データドリブン経営」2019 年 6 月（ダイヤモンド社）
・『「データドリブン経営」現実の裏側—データサイエンスを武器とした企業に変革できない理由』（IBM）
https://www.ibm.com/blogs/think/jp-ja/data-driven-management/
・『BIG data –BIG gains? Understanding the link between big data analytics and innovation』』July 2018 Economics of Innovation and New Technology
https://www.tandfonline.com/doi/full/10.1080/10438599.2018.1493075
・『2020 デジタルデータの経済的価値の計測と活用の現状に関する調査研究』（総務省）
https://www.soumu.go.jp/johotsusintokei/linkdata/r02_05_houkoku.pdf
・『LinkedIn's 2020 emerging job report』
https://business.linkedin.com/content/dam/me/business/en-us/talent-solutions/emerging-jobs-report/Emerging_Jobs_Report_U.S._FINAL.pdf
・『What Type of Jobs Will AI Create?』（Kami Vison Blo October 2021）
https://kamivision.com/blog/what-type-of-jobs-will-ai-create/
・『Data Annotation Tools Market Size, Share & Trends Analysis Report By Type (Text, Image/Video, Audio), By Annotation Type, By Vertical, By Region, And Segment Forecasts, 2022 –2030』（GRAND View Research）
https://www.grandviewresearch.com/industry-analysis/data-annotation-tools-market
・『Future of Jobs Report 2020（World Economic Forum）
https://www.weforum.org/reports/the-future-of-jobs-report-2020/
・『How to Set Up an AI Center of Excellence』January 2019 Harvard Business Review
https://hbr.org/2019/01/how-to-set-up-an-ai-center-of-excellence
・『How to Scale AI in Your Organization 』March 2022 Harvard Business Review
https://hbr.org/2022/03/how-to-scale-ai-in-your-organization#:~:text=To%20successfully%20scale%20AI%2C%20business,let%20IT%20focus%20on%20infrastructure.
・『2022 survey of senior data and technology executives by New Vantage Partners Data and AI Leadership Executive Survey 2022 NewVantage Partners』
https://www.businesswire.com/news/home/20220103005036/en/NewVantage-Partners-Releases-2022-Data-And-AI-Executive-Survey
・『3 Areas Where AI Will Boost Your Competitive Advantage 』June 2021 Harvard Business Review
https://hbr.org/2021/12/3-areas-where-ai-will-boost-your-competitive-advantage
・『How Data Analytics Can Drive Innovation September 2019 Knowledge at Wharton』

https://knowledge.wharton.upenn.edu/article/data-analytics-innovation/
・『Forrester Research, Inc., Insights-Driven Businesses Set The Pace For Global Growth, December 2018
　https://www.forrester.com/report/insightsdriven-businesses-set-the-pace-for-global-growth/RES130848
・『AI白書2022』AI白書編集委員会、2022年4月28日（KADOKAWA）
・『AI戦略2019　～人・産業・地域・政府全てにAI～』統合イノベーション戦略推進会議決定、2019年6月11日
　https://www8.cao.go.jp/cstp/ai/aistratagy2019.pdf
・『AI戦略2022』統合イノベーション戦略推進会議決定、2022年4月22日
　https://www8.cao.go.jp/cstp/ai/aistrategy2022_honbun.pdf
・『数理・データサイエンス・AI（リテラシーレベル）モデルカリキュラム～データ思考の涵養～』数理・データサイエンス教育強化拠点コンソーシアム、2020年4月
　http://www.mi.u-tokyo.ac.jp/consortium/pdf/model_literacy.pdf
・『DXリテラシー標準 ver.1.0』経済産業省、2022年3月、
　https://www.meti.go.jp/policy/it_policy/jinzai/skill_standard/DX_Literacy_standard_ver1.pdf

## 第2章　AI・データ利活用の検討プロセス

・『宇宙船地球号操縦マニュアル』バックミンスター・フラー、2000年10月（筑摩書房）
・『Understanding why analytics strategies fall short for some, but Not for Others』Harvard Business Review Analytic Services report HARVARD BUSINESS REVIEW ANALYTICS SURVER, JULY 2019 Future of Jobs Report 2020, World Economic Forum
　https://cdn2.hubspot.net/hubfs/257922/Microsoft%20BI%209.26.pdf
・『デジタル経営改革のための評価指標（「DX推進指標」）』経済産業省、
　https://www.meti.go.jp/press/2019/07/20190731003/20190731003.html
・『平成28年版　情報通信白書（第1部　特集　IoT・ビッグデータ・AI～ネットワークとデータが創造する新たな価値～）』総務省、
　https://www.soumu.go.jp/johotsusintokei/whitepaper/ja/h28/html/nc142110.html
・『デジタルスキル標準』経済産業省、
　https://www.meti.go.jp/policy/it_policy/jinzai/skill_standard/main.html
・『トランスフォーメーションに対応するためのパターン・ランゲージ』情報処理推進機構、
　https://www.ipa.go.jp/ikc/reports/20200514_2.html
・『業界別! AI活用地図 8業界36業種の導入事例が一目でわかる』本橋洋介、2019年11月（翔泳社）
・『データ活用仮説量産フレームワークDIVA　データからお金を生み出す4段階』鈴木良介、2015年12月（日経BP社）
・『ITSS+ 「データ サイエンス領域」2021改訂版』情報処理推進機構、
　https://www.ipa.go.jp/jinzai/itss/itssplus.html

- 『コンサルティングサービス　AI ディスカバリープログラム』日本電気株式会社、
  https://jpn.nec.com/ai/consulting/discovery.html
- デジタル・トランスフォーメーション推進人材の機能と役割の在り方に関する調査より（令和元年5月17日 IPA 独立行政法人情報処理推進機構）
  https://www.ipa.go.jp/files/000073700.pdf

## 第3章　AI システムの検証と導入

- 『ニーチェ全集〈5〉人間的、あまりに人間的』フリードリッヒ・ニーチェ、1994年1月（筑摩書房）
- 『Open QA4AI Conference 2021』（共催）AI プロダクト品質保証コンソーシアム (QA4AI)／宇宙航空研究開発機構 (JAXA)／ JST 未来社会創造事業　高信頼な機械学習応用システムによる価値創造 (QAML)、2021年6月18日
  https://qa4ai.connpass.com/event/214387/
- 『人工知能システムのプロジェクトがわかる本　ー企画・開発から運用・保守までー』本橋洋介、2018年2月（翔泳社）
- 「機械学習品質マネジメントガイドライン」（国立研究開発法人 産業技術総合研究所）
  https://www.digiarc.aist.go.jp/publication/aiqm/
- 「AI プロダクト品質保証ガイドライン」（AI プロダクト品質保証コンソーシアム）
  https://www.qa4ai.jp/

## 第4章　組織としての AI・データ利活用の推進、浸透

- 「AI 研究の重鎮が語る、AI 社会での人間の価値」ニュースイッチ
  https://newswitch.jp/p/13010
- 『Harvard Business Review「実験する組織」』2020年6月（ダイヤモンド社）
- 『Harvard Business Review「DX を成功に導く　組織のデジタルリテラシー」』2022年10月（ダイヤモンド社）
- 『ビジネス実験の驚くべき威力』ステファン・H・トムキ、2021年7月（日経 BP 社）
- 『アジャイル型プロジェクトマネジメント』中谷広巳、2022年5月（日本能率協会マネジメントセンター）
- 『How to Use Citizen Data Scientists to Maximize Your D&A Strategy』
  https://www.gartner.com/smarterwithgartner/how-to-use-citizen-data-scientists-to-maximize-your-da-strategy
- 『AI 人材の育て方 先端 IT 人材の確保がビジネス成長のカギを握る』孝忠大輔、2021年6月（翔泳社）
- 『NEC アカデミー for AI』日本電気株式会社、
  https://jpn.nec.com/nec-academy/index.html
- 『未来ビジネス図解 DX 実践超入門』内山悟志、2022年6月（エムディエヌコーポレーション）
- 『DMA DMBOK』データマネジメント協会、
  https://www.dama-japan.org/Introduction.html
- 『データマネジメントが30分でわかる本』ゆずたそ・はせりょ、2020年3月（NextPublishing Authors Press）
- 『DX を成功に導くデータマネジメント』小川康二・伊藤洋一、2021年12月（翔泳社）

## 第5章　さらなる AI の活用に向けて

・『teamLab Borderless』,Forbes JAPAN, 2022 年 10 月号別冊（リンクタイズ）
・『NEXT GENERATION GOVERNMENT 次世代ガバメント 小さくて大きい政府のつくり方』, 若林恵 , 2019 年 12 月 9 日（日経 MOOK）
・AI 王 ～クイズ AI 日本一決定戦～, 第二回コンペティション, 2022,
　https://sites.google.com/view/project-aio/competition2
・Bhushan Kotnis, Kiril Gashteovski, Daniel Rubio, Ammar Shaker, Vanesa Rodriguez-Tembras, Makoto Takamoto, Mathias Niepert, and Carolin Lawrence. 2022. MILIE: Modular & Iterative Multilingual Open Information Extraction. In Proceedings of the 60th Annual Meeting of the Association for Computational Linguistics (Volume 1: Long Papers), pages 6939–6950, Dublin, Ireland. Association for Computational Linguistics.
・Christopher Malon. 2018. "Team Papelo: Transformer Networks at FEVER." Proceedings of the EMNLP First Workshop on Fact Extraction and Verification.
・Christopher Malon. "Overcoming Poor Word Embeddings with Word Definitions." Proceedings of *SEM 2021: The 10th Joint Conference on Lexical and Computational Semantics (ACL), 2021.
・Christopher Malon. "Team Papelo at FEVEROUS: Multi-hop Evidence Pursuit." In The Fourth FEVER Workshop (EMNLP 2021).
・Christopher Malon, Kai Li, and Erik Kruus. 2022. "Fast Few-shot Debugging for NLU Test Suites." In Proceedings of Deep Learning Inside Out (DeeLIO): The 3rd Workshop on Knowledge Extraction and Integration for Deep Learning Architectures (ACL), Dublin, Ireland.
・James Thorne, Andreas Vlachos, Oana Cocarascu, Christos Christodoulopoulos, Arpit Mittal. "The Fact Extraction and VERification (FEVER) Shared Task." Proceedings of the First Workshop on Fact Extraction and VERification (FEVER) (EMNLP), 2018.
・James Thorne, Andreas Vlachos, Oana Cocarascu, Christos Christodoulopoulos, Arpit Mittal. "The FEVER2.0 Shared Task." Proceedings of the Second Workshop on Fact Extraction and VERification (FEVER) (EMNLP), 2019.
・Rami Aly, Zhijiang Guo, Michael Sejr Schlichtkrull, James Thorne, Andreas Vlachos, Christos Christodoulopoulos, Oana Cocarascu, Arpit Mittal. "The Fact Extraction and VERification Over Unstructured and Structured information (FEVEROUS) Shared Task." Proceedings of the Fourth Workshop on Fact Extraction and VERification (FEVER) (EMNLP), 2021.
・『Federated Learning: Collaborative Machine Learning without Centralized Training Data』Brendan McMahan and Daniel Ramage, 2017 年 , Google AI Blog
　https://ai.googleblog.com/2017/04/federated-learning-collaborative.html
・『High-Throughput Semi-Honest Secure Three-Party Computation with an Honest Majority』, Toshinori Araki, Jun Furukawa, Yehuda Lindell, Ariel Nof, Kazuma Ohara, 2016 年 , ACM CCS 2016
　https://dl.acm.org/doi/10.1145/2976749.2978331

- 『秘密分散法を用いた秘密計算』，大原 一真，2019 年，システム / 制御 / 情報 63 巻 2 号，
  https://www.jstage.jst.go.jp/article/isciesci/63/2/63_71/_article/-char/ja/
- 『Continual Horizontal Federated Learning for Heterogeneous Data』Junki Mori, Isamu Teranishi, Ryo Furukawa , 2022 年, International Joint Conference on Neural Networks 2022
  https://arxiv.org/abs/2203.02108
- 『Privacypreserving heterogeneous federated transfer learning』Dashan Gao; Yang Liu; Anbu Huang; Ce Ju; Han Yu; Qiang Yang , 2019 年 , IEEE International Conference on Big Data
  https://ieeexplore.ieee.org/document/9005992
- 『Three Approaches for Personalization with Applications to Federated Learning』Yishay Mansour, Mehryar Mohri, Jae Ro, Ananda Theertha Sure, 2020 年 , arXiv preprint
  https://arxiv.org/abs/2002.10619
- 『Personalized Cross-Silo Federated Learning on Non-IID Data』Yutao Huang, Lingyang Chu, Zirui Zhou, Lanjun Wang, Jiangchuan Liu, Jian Pei, Yong Zhang, 2021 年, 34th AAAI Conference on Artificial Intelligence
  https://arxiv.org/abs/2007.03797
- ( 株 ) 技術情報協会『VR/AR の開発動向と最新応用事例』大林「VR の現状とビジネスチャンス」
- 先端 IT 活用推進コミュニティ 成果発表会資料
  https://aitc.jp/events/
- NTT データ「技術ブログ INSIGHT TECH」大林「実用化段階に入り、現実への染み出しも注目される VR」
- ( 株 )P ヴァイン『ele-king 臨時増刊号 仮想空間への招待 ―メタヴァース入門』
- building SMART Japan「IFCとは?」
  https://www.building-smart.or.jp/ifc/whatsifc/
- 国土交通省「3D 都市モデルと CityGML とは」
  https://www.mlit.go.jp/plateau/learning/
- 日経 Xtech『メタバース未来戦略』インタビュー:ゲーム AI 研究者・開発者 三宅陽一郎氏「メタバースで "AI 使い魔 " 活躍、「偶発性」「現実との連動」で真価」
  https://xtech.nikkei.com/atcl/nxt/column/18/01687/00154/
- NEC「Beyond 5G」
  https://jpn.nec.com/nsp/5g/beyond5g/
- CloudAce「IT・トレンド記事」クラウドエース編集部「ブロックチェーンがメタバースにどのように活用されているのか」
  https://cloud-ace.jp/column/detail311/
- 総務省行政評価局政策評価課「政策評価制度と政府における EBPM の取組」
  https://www.soumu.go.jp/main_content/000723040.pdf
- 第 9 回アジア・スマートシティ会議プレイベント／ YOKOHAMA WEEK「カーボンニュートラルの実現に向けた都市間連携によるスマートシティ～コロナ時代の展望」Code for YOKOHAMA 講演資料「スマートシティオープンデータにシビックテック」
- 国土交通省 "Project PLATEAU"
  https://www.mlit.go.jp/plateau/

- (株) 技術情報協会『VR/AR 技術における感覚の提示、拡張技術と最新応用事例』則枝「ものづくり，作業支援への活用事例」
- S. Norieda and S. Makoto, "A new haptic touch panel display with optimum control approach", WHC, 2013.
- S. Norieda, Y. Takano and S. Makoto, "STRING-BASED 3-DOF HAPTIC TABLET DEVICE WITH CONTROL METHOD BASED ON HUMAN HAPTIC ADAPTATION", JSME-IIP/ASME-ISPS Joint Conference on Micromechatronics for Information and Precision Equipment, 2015.
- T. Narumi, M. Miyaura, T. Tanikawa and M. Hirose, "Augmented Perception of Satiety: Controlling Food Consumption by Changing Apparent Size of Food with Augmented Reality", In Proc. Of CHI2012, 2012.
- 『The future of work in Japan ポスト・コロナにおける「New Normal」の加速とその意味合い 』McKinsey&Company、2020 年 5 月、https://www.mckinsey.com/jp/~/media/McKinsey/Locations/Asia/Japan/Our%20Insights/Future%20of%20work%20in%20Japan/Future%20of%20work%20in%20Japan_v3_jp.pdf
- 「個人情報の保護に関する法律についてのガイドラインに関する Q&A」個人情報保護委員会、2022 年5月 26 日
  https://www.ppc.go.jp/personalinfo/faq/APPI_QA/#q1-12
- 「医療・介護関係事業者における個人情報の適切な取扱いのためのガイダンス」個人情報保護委員会=厚生労働省、2017 年 4 月 14 日 (2022 4年3月一部改正)
  https://www.ppc.go.jp/personalinfo/legal/iryoukaigo_guidance/#a1-1
- 「「医療・介護関係事業者における個人情報の適切な取扱いのためのガイダンス」に関する Q&A (事例集)」個人情報保護委員会事務局=厚生労働省、2017 年 5 月 30 日
  https://www.ppc.go.jp/personalinfo/faq/iryoukaigo_guidance_QA/#q1-1
- 「GDPR Enforcement Track」CMS 法律事務所
  https://www.enforcementtracker.com/
- 「U.S.-EU Joint Statement of the Trade and Technology Council 16 May 2022 Paris-Saclay, France』U.S. Department of Commerce、2022 年 5 月 16 日
  https://www.commerce.gov/sites/default/files/2022-05/US-EU-Joint-Statement-Trade-Technology-Council.pdf
- 『AI 白書 2022』AI 白書編集委員会、2022 年 4 月 28 日
- 『GPAI (Global Partnership on AI) シンポジウムを開催します』経済産業省 / 総務省、2022 年 1 月 11 日
  https://www.meti.go.jp/press/2021/01/20220111003/20220111003.html
- 『第 5 回 AI 社会実装アーキテクチャー検討会』経済産業省、2021 年 3 月5日
  https://www.meti.go.jp/shingikai/mono_info_service/ai_shakai_jisso/pdf/005_02_01.pdf
- 『The UNESCO Courier 2018-3 Audrey Azoulay: Making the most of artificial intelligence』UNESCO、2018 年 3 月
  https://en.unesco.org/courier/2018-3/audrey-azoulay-making-most-artificial-intelligence
- 『G7 香川・高松情報通信大臣会合 開催結果』総務省、2016 年 5 月

https://www.soumu.go.jp/main_content/000426060.pdf
- 『国内外の動向及び国際的な議論の動向』総務省、2022 年 2 月 8 日
  https://www.soumu.go.jp/main_content/000792233.pdf
- 『国内外の動向及び国際的な議論の動向』総務省、2021 年 10 月 27 日
  https://www.soumu.go.jp/main_content/000775390.pdf
- 『国内外の議論及び国際的な議論の動向』総務省、2019 年 7 月
  https://www.soumu.go.jp/main_content/000646182.pdf
- 『人工知能標準化白書 2021』中国電子技術情報標準化研究院、2021 年 7 月
  http://www.cesi.cn/202107/7796.html
- EU の AI 法 案『Europe fit for the Digital Age: Commission proposes new rules and actions for excellence and trust in Artificial Intelligence』欧州委員会、2021 年 4 月 21 日 https://ec.europa.eu/commission/presscorner/detail/en/ip_21_1682
- 『ISO/IEC 42001 Information Technology – Artificial intelligence – Management system』ISO/IEC JTC1/SC42
  https://www.iso.org/standard/81230.html
- 『ISO/IEC9869 Remote biometric identification systems — Design, development, and audit』ISO/IEC JTC1/SC37
  https://www.iso.org/standard/83613.html
- 『人間中心の AI 社会原則』内閣府、2019 年 3 月 29 日
  https://www8.cao.go.jp/cstp/aigensoku.pdf
- 『AI 原則実践の為のガバナンス・ガイドライン』経済産業省、2021 年 7 月 9 日
  https://www.meti.go.jp/shingikai/mono_info_service/ai_shakai_jisso/pdf/20220128_1.pdf

# 執筆者一覧

〈代表執筆者〉
秋元　一郎（あきもと　いちろう）第 1 章〜第 5 章担当、全体統括

〈章監修者〉
楠木　琢己（あべき　たくみ）第 1 章監修／担当　第 2 章担当
デジタルマーケティング、アナリティクス、イノベーション、デジタルなど新たなコンサルティングサービス提供に従事。ビジネスコンサルティング統括部長。

佐藤　優理（さとう　ゆり）第 2 章監修／担当
CRM ／ CX 領域を主に幅広い業種で数々のコンサルティング実績を踏まえ、AI 適用上流コンサルティングメソッドを開発し、AI コンサルタントとしてお客様の企業価値向上に向けて活動中。

濱中　雅彦（はまなか　まさひこ）第 3 章監修／担当
データサイエンス組織を長年牽引し、さまざまな業界への AI 適用を推進。データサイエンティストの育成・認定スキームなどを開発し、多くの AI 人材を輩出。

孝忠　大輔（こうちゅう　だいすけ）第 4 章監修　第 1 章〜第 5 章担当、全体統括
データサイエンティストとして流通・サービス業を中心に分析コンサルティングを提供。NEC アカデミー for AI の学長を務め、産官学で連携しながら多くの AI 人材を輩出。

松本　真和（まつもと　まお）第 5 章監修　第 1 章〜第 5 章担当、全体統括
NEC フェロー室長。AI や生体認証の社会実装に係るソートリーダーシップ・パブリックアフェアーズ活動を推進。世界経済フォーラム第四次産業革命日本センター・フェロー兼職。

〈執筆者・編集者〉
伊藤　伸志（いとう　しんじ）第 5 章担当
数理最適化・機械学習の研究に従事。NeurIPS, ICML, AISTATS などの機械学習分野の最難関国際会議において複数の論文を発表。博士（情報理工学）。

伊藤　千央（いとう　ちひろ）第 5 章担当
機械学習の研究開発を経て、AI 人材育成プログラムを立ち上げる。「NEC アカデミー for AI」の教育プログラム開発、AI 人材コミュニティやデータ分析コンテスト「NEC Analytics Challenge Cup」の企画・運営リーダー。

伊藤　宏比古（いとう　ひろひこ）第 5 章担当
インドでのハッカソンによる社会問題解決ソリューション開発など、オープンイノベーション業務を国内外で入社以来担当。現在アカデミアとの共創を促す、産学連携業務を担当。

井上　浩明（いのうえ　ひろあき）第5章担当
コンピュータシステム・数理最適化の研究開発に従事。AI 2000 Most Influential Scholar Award 2020, Honorable Mention など各賞受賞。IEEE/IEICE シニア会員。博士（工学）。

梅津　圭介（うめづ　けいすけ）第4章担当
データサイエンティストとして金融、流通、製造など100社以上のお客様に対するコンサルティング、教育、分析支援を担当。dotData データサイエンティストチームリーダー。

江川　尚志（えがわ　たかし）第5章担当
AI の標準化に従事。IEEE7001-2021（自律システムの透明性）セクレタリ、ISO/IEC TR 5469（機能安全と AI システム）エディタ。

江藤　力（えとう　りき）第2章担当
機械学習・数理最適化の研究開発および事業化に従事し、2015年に第29回先端技術大賞（フジサンケイビジネスアイ賞）受賞。NEC の最適化事業をけん引する。

大林　勇人（おおばやし　はやと）第5章担当
民間、公共領域のデジタル・DX コンサルティングに従事。メタバース・XR については業界団体にて技術動向やビジネス活用を10年間以上研究。現在、同テーマのビジネスを横断推進チームリーダーとして推進中。

岡部　拓未（おかべ　たくみ）第5章担当
ビジネスデザイナーとしてデザイン思考や欧州手法を取入れた、顧客共創型新規事業開発に従事。本年、FORTH Innovation Method 公認ファシリテーターとして認定。

押山　知子（おしやま　ともこ）第1章〜第5章担当、全体統括
セールス・新規事業開発などを経て、DX マーケティングに従事。NEC の DX プレゼンス向上に向けて、マーケットインテリジェンスを活用しながらDX 事業戦略強化・発信に取り組む。

神田　敬志（かんだ　けいじ）第3章担当
金融、流通、人事等のデータ分析案件に携わり、エキスパート兼アーキテクトとして分析から運用までの設計開発を多数経験。また社内外の人材育成にも従事。

北村　弘（きたむら　ひろむ）第2章、第3章、第5章担当
エバンジェリスト（AI・QMS・法務）。全社 AI 品証、AI 国際標準、CDLE AI リーガル、JDLA 研究員を務め、国内外で AI 先進活動推進。JDLA 国際貢献賞受賞。

木下　和明（きのした　かずあき）第5章担当
20年以上、NEC グループの法務・コンプライアンス業務を担当。近年は国内外の個人情報保護法対応に注力。博士（経営法）。

駒込　郁子（こまごめ　いくこ）第5章担当
デザイン思考や欧州手法を取り入れた、顧客共創型新規事業開発に従事。本書では Digital Ethics Compass を担当。本年より DX の戦略マーケティングに活動を広げる。

鮫島　滋（さめしま　しげる）第 5 章担当
法務・コンプライアンス部門を経て、近年は AI ガバナンスの構築・整備、AI 倫理、人権
リスクマネジメントに従事。

澤田　直樹（さわだ　なおき）第 2 章担当
通信業・交通業・エネルギー業など、幅広い業種の企業向けに、DX・AI 適用の構想企
画コンサルティングを提供。また、AI・データ活用のビジネス系の人材育成・研修も提供。

田部　尚志（たべ　たかし）第 5 章担当
専門は標準化によるポジショニング&プラットフォーム戦略、AI など先端技術の社会実装。過
去に通信ソフトの大規模開発、無線端末開発に従事。修士論文は学習理論（帰納推論）。

千葉　雄樹（ちば　ゆうき）第 4 章、第 5 章担当
製造業・交通業を中心にデータ分析を担当するとともに、研究所技術の先進課題への適用
と事業化を担う。これらの経験を活かし、AI ガバナンス関連コンサルティング、技術調査、
検討会に参加。

徳島　大介（とくしま　だいすけ）第 5 章担当
AI やデータ利活用におけるプライバシーなど人権への対応に従事。データ社会推進協議会
（DSA）データ倫理プライバシー研究 WG 主査。

則枝　真（のりえだ　しん）第 5 章担当
計測制御を専門に新しいユーザインタフェースの研究、スマートグラスを中心に AR ／ VR
／ MR の実用化に取組む。近年は XR の業務適用コンサルティングを提供。Ph.D.

花沢　健（はなざわ　けん）　第5章担当
NEC 北米研究所にて、AI ／機械学習を中心として研究マネジメントに従事。先端技術研
究と、その価値最大化のために組織横断的なコラボレーションを推進。

林　昌嗣（はやし　まさつぐ）第 5 章担当
法務・コンプライアンス部門にて、AI を利用したビジネスについて契約・法律等の観点で事
業部門を支援。

榛澤　祐哉（はんざわ　ゆうや）第 3 章担当
金融業を中心に AI 技術を活用したソリューションを提供。また、クラウドやデータベース環
境のモダナイゼーションの支援、AI 人材の育成にも従事。

古川　諒（ふるかわ　りょう）　第 5 章担当
プライバシーの保護とデータの利活用を両立するプライバシー保護技術の研究開発に従事。
近年は当該技術の事業化に向けた開発を推進。

見上　紗和子（みかみ　さわこ）第 4 章担当
データ分析プロジェクト、サービス企画、分析・企画に関するノウハウ整備などを担当。現
在は MLOps や AI ガバナンスに関するサービス企画と案件に従事。

本永　和広（もとなが　かずひろ）第5章担当
標準化推進グループのディレクターとして、NECグループにおける標準化活動の推進に従事。NEC全社標準化活動連絡会リーダー。

森永　聡（もりなが　さとし）第5章担当
テキストマイニング、ホワイトボックスAI、分析プロセス自動化、シミュレーションとAIの融合、自動交渉といった、AI分野のテーマ企画、原理／応用研究、社会実装に従事。NEC-産総研AI連携研副研究室長。

山田　博一（やまだ　ひろかず）第5章担当
ビジネスデザイナーとして、欧州の手法を取り入れた新規事業開発と業務変革に従事。FORTH Innovation Method公認ファシリテーターであり、産総研デザインスクール一期生。

若松　直哉（わかまつ　なおや）第3章担当
製造業を中心にAIソリューション提案、構築、運用に従事。AI品質の規定やAIシステム開発の教育プログラム作成などガイドラインや人材育成を推進中。

若山　拓巳（わかやま　たくみ）第1章～第5章担当、全体統括
DX領域のマーケティング活動に従事。セールス時代の経験を活かし、市場動向の調査、DXの戦略発信、プロダクトマーケティング体制の整備など、NECのDX活動を幅広く推進。


〈特別執筆協力〉
江間　有沙（えま　ありさ）　　　東京大学未来ビジョン研究センター　准教授
松本　敬史（まつもと　たかし）　東京大学未来ビジョン研究センター　客員研究員
外川　綾音（とがわ　あやね）　　共創型アクションデザインファーム　株式会社Laere（レア）
中村　義幸（なかむら　よしゆき）株式会社セブン銀行
　　　　　　　　　　　　　　　　コーポレート・トランスフォーメーション部
　　　　　　　　　　　　　　　　AI・データ推進グループ長
西嵜　靖子（にしざき　やすこ）　株式会社セブン銀行
　　　　　　　　　　　　　　　　コーポレート・トランスフォーメーション部
　　　　　　　　　　　　　　　　AI・データ推進グループ調査役

〔編著者紹介〕

# 秋元一郎
（あきもと・いちろう）
日本電気株式会社　AIビジネスイノベーションセンター センター長

東京都出身。東京工業大学大学院 修士課程卒業。日本電気株式会社（NEC）
入社後、開発、運用、経営企画、M&A、事業開発、パートナリング、営業、
北米赴任などを経て、2014年より現・データサイエンス研究所にてAI分析およ
び事業開発を担務。以後、国内外300社以上の企業とAI活用コンサルティン
グやトライアル、SL提供、パートナリングなどを実施。世界経済フォーラム第四次
産業革命センター AIフェローとして、ホワイトペーパー作成や講演などを通じて、適
切なAI・データ利活用について発信。2022年より現職。主に事業開発（ビジネ
スディベロップメント）を担務。

NECが描く
デジタルトランスフォーメーション（DX）に
ついてはこちらをご覧ください。

# AIビジネス大全

2022 年 12 月 13 日　第1刷発行

著　　　者　AIビジネス大全 執筆チーム　秋元一郎
発 行 者　鈴木勝彦
発 行 所　株式会社プレジデント社
　　　　　　〒102 - 8641　東京都千代田区平河町 2 - 16 - 1
　　　　　　平河町森タワー 13F
　　　　　　https://www.president.co.jp　http://presidentstore.jp/
　　　　　　電話　編集（03）3237 - 3732
　　　　　　　　　販売（03）3237 - 3731

編　　　集　渡邉 崇　田所陽一
編集協力　加藤学宏　山中勇樹
写真撮影　宇佐美 雅浩
販　　　売　桂木栄一　高橋 徹　川井田美景　森田 巌　末吉秀樹
　　　　　　花坂 稔　榛村光哲
ブックデザイン＆DTP　中西啓一（panix）
図版制作　橋立 満（翔デザインルーム）
制　　　作　関 結香

印刷・製本 凸版印刷株式会社